MES
SEPT ANS DE BAGNE

PAR UN FORÇAT

LE POTEAU DE SATORY

PARIS
Administration des Publications républicaines, Directeur : LOUIS SALMON, 3, rue de Provence.
10 centimes la livraison. — 50 centimes la série.

17 Bagne.   Satory 1

AVIS AUX LECTEURS

Pour les événements qui ont précédé, voir notre œuvre intitulée : **LA CHASSE À L'INSURGÉ** (SEPT ANS DE BAGNE), en livraisons à 10 centimes, en séries à 50 centimes, ou en un volume illustré à 1 fr. 60 c., en vente chez tous les libraires.

Envoi *franco* contre un mandat de 1 fr. 60 c. adressé à M. Louis Salmon, Directeur-Gérant des *Publications Républicaines Illustrées*, 3, rue de Provence, à Paris.

MES

SEPT ANS DE BAGNE

PAR UN FORÇAT

DE PARIS A VERSAILLES

LE POTEAU DE SATORY

I

L'arrestation d'Antoine. — La fosse aux lions. — Le pain sanglant. — La corvée. — En route pour Versailles.

Fédéré, vaincu et en fuite, je fus arrêté au moment de franchir la frontière, ramené à Paris et conduit à Versailles où je retrouvai mon compagnon de lutte, mon beau-frère Antoine, un héros, un colosse d'une énergie et d'une bravoure inouïes, auquel il était advenu des aventures bien autrement dramatiques que les miennes, aussi vais-je les raconter.

La lutte terminée, il parvint à gagner la campagne et à se réfugier chez des paysans, de ses amis; il avait un sauf-conduit du maire, attestant qu'il était resté dans le pays pendant toute la durée de la Commune.

Ce certificat ne le sauva point.

A cette époque, on vit sévir en France une manie, une rage, une épidémie de dénonciations. Il y en eut quatre cent mille!

La présence d'Antoine fut remarquée, notée, commentée.

Si l'on prévenait la gendarmerie?
On la prévint.

Une nuit, à trois heures du matin, on cerna la maison où l'on donnait l'hospitalité à Antoine; puis, à l'aube, le brigadier entra et présenta un mandat d'amener.

Antoine eut heureusement le temps de brûler ses papiers et notamment une pièce qui était compromettante en ce moment. Il n'y avait point de défense possible; aussi mon beau-frère n'en fit-il point.

On trouva sur lui le certificat du maire de la commune.

Conduit devant ce fonctionnaire, Antoine fut convaincu d'avoir surpris la bonne foi de celui-ci, et le certificat ne lui servit à rien pour se justifier.

Il avait eu le temps de s'entendre avec ses hôtes.

Ceux-ci soutinrent qu'ils ne connaissaient pas Antoine, qu'ils l'avaient accueilli et nourri parce qu'il leur avait offert de l'argent; mais qu'ils ne l'avaient jamais vu auparavant.

Le paysan étant capable de bien des choses pour de l'argent, on se paya assez volontiers de cette fable.

Bref, Antoine fut arrêté, et les gendarmes l'emmenaient, quand il trouva le moyen de s'évader.

C'était, je l'ai dit, un colosse, d'une force incroyable, d'une agilité inouïe.

A l'approche d'un bouquet de bois, il brisa ses menottes, sauta un fossé, gagna le fourré et, malgré les balles des gendarmes, il s'échappa et se mit hors portée.

Les gendarmes, aidés bientôt par les paysans, firent de vaines recherches.

Antoine avait de l'argent.

Il comprit qu'il ne serait pas en sûreté dans la campagne.

Là, tout le monde se connait, tout le monde a les yeux sur vous.

Antoine résolut de rentrer à Paris, et il y parvint en s'abouchant avec un mécanicien et un chauffeur de la ligne de Lyon; on sait que presque tous les employés de chemin de fer étaient dévoués à la Commune.

Mon beau-frère parvint à sortir de la gare sans encombre, grâce au mécanicien; mais il joua de malheur.

Son déguisement, ses tempes rasées, ses cils et ses sourcils coupés avaient du bon; ça le rendait méconnaissable, mais ça lui donnait un air étrange, et ça le faisait remarquer.

Il n'avait pas marché cent pas qu'il fut interpellé.

— Qui êtes vous?
— Où allez-vous?

— Vos papiers ?
— Avez-vous quelqu'un pour répondre de vous ?
— Où demeurez-vous ?

Antoine se réclama d'un patron du faubourg Saint-Antoine, qui n'aurait pas manqué de le tirer d'affaire s'il l'avait pu ; mon beau-frère croyait que ce patron était resté étranger à la Commune, étant un peu réactionnaire ; car pour Antoine, je l'avoue, modération signifiait réaction.

Par malheur, ce patron, républicain en somme, s'était, sur la fin, laissé entraîner et, comme les moutons enragés deviennent terribles, il s'était lancé à corps perdu dans la lutte.

On juge de la déveine de ce malheureux Antoine.

On l'envoya où l'on envoyait tous les prisonniers du quartier, à la Roquette. Là, pendant des jours et des jours, après la lutte, on continua de fusiller.

Antoine comparut devant un officier, un prévôt, qui décidait de la vie ou de la mort des prisonniers.

Ceux qui avaient arrêté mon beau-frère exposèrent son cas.

— Vous n'avez pas de livret ? demande le prévôt.
— Je l'ai perdu pendant le siège, mon capitaine.
— Vous dites tous ça.
— Mon capitaine, je n'ai pas de chance ; je pouvais me recommander d'un bourgeois, mon ancien patron ; voilà qu'il s'est fait communard ; là-dessus on m'accuse ; c'est malheureux tout de même pour un ancien cuirassier de la garde.
— Ah ! tu as été dans la garde ! dit le capitaine un peu radouci.
— Oui, mon capitaine, dans le 2ᵉ régiment de cuirassiers, dans les tuniques bleues.

On amenait d'autres prisonniers ; le capitaine était pressé, on aurait toujours le temps de fusiller celui-ci ; il se décida à l'envoyer à droite, du bon côté, car à gauche on fusillait.

Hommes de bien, passez à droite.

Antoine fut poussé dans la cour de la Roquette, et il s'y trouva avec un grand nombre de fédérés dont pas un ne le reconnut.

Il a vu, là, les scènes hideuses du massacre.

On entendait à chaque instant, dans la petite cour voisine, le bruit de la fusillade et les cris de *Vive la République !... Vive la Commune !...* poussés par les mourants.

Les corps s'entassaient et devenaient trop encombrants.

On avait alors recours aux prisonniers, et on appelait *la corvée*, c'est-à-dire un certain nombre d'hommes chargés d'entasser les morts sur des tombereaux.

Antoine fut de *la corvée;* il fut conduit au *charnier;* il vit ces scènes atroces, où des Français fusillaient des Français avec acharnement.

On eut la cruauté de laisser les prisonniers sans pain pendant trois jours ; ils étaient obligés d'en acheter aux soldats, qui passaient les morceaux à travers les grilles.

Antoine et d'autres déportés m'ont affirmé que ce pain était taché de sang ; les soldats, du reste, en étaient couverts ; les hommes de *la corvée* en avaient les mains rouges.

Où les laver?

Pas d'eau !

Les nuits se passaient longues et semblaient sans fin.

On faisait descendre les prisonniers dans la *fosse aux lions.*

C'était une sorte de silo, creusé au milieu de la cour, à murs droits ; on y était entassé et il était impossible que tout le monde y trouvât place étant couché ; mais quiconque se dressait recevait une balle tirée sur lui, mais *dans le tas.*

Le plus cruel, c'était de ne pouvoir sortir de là-dedans, quelque besoin que l'on en éprouvât ; on juge de ce qui se passait.

Tout ce monde était empilé !

Ceux qui ne pouvaient attendre le jour étaient bien malheureux pour eux-mêmes et pour leurs voisins.

Les factionnaires se montraient implacables ; on eût dit qu'on les choisissait féroces et acharnés au meurtre.

Des rondes de sergents et d'officiers passaient ; on entendait des recommandations sinistres.

— Le premier qui bouge, qui se lève, qui crie, faites feu !

On se tenait coi.

Quand on a passé par là, on se demande ce qu'il faut penser de la civilisation.

Est-il possible que la sauvagerie reparaisse ainsi tout à coup dans les guerres civiles, et que l'on voie l'instinct du meurtre reprendre le dessus et transformer des hommes en bêtes fauves.

Antoine ne demeura dans cet enfer que pendant vingt-quatre heures.

L'ordre d'évacuation arriva.

On expédiait les prisonniers sur Versailles.

II

Les docks de Versailles. — Le chemin de fer. — Brest. — Les marins. — Les pontons.

Ce que l'on comprend difficilement, c'est la cruauté inutile et de sang-froid. La colère ne saurait durer des jours et encore des jours.

Lorsque j'entendis, de la bouche d'Antoine et de celle de mes compagnons, le récit de leurs souffrances, lorsque je lus les notes détaillées dans lesquelles mon beau-frère racontait ce qu'il avait subi de tortures, je m'étonnai.

Comment, les heures succédaient aux heures, les semaines aux semaines, les mois aux mois, et soldats, marins, officiers, représentants civils ou militaires de l'autorité, étaient toujours aussi ardents à persécuter, aussi impitoyables!

On a parlé, pour excuser les massacres, de la fièvre de la lutte.

Le soldat échauffé, disait-on, ne connaît plus rien.

Je demanderai comment le soldat échauffé se montra toujours si doux, si bienveillant, si généreux pour l'ennemi, dans nos guerres de Crimée, d'Italie et de l'invasion?

Se souvient-on de ces Autrichiens blessés, auxquels les nôtres, dix minutes après le combat de la Briqueterie, à Magenta, portaient à boire?

Mais il faut se rappeler aussi les massacres de la campagne du Mexique, où l'on sabrait à outrance.

D'où vient cette différence?

Pourquoi tant de haine pour le Mexicain, défendant sa patrie et la République? Pourquoi tant de bienveillance pour d'autres adversaires?

Parce que le soldat français, abandonné à ses instincts, est magnanime.

Mais quand les chefs le poussent, l'excitent, l'exaltent, nerveux, impressionnable, surexcitable comme il l'est, il obéit à l'impulsion; difficilement il réagirait.

Les mauvais et les pires n'étant plus contenus par la discipline, étant en quelque sorte flattés dans leurs déplorables instincts, sont choyés, fêtés et approuvés; ils tuent et massacrent!

L'amour-propre militaire est savamment mis en jeu.

— Tiens! un tel! il est tout pâle! Le sang lui fait peur! Mauvais soldat!

Et voilà comment une armée se déshonore par des boucheries.

Et puis, cette armée impériale avait été atteinte par la démoralisation.

Cela avait commencé en Crimée avec Forey, s'était accusé en Chine avec Montauban au pillage du palais d'été, et étalé au Mexique avec Bazaine, pour être prouvé sur tant de champs de bataille par les de Failly et autres.

C'est cette armée dont M. Thiers avait fait le noyau de celle qu'il lançait sur Paris, avec ce mot d'ordre :

— Tuez tout !

Et l'Europe stupéfaite se demandait comment les régiments français en étaient venus à dépasser en férocité les bandes mercenaires des plus mauvais jours du moyen âge.

Tous ceux qui ont passé par cette *fosse aux lions* de la Roquette en ont gardé un souvenir d'horreur, qui les fait frissonner chaque fois que l'on évoque ces journées et ces nuits de sang.

Je ne saurais dire combien de temps on fusilla sommairement à la Roquette ; mais je suis sûr que, le troisième jour après la prise du Père-Lachaise, on tuait encore avec entrain.

Et c'était un prévôt, un seul homme, un capitaine, qui décidait !

Je ne sais pas ce que sont devenus tous ces prévôts, il serait curieux de les rechercher. Ce serait difficile.

Toutefois, j'en sais un qui est mort dans le *delirium tremens* ; il s'était mis à boire de l'absinthe pour chasser ses souvenirs, et, dans ses accès, il voyait passer devant lui le défilé des victimes sanglantes de la Commune.

— J'ai assisté à l'une de ces crises, me disait il y a quelques jours un chirurgien militaire, aujourd'hui retraité, libre par conséquent, et qui prépare ses *Souvenirs de la Commune*. J'ai vu cet homme aux prises avec le remords. C'était effrayant.

Enfin mon beau-frère quitta la *fosse aux lions* pour aller à Versailles.

On sait quelles réflexions firent les journaux réactionnaires sur la *tenue ignoble* de ces malheureux prisonniers arrivant dans la capitale de la réaction.

Le public, il faut le dire, fut défavorablement impressionné.

Les modérés eux-mêmes, tout en laissant les injures et les coups aux fanatiques, s'écriaient avec un dégoût profond :

— Quelles têtes ! — Quelles guenilles !

— Ces hommes sont immondes !

— C'est la lie de la population !

Mais on aurait pris un monsieur en habit noir, on lui aurait fait passer quarante-huit heures à *la corvée des cadavres* et deux nuits à la *fosse aux lions*, qu'il eût été dans un triste état.

Et les fédérés, mal habillés, dans de pauvres uniformes déjà délabrés par des mois de siège, avaient combattu sans répit pendant toute une semaine !

Sur les pontons.

Pouvaient-ils donc se présenter aux Versaillais comme une troupe sortant de la caserne, astiquée et luisante? Voilà la justice des partis!

Les convois d'insurgés étaient dirigés, les uns à pied, les autres en chemin de fer. Antoine fut de ceux-ci.

On fit sortir les prisonniers de la *fosse aux lions* vers dix heures, quinze par quinze; on les lia par les deux poignets, en file, de façon à former une chaîne, comme pour les forçats autrefois; seulement on se servait de cordes.

Chaque chaîne était escortée par des soldats, fusils chargés.

Toujours l'éternelle consigne : faire feu!

Arrivé à la gare de la rive gauche, on entassait les chaînes dans les wagons de marchandises, sous l'œil des sentinelles, et le train partait.

Le convoi dont Antoine fit partie fut déposé et enfermé aux docks.

Là, pour la première fois, on commença à soupçonner que les malheureux prisonniers pouvaient avoir besoin de manger, et l'on organisa des distributions.

On s'arrangea tant bien que mal dans ces docks, qui étaient le paradis comparés à la *fosse aux lions*. Mais la terrible menace de mort était toujours suspendue sur les têtes des fédérés, et elle fut plus d'une fois exécutée.

La défense de bouger la nuit, de remuer, de se lever était plus rigoureuse que jamais; trois fois, des sentinelles firent feu...

Et cependant, il n'y avait pas de complot, pas d'évasion possible.

On a beaucoup parlé des sentiments haineux affichés par les amnistiés.

J'en connais beaucoup.

Peut-être le lecteur en a-t-il parmi ses parents ou ses amis.

Je demande si réellement, à part quelques exceptions, il est possible, après avoir tant souffert, de se montrer plus réservé et moins altéré de vengeance que la plupart des amnistiés.

Que l'on y songe cependant! Que chacun mette sa main sur sa conscience, et se demande s'il ne jurerait pas une haine éternelle à un parti qui l'aurait placé sous le fusil des factionnaires et sous les mitrailleuses, avec ordre de tirer pour un mouvement involontaire. Quelle tyrannie!

Je dois relever des faits ignobles à la charge des gendarmes.

Eux aussi, oui, eux si disciplinés, avaient pris pendant la guerre et pendant le siège, pendant la lutte contre la Commune, des habitudes de *chapardage* et de maraude.

Ce n'était plus l'élite de l'armée, le corps honnête et probe par excellence, la terreur du soldat malfaisant.

Ces gendarmes volaient-ils l'habitant? Je ne le sais pas, et je ne le crois pas.

Mais, par une aberration de sens moral que je ne puis pas définir, il regardaient les fédérés comme hors la loi.

Pour eux, ce n'étaient plus des hommes, mais un troupeau bon à tondre.

Et ils s'y prenaient avec un raffinement de fourberie qui indignera tout homme de cœur.

Les fédérés prisonniers s'étaient ingénié à cacher leur argent.

Il était difficile de fouiller tous les plis de leurs haillons pour y trouver une pièce d'or ou d'argent.

Les gendarmes s'avisèrent, malgré la consigne, de leur vendre du tabac, du chocolat, des petites bouteilles d'eau-de-vie. Les prisonniers achetaient.

Après avoir bien vendu, les gendarmes faisaient perquisition, confisquaient tabac et autres objets et... recommençaient avec une autre fournée de prisonniers. De toutes les preuves de démoralisation, celle-là me fut la plus pénible.

Je suis heureux de voir, après sept ans d'exil, la gendarmerie donner l'exemple de la probité, et je lui en rends témoignage.

Mais, en ce temps-là, elle aurait pu se contenter de s'attirer la haine des insurgés, sans mériter leur mépris.

Parmi les traits qui furent cruels aux prisonniers, il y en eut un qui le fut plus particulièrement : le vol des souliers.

Je prie le lecteur de remarquer que ces hommes arrêtés n'étaient point condamnés; que, sur quarante mille, on en renvoya les deux tiers sans jugement, en reconnaissant leur innocence.

Quand on a signalé ces vols de souliers, les écrivains réactionnaires ont répondu :

— Fallait-il donc que ces canailles de fédérés fussent bien chaussés, tandis que nos soldats l'étaient mal.

Cela est faux. Nos soldats avaient été admirablement habillés et chaussés. M. Thiers n'avait rien négligé sous ce rapport, et il avait prodigué l'or.

Mais il n'en eût pas été ainsi, que prendre les souliers des prisonniers, ç'eût été voler quand même.

Des troupiers, vieux soldats mercenaires de l'empire, ayant appris le *chapardage* et la pillerie au Mexique et en Chine, ramassaient des savates informes, des bottines éculées, hors d'usage, puis ils forçaient à l'échange ceux qu'ils escortaient ou qu'ils gardaient.

Antoine faillit perdre ainsi une somme assez ronde. Ingénieux, comme tout fils de Bohémien, prévoyant qu'il pouvait être pris, il avait eu soin de se munir. Il avait beaucoup d'or sur lui, très ingénieusement caché.

Il en avait surtout garni d'épais souliers, pendant qu'il était à la campagne ; il s'était procuré ce qu'il lui fallait par l'intermédiaire de son oncle, et, adroit comme le sont ceux de sa race, il avait adapté des patins à une grosse paire de souliers de paysan ; il avait caché une couche de pièces d'or entre les patins et la semelle.

Les clous passaient entre les intervalles des pièces.

Ces énormes chaussures firent envie à un vieux sergent porte-brisques, qui supposa pouvoir en retirer facilement deux ou trois francs pour boire la goutte.

C'était bien l'affaire d'un charretier.

— Otez-moi ça ! dit-il à Antoine. Vous allez mettre à la place ces *godillots*.

Antoine ne dit mot.

Une réplique, et l'on vous cassait la tête. Il obéit donc.

Le sergent allait s'emparer des souliers, lorsqu'Antoine, qui avait habilement extrait une pièce de cinq francs de la ceinture de son pantalon, fit signe au vieux sergent qu'il avait à lui parler.

— J'ai cent sous, lui dit-il, Je n'ai que ça, mais je vous les donne si vous me laissez les souliers.

Comme le sergent lui jetait un singulier regard, Antoine lui dit :

— Oh ! je n'ai que cent sous. Vous pouvez me faire fouiller ; mais alors les cent sous sont perdus pour vous ; il faudra les déposer au greffe.

— Donne ! dit le sergent.

— Un instant ! fit Antoine. Pour que d'autres n'aient pas envie de me reprendre mes souliers, découpez l'empeigne. Une fois abîmés ils ne tenteront plus personne.

Le sergent se mit à rire.

— *Tu la connais dans les coins*, toi, dit-il. A la bonne heure.

Il fit ce qu'Antoine demandait, lui rendit sa chaussure et empocha les cent sous. Personne ne s'avisa de vouloir, depuis, enlever à mon beau-frère ses chaussures fendues.

Pauvre armée d'alors !

On avait tant pillé en Chine et au Mexique, qu'il en était resté de bien tristes habitudes chez certains vieux troupiers.

Aujourd'hui, l'armée, c'est la nation.

De l'aveu de tous les étrangers, c'est en France que l'on trouve le plus de probité ; aussi serait-il difficile de trouver des troupes plus respectueuses de la propriété que les nôtres aujourd'hui.

Aux grandes manœuvres, les étrangers ont été frappés de voir des soldats passer sous des pommiers, sans ramasser un fruit tombé.

Ils ont consigné des traits de ce genre dans leurs rapports.

Voilà l'armée de la République!

Comme les prisons de Versailles, l'Orangerie, les Docks s'encombraient, comme il était impossible de se débrouiller au milieu de 40,000 procès à faire, on résolut de se débarrasser provisoirement des prisonniers.

Dans ce but, on imagina de les envoyer sur des bâtiments de guerre transformés en pontons pour servir de prison.

C'était une tradition, du reste.

Déjà les républicains modérés de 1848 avaient envoyé aux pontons les insurgés de Juin, les révoltés de la faim.

On forma donc des trains de prisonniers, on les entassa dans des wagons, et on les expédia à Brest.

Pendant le trajet, Antoine put se convaincre que la France n'aurait jamais accepté la Commune : j'en eus aussi la preuve.

Les populations étaient contre nous, et nous accablaient d'invectives; les paysans étaient comme enragés contre nous.

Le massacre des otages, exécuté par une faible partie, une minorité infime de la Commune, les incendies, des calomnies répandues par la presse réactionnaire, tout contribuait à ameuter la province.

C'était un déchaînement.

Ce qui paraissait le plus exaspérer les campagnes, c'était le mensonge répandu partout, représentant les fédérés comme ayant empoisonné le vin des maisons qu'ils abandonnaient.

On criait :

— A mort les empoisonneurs!

Antoine rend cette justice aux soldats, qu'ils finirent par s'irriter de cette attitude des populations.

Plusieurs fois ils protestèrent.

Un officier releva très énergiquement un employé supérieur de la ligne de l'Ouest, qui nous appelait :

— Tas de lâches!

— Monsieur, lui dit cet officier, traitez-les de canailles si vous voulez. Mon opinion est que c'est un tas de fripouilles. Mais des lâches! Non, non, non!...

Antoine a noté que ce voyage fut extraordinairement pénible.

Affaiblis par tant d'émotions, mal nourris, dormant peu ou point, les prisonniers mirent un temps infini pour aller de Paris à Brest.

Je trouve dans ses notes l'expression suivante :

« On a plus d'égards pour un troupeau de cochons, transportés en chemin de fer, que l'on n'en eut pour nous.

« Nous étions liés, entassés et l'on nous laissa mourir de faim et de soif, de soif surtout; ce fut un supplice atroce, car la saison était déjà très chaude.

« Des chiens, à notre place, seraient devenus enragés. »

Et toujours la même consigne, l'éternelle consigne.

Sur celui qui murmure : feu !

Sur celui qui veut descendre : feu !

Sur celui qui se lève : feu !

Cependant le soldat, le gendarme, le marin lui-même commençaient à s'humaniser à mesure qu'ils s'éloignaient de Paris.

Hors de la fournaise, ils redevenaient des hommes.

Je dois noter ici un fait assez singulier, qui se passa dans ce voyage.

Antoine, en allant de la gare de Brest aux pontons, rencontra une troupe de Bohémiens ; il n'était pas un Tzigane de pure race; il ne faisait partie d'aucune tribu, mais il connaissait tous les signes de la franc-maçonnerie des Bohémiens, et il fit celui de détresse.

On le comprit.

Quelques jours plus tard, un jeune homme montait à bord du ponton comme marchand de menus objets; c'était un de ces colporteurs qui sont autorisés à vendre sur les navires en rade.

Il fit des signes à mon beau-frère, qui comprit.

Le jour suivant, Antoine parvenait à lancer dans l'éventaire de ce colporteur une boulette de mie de pain, contenant cet avis :

« Faire savoir à Mme X*** (c'était ma mère) qu'Antoine est prisonnier. »

Et voilà comment, à son retour à Paris, ma mère sut qu'Antoine était détenu sur les pontons de Brest.

Les Bohémiens couvrent la France, on pourrait dire le monde, d'un immense réseau; les mailles en sont plus serrées qu'on ne se le figurerait.

Jamais une famille n'est à plus de deux journées de marche d'une autre; les tribus suivent des routes parallèles et se renseignent sans cesse sur leurs mouvements, toujours prêtes à se réunir et à se secourir.

Une nouvelle est bien vite transmise.

A-t-on besoin de sauver un frère ou d'en avertir un autre ? Un membre de la famille monte à cheval et va transmettre l'avis à la famille voisine.

Ainsi de proche en proche.

Ce n'est pas un des traits les moins curieux que j'aie recueillis sur les Tziganes.

III

Imprudent mais innocent. — Protection. — Les dossiers. — Un danger. — Une résolution héroïque.

J'ai expliqué comment mon arrestation s'était opérée.

Dans le malheur, on est souvent injuste ; ma mère, ma femme et moi, nous accusions un général, notre parent d'avoir écouté ses rancunes contre les fédérés et de m'avoir dénoncé.

Ma mère, qui connaissait d'autres personnages influents, et qui en espérait, à bon droit du reste, aide et protection, se rendit immédiatement à Paris.

Je crois, je ne saurais l'affirmer, qu'elle eut recours, entre autres personnes, à M. de Mun ; j'ignore si ce jeune homme, alors officier de grand avenir, aujourd'hui orateur distingué du parti clérical, fit quelque chose pour moi.

Toutefois, je tiens à lui donner ce témoignage qu'il fit tout son possible pour venir en aide à ceux qui lui furent recommandés ; plusieurs lui doivent leur liberté.

Un entre autres, M. Émile Roy.

Quand un homme, quelles que soient ses convictions politiques, se conduit généreusement, il faut lui rendre justice.

C'est ce que je fais.

Je dois dire, d'autre part, que le général, mon parent ne laissa à personne le soin de s'occuper de moi plus que lui-même.

Il ignorait absolument mon arrestation et me croyait hors de France.

Ma mère, je l'ai dit, se garda de s'adresser à lui.

Un des amis communs de la famille, un député, vint le trouver et lui reprocha sa conduite.

Mon parent (nous l'appellerons le général si vous voulez, car je cache son nom et sa position exceptionnelle) mon parent, dis-je, fut stupéfait de ce qui s'était passé.

— Je voulais le sauver, dit-il ; il faut qu'on l'ait dénoncé. Mais qui ?

— Et après réflexion :

— Ce ne peut être C***.

Il parlait d'un des officiers de son entourage, celui-là même qui avait toute sa confiance et qui la méritait si peu.

— Qui sait ? fit le député.

— Comment ! vous penseriez ?

— Votre C*** est un petit jésuite, un sournois, un séminariste déguisé en militaire ; il a eu des querelles avec votre jeune parent, et, ma foi, je vous avoue que je le soupçonne.

Le... général... se frappa le front et pria le député de ne rien dire encore ; puis, après avoir écrit pour moi la plus chaude lettre de recommandation, il s'occupa d'éclaircir l'affaire.

Il sut, par un soldat d'ordonnance, que C*** m'exécrait.

Il sut par la police que C*** m'avait dénoncé et livré.

Il sut bien d'autres choses, du reste.

Mais ce sont là des affaires intimes ; toutefois, quand vous mettez Tartufe dans votre confiance, attendez-vous à ce qu'il vous prenne tout... même votre femme si vous êtes marié, votre maîtresse si vous ne l'êtes pas.

Le général, en fureur, fit venir C*** devant plus de vingt officiers.

Je dis « plus de vingt ».

Mon parent, par suite d'une situation spéciale, était bien entouré.

Il raconta tout, absolument tout ce qui s'était passé.

C*** fut chassé, non de l'armée, mais seulement de l'entourage.

Le croirait-on ?

Mon oncle fut impuissant à obtenir qu'on le radiât des cadres.

Il fut également impuissant à l'empêcher d'avancer dans le régiment réactionnaire où les jésuites, ses protecteurs, le firent entrer.

Ceux que les jésuites soutiennent sont forts contre tout.

Dans l'armée, leur influence est inouïe, incompréhensible.

Un jour, des officiers de chasseurs d'Afrique, que la conduite d'un officier supérieur indignait, surveillent celui-ci et le surprennent en flagrant délit ; c'était un chef d'escadron.

On le fit embarquer secrètement pour le soustraire aux huées de la garnison et des habitants de la ville.

Quatre mois après on lisait dans le *Moniteur officiel* sa nomination au grade de lieutenant-colonel dans un régiment de lanciers.

Voilà l'influence cléricale dans l'armée, lorsque la réaction est triomphante.

Je cite ce trait en passant.

Toutefois, pour revenir à mon dénonciateur, je dois dire que le mépris de ses camarades l'a poursuivi partout, et qu'il a reçu une rude leçon dernièrement.

Lors de la nomination de M. Grévy à la présidence, il se permit de dire,

Visites aux prisonniers insurgés.

en pleine pension, que la France allait être gouvernée par des *gens de rien*.

Il parla de M. Grévy d'une façon indigne, et lassa les autres officiers.

L'un d'eux le souffleta.

On se battit.

C*** reçut une blessure très grave, qui entrava sa carrière active.

Mais, soyez tranquille.

Les jésuites lui trouveront, dans l'intendance ou ailleurs, une bonne situation.

Pour moi, je ressentis bientôt les bons effets de la protection de mon parent; on me traita avec beaucoup d'égards.

Mais ce qu'il fut impossible d'empêcher, ce fut ma mise en accusation.

C*** savait que mon dossier contenait la fameuse note du concierge, relative à mon affaire du souterrain.

L'officier tué à l'orifice du puits appartenait à une famille influente qui, poussée par C***, criait vengeance.

Ce C***, durement malmené par mon parent, et démasqué, ne ménageait plus rien ; il s'acharnait contre moi.

Telle était ma situation.

Bientôt je reçus, en prison, des nouvelles de mon beau-frère.

Ma mère m'en fit tenir.

Antoine, qui sut, par le moyen que j'ai dit, tout ce que nous avions intérêt à lui faire connaître, me faisait dire de ne pas m'occuper du danger qu'il pouvait courir, attendu qu'il s'était arrangé pour qu'il fût impossible de le reconnaître.

En conséquence, il m'engageait fortement, puisque d'après la note du maudit concierge, nous étions trop clairement désignés pour nier, il m'engageait, dis-je, à avouer la vérité et à le charger.

Je me promis de n'en rien faire, quoi qu'il pût en arriver.

Je n'étais point absolument certain que mon beau-frère fût à l'abri d'une reconnaissance; je ne sus que plus tard ce qu'il avait fait pour dépister la police.

Avant de dire comment Antoine s'y était pris pour se défigurer, je dois parler un peu de la vie à bord.

Sur les pontons, les prisonniers ne furent pas trop malheureux.

Ils étaient distribués dans les batteries par tribordées et bâbordées ; on les laissait libres de leurs mouvements.

Ils montaient deux heures par jour sur le pont pour respirer l'air et se chauffer un peu au soleil d'été.

La nourriture était saine et suffisante; on avait du vin.

Les marins s'étaient humanisés à bord; ils avaient causé avec les fédérés, les avaient compris et avaient fini par sympathiser avec eux beaucoup plus franchement que les officiers ne l'aurait voulu.

Les sous-officiers surtout se montraient très bons, autant du moins que faire se pouvait, étant donnée la discipline.

Souvent ils se chargeaient des commissions, et ils étaient fidèles et désintéressés; plusieurs d'entre eux reçurent pour les fédérés des sommes considérables; ils les remirent toutes.

Je tiens à leur rendre ici ce témoignage d'estime.

On conçoit que, dans ces conditions, il était facile de se procurer en ville une foule de choses.

Antoine en profita.

Il fit acheter une petite fiole pleine de vitriol et, un beau soir, il se défigura complètement.

Il se passa un fait très remarquable.

Antoine, qui était peu communicatif, qui ne parlait à personne, qui craignait les *moutons*, parut le lendemain à son plat, la tête dans un état pitoyable.

Tous ses compagnons comprirent qu'il avait eu intérêt à faire ce qu'il avait fait; pas un ne lui en demanda la raison.

Mon beau-frère demeura dans la batterie pendant les premiers jours; puis, à la visite de santé, il déclara qu'il était sujet aux érésipèles, qu'il en avait souvent.

On n'y regarda pas de très près, on l'envoya à l'infirmerie.

Voilà comment Antoine s'y était pris pour ne pas être reconnu.

Il n'avait point hésité à s'enlaidir, parce que, comme je l'ai raconté, il ne désirait plaire à personne.

Plus tard, ses cicatrices lui donnèrent un aspect terrible.

Il fit, je l'ai dit, malgré cette physionomie étrange, à cause d'elle peut-être, la conquête d'une femme canaque.

Maintenant que j'ai raconté ce qui se passait sur les pontons, je reprends l'histoire de mon procès et celle de mes aventures.

IV

Les conseils de guerre. — Réquisitoires. — Juges et partie. — Ma condamnation à mort! — A mort!

Je suis pressé d'arriver aux faits vraiment étranges de ma longue torture en Nouvelle-Calédonie.

Aussi ne m'arrêterai-je pas longuement à ce qui m'advint devant le conseil de guerre.

Je ferai de courtes réflexions.

Les conseils de guerre, les cours martiales, les prévôtés, jugeant, expédiant, condamnant les accusés, sont toujours, en cas de guerre civile, une justice exceptionnelle.

Exceptionnelle!...

Personne, je suppose, ne protestera contre ce mot.

Personne ne dira que ce soit là la justice habituelle.

Eh bien, qui dit exceptionnelle, en fait de justice, dit injustice, quand il s'agit d'une guerre civile terminée.

Je conçois, on admet que, dans la lutte même, guerre étrangère ou guerre civile, des mesures rigoureuses, suspendant les lois ordinaires, n'ayant pour but que le salut de chaque armée combattant, soient appliquées.

Je conçois que le vrai cours de la vraie justice soit suspendu.

Mieux vaudrait le contraire.

Mieux vaudrait conserver à chacun ses juges naturels.

Car enfin les Prussiens, nos ennemis, ont fusillé des Français patriotes qui étaient des héros, des martyrs.

Mais la force est la force ; elle édicte ses règles ; elle a pour principe la suspension du droit et des lois.

La guerre est le règne brutal de la force.

Mais la guerre finie, les massacres atroces terminés, le triomphe d'une nation ou d'un parti assuré, en pleine victoire, en pleine possession de puissance, le moins qu'un vainqueur doive à l'humanité, à l'honneur, à lui-même, à sa gloire, c'est de rétablir le droit des gens, la règle, la loi, la justice vraie, la justice avec toutes ses formes protectrices.

Qu'a fait la réaction ?

Qu'a fait le parti versaillais vainqueur ?

Il a établi des conseils de guerre.

Qui donc y jugeait ?

Les combattants de la veille et les vainqueurs du lendemain.

Qui jugeaient-ils ?

Les vaincus.

Est-ce là une justice ?

Comment ! noirs de poudre, les mains sanglantes, après avoir été bourreaux, exécuteurs des massacres, des soldats sont juges !

Hélas ! oui.

Et qui fut choisi ?

Comment ces tribunaux furent-ils composés et constitués ?

Si encore on avait eu quelque chance d'être jugé impartialement.

Mais non.

On choisit parmi les états-majors.

On prit des réactionnaires bien connus, comptant sur leurs passions politiques.

On constitua le ministère public, les accusateurs, de telle sorte que l'on fût bien sûr de leur haine et de leur sanglante ardeur ; on vit un Gavaud scandaliser les juges militaires eux-mêmes ; c'était une espèce de fou furieux, un enragé, un cerveau en démence ; il accusait, accusait, accusait avec rage.

Il inventait des preuves.

Il imaginait des culpabilités.

Il fit condamner des innocents, reconnus aujourd'hui innocents.

Il encourageait les faux témoignages ; il coupait la parole au président ; volontiers il accusait le tribunal de modérantisme ; je l'ai vu furieux parce que le président lui faisait la plus juste, la plus justifiée des observations.

Il se leva, rassembla ses dossiers, foudroya les juges de ses regards irrités, et se retira à la stupéfaction générale.

La séance fut suspendue.

Cet homme était furieux.

Cet homme était féroce.

Il fut pire que Fouquier-Tinville, pire que les pires.

Il avait la monomanie de voir partout le coupable.

Il soupçonnait jusqu'aux juges, et il avait des insolences de langage incroyables, qui furent supportées.

Les plaintes des conseils de guerre ne furent pas écoutées.

Destituer Gavaud !

Jamais !

On aurait avoué qu'il avait souvent menti, souvent accusé à faux.

Mais enfin la vérité éclata.

Le sang qu'il faisait verser lui monta au cerveau.

L'absinthe qu'il buvait lui donna le *delirium tremens*.

Il était fou.

Tout le monde le disait.

Tout le monde le savait.

Personne n'osait le révoquer.

Il s'exécuta.

Un beau jour, il éclata en violences, en insanités, en fureurs.

Il voulut fusiller les juges.

Alors on l'envoya à l'hôpital, et il y mourut dans un accès.

Et Versailles ne put le cacher.

On eut beau enfermer l'homme, faire le silence.

On eut beau prendre toutes les précautions et entourer *le dément* de mystère.

Les cris percèrent les voûtes.

La conscience humaine prit dans cette poitrine une voix terrible et éloquente ; la vérité éclata, jaillissant au dehors.

Les infirmiers parlèrent.

Les chirurgiens parlèrent.

Les sœurs de charité parlèrent.

Tous les confidents de ce secret furent saisis d'une terreur sacrée.

Il leur fut impossible de rester muets, tant ce châtiment portait l'empreinte d'une fatalité implacable.

Tous les scrupules se turent, et l'horreur délia les langues.

Nous sûmes tous que Gavaud était fou, que le sang l'étouffait, que son agonie était atroce, qu'il mourait enragé, se débattant en vain contre les furies vengeresses.

Il se croyait dans un océan rouge, lié à un récif ; la marée montante le submergeait, battant son corps de cadavres que chaque vague lançait contre le roc ; le flot montait, montait encore, montait toujours ; le misérable cria qu'il en avait aux lèvres ; puis il leva les bras, les agita, et se tut.

Il était submergé.

Quel trépas !

Et combien ne sont pas fous aujourd'hui et l'étaient alors.

Il y a des cerveaux qui résistent à tout.

D'autres, des juges, furent depuis condamnés pour des actes déshonorants, un entre autres, pour un vol indigne.

Il avait nom G...

Je fus traduit devant le conseil de guerre.

Mon parent fit tout pour disposer les juges en ma faveur.

Une influence contrebalança la sienne ; une famille avait un mort à venger ; elle remua ciel et terre contre moi.

Je ne m'en plains pas.

Je ne lui en veux pas.

Un des siens avait été tué; l'odieux C*** attisait la haine de ces gens-là; ils parvinrent à indisposer mes juges.

Puis, l'officier chargé de l'accusation était, comme C***, un jésuite flelleux et très retors.

Je fus pris dans ses arguments comme un lièvre au lacet.

Que faire?

Que dire?

Mon défenseur était un réactionnaire très habile, m'a-t-on affirmé.

Moi, j'avais une tactique et je suis désolé aujourd'hui de ne pas l'avoir suivie; elle m'aurait sauvé.

Je ne pouvais nier avoir servi dans les rangs fédérés.

Je l'aurais avoué.

Puis, j'aurais dit que, dans les derniers jours de la lutte, je m'étais réfugié chez ma mère; point de témoins.

J'aurais eu contre moi la seule déposition du concierge qui, ayant le cou coupé, ne serait plus là pour soutenir sa dénonciation.

Mon avocat voulut que j'avouasse ma fuite et l'affaire du souterrain, tout en jurant que je n'avais pas tiré.

Il m'engagea à prétendre que nous étions huit ou dix dans le souterrain, et que c'était un individu inconnu de moi qui avait fait feu dans le puits.

Je crois que cet avocat ne fut pas perfide avec moi.

Il voulait une plaidoirie, voilà tout!

Il produisit son effet et... je fus condamné à mort.

Ma mère s'évanouit.

Mon parent parlait de se suicider, et il fit bien de ne pas donner suite à son projet; il se serait manqué... comme Bourbaki.

Ma femme traversa l'audience et se jeta dans mes bras.

Les gendarmes nous séparèrent.

Je rentrai en prison.

On me fit signer un recours en grâce, et je crois que mon parent eût facilement obtenu une commutation; mais, de Brest, où Antoine sut ma condamnation, il arriva un télégramme, puis une lettre.

Le télégramme priait de surseoir à mon exécution.

La lettre donnait la déposition d'Antoine, racontant toute l'affaire et s'accusant d'avoir tiré sur l'officier.

On ne pouvait plus me fusiller.

Mon affaire traîna, mais celle d'Antoine ne traîna pas.

Il fut envoyé à Versailles et mis en jugement sur-le-champ.

On me cita moi-même comme témoin.

J'étais mort légalement.

Cependant je déposai.

Un journaliste réactionnaire trouva plaisant de m'appeler *le décapité parlant*.

Je ne sais pas s'il a beaucoup fait rire à mes dépens, mais je sais que ma mère a beaucoup pleuré.

Antoine fut aussi condamné à mort.

V

Antoine condamné à mort. — Ce que disaient les capitaines rapporteurs aux prisonniers. — Sedan! Sedan! — Le cachot. — Un geôlier aimable. — Au mur. — Sous l'œil.

J'ai dit que, grâce à l'intervention de mon parent, on avait eu pour moi des égards.

Je ne souffris pas trop dans la prison de Saint-Pierre de Versailles ; mais Antoine y subit le martyre.

Dès son arrivée, on le mit en cellule et on le traita avec la dernière rigueur.

La malencontreuse déclaration d'Antoine, inspirée par un si bel élan de générosité, gâtait tout.

En effet, j'étais sûr d'obtenir ma commutation de peine.

Mais lui!

Il fut, il ne pouvait être que condamné à mort.

J'étais bien résolu, de mon côté, à ne pas profiter de l'élan qui avait poussé mon beau-frère à s'accuser.

Devant le conseil de guerre, je ne pouvais revenir sur ma déposition et dire le contraire de ce que j'avais affirmé ; Antoine avait tout avoué, sauf l'affaire du concierge.

Elle revint sur l'eau.

La police avait fini par s'inquiéter de la disparition de ce mouchard volontaire, qui n'avait plus reparu à son domicile et qui n'envoyait plus de notes à la préfecture où l'on appréciait son zèle.

Il est vrai que l'on avait trouvé un cadavre décapité.

Mais, en ces jours de massacre, cela n'avait pas tiré à grande conséquence ; on avait pensé peut-être que c'était quelque fédéré, quelque communard, reconnu par des soldats, tué et abandonné.

On aurait dû cependant avoir été frappé de l'absence de tête.

Les prisonniers insurgés sous les mitrailleuses (Docks de Versailles).

Il faut croire que l'on n'y avait pas pris garde.

On avait fait transporter le corps dans les casemates de la porte Maillot où tant de cadavres furent déposés, puis de là conduits au cimetière par voiturées.

Toujours est-il que la police ne fit aucun rapprochement entre le fait du concierge disparu et de l'homme sans tête.

Toutefois, Antoine fut très vivement questionné et pressé à l'instruction.

On ne saurait trop blâmer l'attitude et les façons de s'exprimer de certains officiers, chargés de ces instructions concernant les malheureux fédérés.

Moi-même, malgré la protection de mon parent, je fus rudoyé.

Le capitaine rapporteur m'ayant demandé pourquoi j'étais entré dans les rangs des fédérés, moi, fils de bonne famille, je lui répondis fort doucement et sans provocation :

— Mais, mon capitaine, il y avait autant de boutiquiers, de bourgeois, dans les compagnies de mon bataillon, que d'ouvriers.

Il s'emporta.

— Taisez-vous donc, blagueur, me dit-il. Je les ai vus, vos fédérés. C'est la plus sale canaille que l'on puisse trouver.

— Je conviens, lui dis-je, qu'il y avait des éléments mauvais ; mais c'était une minorité ; elle était forcée de marcher droit. On n'a pas volé pendant la Commune.

Là-dessus, le capitaine entra en fureur, m'injuria, me traita de lâche, de pétroleur, et finit par me dire que, s'il n'avait pas égard à mon parent, il me ferait descendre au cachot ; il épuisa tout le répertoire des bivouacs d'Afrique pour m'accabler.

Je lui dis :

— Pardon ! Vous oubliez sans doute que vous êtes juge d'instruction.

Mon sang-froid l'exaspéra.

Il redoubla, et je vis qu'il s'oublierait jusqu'à me frapper.

Antoine subit les mêmes outrages, avec cette aggravation qu'il fut mis au cachot.

J'avoue qu'il l'avait mérité.

C'était comme une monomanie, de la part de ces officiers, de nous traiter de lâches, d'assassins, tuant les soldats à l'abri des barricades ; quand Antoine raconta comment il avait envoyé son coup de fusil, croyant atteindre son dénonciateur, la colère du capitaine rapporteur fut terrible, et il invectiva Antoine.

Celui-ci, très crânement, répondit :

— J'étais à Montretout et vous à Sedan ! Je n'admets pas que vous ayez le droit de me traiter de lâche.

Du coup, le capitaine fit enlever Antoine « pour ne pas lui casser la tête d'un coup de revolver », avoua-t-il.

Voilà quelles étaient les passions des hommes chargés de l'instruction des procès ; ils nous haïssaient.

La stupide accusation de lâcheté qui revenait toujours finit par outrer tout le monde et fit perdre patience à plusieurs avocats qui la relevèrent de main de maître.

Dans la défense du sympathique et brave Simon Mayer, M⁰ Laborde, son avocat, avait été indigné de la façon dont l'accusateur public avait parlé des fédérés, auxquels il avait reproché leur couardise et auxquels il avait demandé :

— Où sont vos héros ?...

M⁰ Laborde riposta dans un mouvement oratoire superbe :

— Vous demandez des héros... mais moi-même j'en cherche vainement parmi les vôtres...

Et comme le conseil murmurait :

— C'est vrai, dit-il, excusez-moi... Un jour, en effet, je lus dans les journaux et je vis sur toutes les murailles le texte d'une fort belle affiche. Le héros qui l'avait rédigée s'écriait : *Je ne reviendrai que mort ou victorieux !* Ce héros a été battu, et il est à cette heure bien vivant.

A ces mots, le conseil tout entier se leva, et les juges disparurent un à un, foudroyés par cette interpellation.

Le conseil revint au bout de plusieurs heures, en grand appareil.

Sept accusés, dont M. Simon Mayer, étaient condamnés à mort !

N'était-ce pas payer bien cher une vérité à dire au complice du général Trochu ?

Par faveur spéciale, et sous prétexte que j'aurais à témoigner, j'étais détenu en cellule et point trop malheureux.

Là, j'ai vu souvent passer devant ma porte les plus illustres des membres de la Commune, et j'ai pu saluer Rossel.

Après la condamnation d'Antoine, on me mit avec lui et plusieurs autres dans les cachots de la caserne de Noailles, où se trouvait comme gardien le plus grossier des geôliers.

Notre cachot était très étroit, sans air, sans jour et humide.

Il me sembla que je rentrais dans les catacombes.

Je serrai la main d'Antoine en y arrivant.

Le geôlier se mit à rire et dit, en faisant allusion à notre mort prochaine :

— Eh bien ! vous ne vous la souhaitez pas bonne et heureuse ?

Il se frottait les mains et nous disait en ricanant :

— Ça chauffe, ça chauffe, là-bas à Satory ! Ce matin on en a fusillé une dizaine.

Je regardai le geôlier en face, et je lui demandai froidement :

— Sont-ils bien morts ?

Il paraît que nos camarades avaient montré du cœur ; le misérable baissa la tête et s'en alla.

Toutefois, il me garda rancune et me fit toutes les petites misères qu'il put, dans la suite.

Tout le personnel ne lui ressemblait point, heureusement.

Eh bien, on le croirait difficilement, ce fut lui qui eut le plus bel avancement, et il était, certainement, le plus brutal, le plus ignorant, le plus incapable, le moins digne de confiance de tous.

Il s'ingéniait à me torturer.

Un jour il me dit :

— Vous savez, je l'ai vue.

Je demandai :

— Qui ?

Il me répondit en clignant de l'œil et d'un air impertinent :

— Votre femme, parbleu !

Puis, il ajouta, pour me froisser dans ce que j'avais de plus cher :

— Oh ! c'est bien elle ! Pas moyen de s'y tromper ! Grêlée comme la petite vérole en personne.

Nos compagnons se jetèrent entre Antoine, moi et ce drôle.

Si par malheur nous l'avions frappé, je ne sais trop ce qui serait arrivé.

Toutefois, je parvins à faire savoir au chef de dépôt la conduite odieuse de cet homme ; je pus aussi faire tenir un mot à ma mère à ce sujet.

L'affaire n'en resta point là ; on fit justice... en envoyant ce gardien ailleurs avec de l'avancement.

Nous attendions la mort.

Moi comme les autres.

J'étais cependant bien sûr d'avoir une commutation ; mais j'avais écrit à ma mère que, si Antoine n'obtenait point la sienne, je me suiciderais.

J'étais absolument déterminé à le faire, malgré mes idées catholiques qui commençaient à diminuer et ne me dominaient plus autant.

Un jour, nous crûmes être arrivés à la dernière heure.

On nous fit sortir sous la garde d'un peloton ; on nous conduisit dans une cour, et, en face des soldats, on nous mit au mur en nous ordonnant rudement l'immobilité.

Les soldats semblaient attendre un ordre qui n'arrivait point.

Enfin l'on nous fit rentrer au cachot, et je sus depuis qu'il ne s'agissait pas de nous fusiller, mais de nous mettre *sous l'œil*, c'est-à-dire de nous montrer soit à des policiers, soit à des témoins qui nous regardaient par un vasistas donnant sur la cour.

On aurait dû nous avertir.

Ceux d'entre nous qui marchèrent ensuite au supplice durent se dire, après les émotions de la première épreuve, qu'ils allaient être fusillés deux fois.

L'angoisse de la mort est pire que la mort même.

VI

Souffrances intimes. — Angoisses. — Le coup de trois heures. — L'héroïsme. — Le baquet. — La vermine. — La civilisation en l'an de grâce 1871.

Je défie M. Zola de décrire notre vie de cachot sans reculer devant certaines réalités.

Notre plus grande souffrance était le baquet.

Cela n'a l'air de rien, *le baquet;* en quoi un baquet peut-il devenir un instrument de supplice ?

Quand j'entrai au cachot, je vis dans un coin ce baquet, une sorte de demi-cuve, munie de deux anses.

— Qu'est-ce que cela ?

— Le baquet.

— Est-ce que ça sert à laver notre linge ?

— Oui ! Oui !

Et les autres de rire.

Moi, je me tus.

Quand on rit, je me crois ridicule et je me renferme dans ma dignité, en prenant les plus beaux airs d'indifférence.

Je dus à cette espèce de respect humain bien des ennuis.

Quelques heures après mon arrivée, je me rendis compte d'une certaine odeur qui n'avait pas peu contribué à me faire croire que j'étais encore dans les souterrains du Trocadéro ; je dis à mon compagnon :

— C'est singulier ! ça sent terriblement mauvais ici.
— Rien d'étonnant ! C'est le baquet ! Vous ne savez donc pas ce que c'est que le baquet ?

Et de rire encore. Moi, toujours digne, de me taire.

Toutefois, peu après, je m'approchai du fameux baquet.

Comme je l'ai dit, on n'y voyait guère dans ce cachot.

C'était comme un four.

Cependant les masses des objets se dessinaient en noir sombre sur le fond moins dense de l'ombre.

Je donnai un coup de pied dans le baquet, il rendit un son de futaille demi-pleine.

Un voisin me dit :

— Laissez donc *saint Thomas* tranquille. Il est pourri. Ce n'est pas la peine de le défoncer à coups de pied.

Et mon compagnon m'éclaira sur la destination de ce baquet.

Je m'indignai que l'on nous réduisît à tant de misère, que l'on nous infligeât cette torture.

Quoi !

Ce cachot était une latrine, pire qu'une latrine !

Quoi !

On méprisait à ce point des ennemis vaincus !

— Eh ! me dit un de mes compagnons, l'administration n'a pas inventé la chose pour nous, mon cher.

— Pour qui donc ?

— Dans l'armée, cachots, prisons, salles de police ont toujours, de tout temps, été munis d'un simple baquet.

— Quelle horreur !

— C'est comme ça.

Un autre, le chef de chambrée, me dit en riant :

— Et demain, c'est vous avec un ami qui ferez la corvée.

— Quelle corvée ?

— Vous empoignerez chacun une anse du baquet, vous irez sous escorte le vider, le nettoyer, et vous le rapporterez.

Et ce fut ainsi !

Moi qui me croyais débarrassé pour jamais de *la moutarde* !

Dire que nous mangions près de ce maudit baquet !

Dire que, dans les salles de police de l'armée, il y en a encore !

Dire qu'on parle d'hygiène !

Je jure que je suis resté quarante-huit heures au moins sans toucher à un morceau de pain.

Autre histoire !

J'ai toujours eu une horreur invincible pour la vermine.

Je sais des gens qui ne peuvent supporter une piqûre de puce ; je crois qu'ils seraient morts dans le cachot.

Le gouvernement alloue de la paille fraîche aux prisonniers ; je crains fort que les cipchetiers ne s'arrangent, sinon pour manger cette paille, du moins pour la boire.

La nôtre était hachée, broyée, pilée : fumier en dessous, son et poussière en dessus ; elle puait au delà de toute idée, et son odeur faisait concurrence à celle du baquet.

Vaincu par la fatigue, je me couchai dessus pour dormir.

A peine étendu, je me sentis piqué par tout le corps.

Je crus littéralement que j'étais soudainement envahi par une gale, par un eczéma ou par une fièvre urticaire.

La vermine me dévorait tout vif.

Et quelle vermine?

Celui qui n'a connu que les tourments d'une mauvaise nuit, passée dans un hôtel mal tenu, ne saurait se faire une idée du supplice que les insectes font endurer aux prisonniers.

C'est une torture atroce, inimaginable ; c'est l'homme dévoré vif par des myriades de petites bêtes féroces.

Je voudrais faire passer dans l'esprit du lecteur cette conviction que la peine des malheureux condamnés se trouve doublée d'un supplice non prévu par la loi, supplice intolérable.

M. Ranc l'a dépeint ; après avoir été victime du 2 décembre, il a demandé l'assainissement des prisons, au nom de l'humanité.

Il n'a rien obtenu.

Puisse ce que je vais conter inspirer l'horreur de la vermine au lecteur et soulever l'opinion.

Alors on fera une réforme.

Un mot d'abord des punaises.

Sait-on que trois espèces très connues donnent des fièvres dangereuses?

Eh bien, au dire des naturalistes et des médecins, de ces trois espèces, deux pullulent dans les prisons.

On se tord, on se débat sous leurs piqûres.

Comme le disait M. Ranc dans ses *Souvenirs*, on donnerait un million, si l'on était riche, pour un bain.

Mais la vermine blanche est plus hideuse encore, car elle inspire un immense dégoût.

L'auteur élégant de la *Revue des Deux-Mondes*, l'écrivain distingué, le brave officier d'état-major qui signait de Molènes, a écrit la mot *poux* ; je fais comme lui.

Il attribue la mort de beaucoup de soldats à cette ignoble vermine ; il est de l'avis de tous les chirurgiens.

Pélissier a écrit un mot historique :

« Débarrassez mes soldats des poux, et ils nous débarrasseront des Russes. »

On n'a pas l'idée de la terreur qu'inspire l'invasion de ce parasite.

J'en suis venu à respecter les puces, tant j'ai pris de répugnance pour ces insectes blancs, aussi indolents que la puce est folâtre.

Celle-ci, au moins, vous prend et vous quitte ; repue, elle s'en va.

L'autre s'attache à vous et ne vous lâche plus.

A qui la faute ?

A qui la honte ?

A l'administration d'abord.

A nous tous ensuite qui supportons que cela existe !

A la presse qui ne signale pas assez ces abus ; au public qui, bégueule et collet monté, ne supporte pas ces sortes de révélations.

Je vais dire une chose énorme.

Si encore les poux n'étaient que dégoûtants?

On s'y habituerait peut-être.

Mais ils sont plus terribles que la puce, et vous souffrez atrocement et continuellement de leurs suçoirs ; ce qu'ils vous font endurer ne se décrit pas.

Je les ai retrouvés partout.

Partout ils m'ont persécuté.

Pour donner quelque vague idée de ce que ce supplice peut être, j'affirme, sans crainte de démenti, que l'on voit la paille remuer sous leurs efforts et que l'on y entend comme un bruissement de feuilles sèches.

Ma haine contre eux m'a poussé à prendre les puces en affection et à formuler cet axiome :

Les puces sont l'aristocratie de la vermine.

Je dois reconnaître que, toujours, en raison de mes réclamations, un supérieur finit par tenir la main à ce que nous recevions de la paille fraîche.

La Corvée.

Je n'ai pas connu personnellement *le chef de dépôt*, mais je sais, par le témoignage de tous, qu'il fit son possible pour améliorer notre malheureux sort.

Ainsi, grâce à lui, nous pûmes allumer des bougies.

D'autre part, on nous permit de recevoir des vivres.

Grâces lui soient rendues.

Mais je maudis et je maudirai toujours ses subalternes, qui furent nos persécuteurs et nous accablaient d'injures.

Je dois noter aussi en passant l'effet que produisait sur nous la façon dont on procédait pour les condamnés, lorsque leur jour était arrivé.

A trois heures du matin, le guichetier ouvrait la porte.

Alors, un grand silence se faisait, et il jetait un nom.

C'était celui du malheureux qui devait être attaché ce jour-là au poteau de Satory.

Il se levait, serrait la main de ses camarades et partait.

On écoutait sonner ses derniers pas, qui allaient se perdant peu à peu dans le lointain.

Et chacun pensait :

— A mon tour demain, peut-être !

Nous en arrivâmes à essayer de dormir le jour, malgré la vermine, pour veiller jusqu'à trois heures.

Ces veillées étaient tristes, je n'ai pas besoin de le dire.

On arrivait à minuit en causant, en s'étourdissant du mieux que l'on pouvait ; mais, quand une heure sonnait, généralement on était ému et l'on se taisait.

Puis on entendait deux heures tinter à l'horloge voisine.

Je craignais toujours qu'on ne vînt chercher Antoine.

Décidé à tenir mon serment, je me serois suicidé, et j'avais le moyen de me couper les artères des bras.

Je sais ce que valent soixante minutes ; c'est interminable.

De deux heures à trois heures, pas un mot.

Et pourtant personne ne dormait.

Quand l'heure fatale était passée, quand le pas du guichetier ne retentissait pas, on soupirait et l'on disait en chœur :

— Personne pour aujourd'hui !

Alors la réaction s'emparait des plus expansifs et la joie éclatait.

Mais quel supplice d'être ainsi sous le couteau !

Ceux qui n'ont point passé par là ne peuvent, comme moi, apprécier la fameuse anecdote de l'épée de Damoclès.

Je me suis habitué à bien des choses excepté à cette heure d'angoisse qui terminait notre veillée.

Je voudrais l'épargner même à mon plus cruel ennemi.

VII

L'avis. — Le bagne. — Un dévouement. — Le mouchard. — Divisions entre fédérés. — Accusations réciproques. — Triste soupçon.

Un jour enfin, je reçus, par un intermédiaire que je n'ai pas à nommer, un mot d'avis qui me combla de joie.

Il était de ma mère.

Je lus, à la lueur des bougies qu'enfin l'on avait permis de nous procurer à nos frais et d'allumer, je lus :

« Ta peine et celle de *ton beau-frère* sont commuées. »

J'anéantis ce billet.

Pour cela, j'avais mes raisons ; je ne voulais pas compromettre celui qui me l'avait remis en mains très adroitement.

Mais qui donc l'eût dénoncé parmi nous, prisonniers ?

Qui ?

Un mouton.

Et voilà pourquoi je n'ai pas cité les noms de mes compagnons.

Oui, parmi nous, combattants de la Commune ; oui, parmi nous, condamnés, il y avait un agent secret, un mouchard.

La personne gagnée, à prix d'or, par ma mère, m'avait dit un jour à l'oreille très rapidement, mais très distinctement :

— Défiez-vous, pas un mot, vous avez ici un mouton.

Plus tard je demandai à la même personne pendant une corvée :

— Qui est le mouton ?

— Ça, répondit-il, je ne puis le dire ; *je trahis* déjà suffisamment en étant de connivence avec vous.

Au point de vue professionnel, il avait raison ; aussi n'insistai-je point ; mais je me creusais la tête pour deviner.

J'ai eu des doutes.

L'un de nous eut une commutation si avantageuse qu'elle m'étonna.

Mais, d'autre part, comment en prendre texte pour accuser celui-là ?

Antoine lui-même n'échappait-il pas à la mort contre toute attente !

Depuis, la personne en question fut l'objet d'une nouvelle et rapide grâce.

Moi-même, je fus assez promptement tiré du bagne.

Enfin celui dont je parle, gracié tout à fait, amnistié plus tard, fut ensuite très bien vu par le gouvernement.

Il est vrai qu'il avait beaucoup d'amis et qu'il pouvait rendre beaucoup de services honorables ; je ne puis donc me prononcer.

Et aujourd'hui encore, sagement je m'abstiens de toute insinuation.

On n'imagine pas combien les soupçons vont vite entre compagnons de malheur, aigris par la torture.

Entre les fédérés, il y avait des clans divers qui se haïssaient.

Ainsi, les jacobins, comme Delescluze, ne visaient qu'à établir une République autoritaire, et ils avaient la haine des socialistes.

Ceux-ci se subdivisaient en collectivistes libéraux et autoritaires.

Puis il y avait les blanquistes que, moi, j'exécrais particulièrement.

Et l'on se disputait, on se reprochait réciproquement d'avoir perdu la Commune, on se jetait d'amers reproches à la figure.

Enfin le gros mot de mouchard finissait la dispute.

Le pire est que la passion était telle que beaucoup finissaient par se persuader que celui-ci ou celui-là, leur adversaire, était bien réellement vendu à la police.

Ici même, à Paris, cette guerre insensée continue impitoyable.

Dernièrement, devant moi, un amnistié parlait avec mépris de ce pauvre Luillier et prétendait qu'il avait lâchement acheté les quelques faveurs dont il jouissait au bagno.

La haine contre Luillier date de l'affaire manquée du Mont-Valérien.

L'énergie, la franchise rude, les colères de Luillier et ses coups de boutoir, n'ont fait qu'accroître les rancunes de ses ennemis.

Eh bien, ce malheureux garçon est calomnié, comme tant d'autres, comme tous, puisque d'un clan à l'autre on s'accuse.

Luillier, ex-officier de marine, a trouvé dans l'administration pitié et sympathie, en raison de la camaraderie passée; mais il s'est très fièrement et très dignement conduit.

Il a subi les plus rudes épreuves par point d'honneur et par orgueil; sa résistance contre les gardiens voulant lui faire endosser la livrée du bagne a été héroïque.

Je pourrais en citer d'autres aussi injustement attaqués par réciprocité; je me contente de supplier mes anciens compagnons de cesser cette guerre impitoyable de calomnies.

Cette rage de déchirement s'explique, je le répète, par les misères subies et la sombre humeur des désespérés.

Ne serait-il point temps, ici, en France, de revenir à des sentiments de justice et de fraternité?

Je suis toujours, cependant, sous le coup de l'indignation que j'éprouvai, quand je sus que l'un de nous vendait les autres.

Si je parviens jamais à me former une conviction sur ce point, d'après de sûrs indices, je n'hésiterai pas un instant.

Je ferai imprimer tout vif le nom de l'individu avec preuves détaillées, je ferai tirer la chose à trois cents exemplaires et je l'enverrai aux principaux proscrits.

J'avais eu beaucoup de peine à dissimuler ma joie en recevant la nouvelle de ma commutation de peine.

Je parvins à m'isoler dans un coin avec Antoine.

— Eh bien, lui dis-je, j'ai reçu une lettre de ma mère.
— Je le sais, me dit-il.
— Comment, tu avais remarqué?
— Oui, parfaitement.

Ce diable d'homme voyait tout; il avait la vigilance et la pénétration d'un sauvage; rien ne pouvait lui échapper.

— Nous avons notre commutation, lui dis-je. Tu ne seras pas fusillé.
— J'en suis averti depuis hier.
— Comment? Par qui?
— Ma sœur, ta femme. Et tu vois qu'elle a réussi plus vite et plus rapidement que ta mère.

Puis d'un air un peu narquois :

— Je ne t'en ai point parlé, parce que tu aurais passé une mauvaise nuit de plus; mais enfin, il faut tout te dire.
— Comment, une mauvaise nuit? Comment, tout me dire? Je ne comprends plus.
— Eh bien, mon cher, voici la chose; nous allons au bagne.

Je souris.

— Oh! dis-je, au bagne... politique... On ne va pas nous mettre avec des forçats de droit commun, je suppose.
— On nous accouplera avec des assassins, mon cher.
— C'est impossible.
— Cela est.

Et Michel retira du fond de son chapeau un morceau de journal graisseux, qui avait enveloppé du cervelas acheté à la cantine; il me dit avec son sourire ironique :

— Lis ça.
— Évidemment, une main amie faisait choix des fragments de journaux qui pouvaient nous intéresser, et en entourait à la cantine les vivres que nous y faisions prendre.

La lecture de ce morceau de journal ne me laissa aucun doute.

C'était bien au bagne, au vrai bagne que nous allions.

J'étais écrasé de honte.

Comment! j'allais subir le contact des pires bandits!

Comment! je serais le compagnon de chaîne d'un assassin!

Je me sentis découragé.

Est-ce que jamais, après une pareille épreuve, je pourrais rentrer dans la société?

Je me jugeai déshonoré, perdu ; je restai anéanti.
Un mot d'Antoine me releva :
— J'en étais sûr ! fit-il en haussant les épaules, te voilà abasourdi !
— J'aimerais mieux la mort ! dis-je. Je me suiciderai.
Antoine laissa tomber sur moi, avec mépris, ce mot :
— Imbécile.
Puis, m'empoignant par le bras et me serrant durement :
— Tu crois donc qu'il est au pouvoir d'un parti de déshonorer un honnête homme en le persécutant et en le martyrisant ?
« Tu crois donc qu'une condamnation politique flétrit ?
« C'est trop lâche, en vérité, de courber la tête comme tu fais.
« Tu leur donnes raison.
« Nous sortirons du bagne, nous nous évaderons le jour où la République triomphera, nous porterons la tête haute, et la France nous accueillera, »
Puis, avec un élan superbe :
— Je sais bien que dans *ton monde* il y aura des gens qui te feront la grimace ! Mais que t'importe l'estime de ce *monde-là* ? Sors-en, de *ton monde*. *Méprise-le, ton monde.* Il soutient Bazaine, *ton monde !* Il vilipende Garibaldi, *ton monde !* Il a des courbettes pour un Napoléon III, assassin et parjure, *ton monde !* il a du dédain pour Barbès, un héros, *ton monde !*
Puis, me regardant en face :
— Où trouveras-tu dans *ton monde* une fille bien élevée comme l'est ma sœur, qui fasse ce qu'elle fait pour toi en ce moment ?
— Que fait-elle ?
— Elle est à la cantine où, servante, elle travaille depuis quatre heures du matin jusqu'à minuit, servant des troupiers saoûls qui disent des ordures, la tourmentent et lui reprochent d'être grêlée. Et elle nous suivra ainsi partout...
Je baissai la tête, écrasé par ce dévouement.
— Eh bien, demanda Antoine, te suicideras-tu maintenant ?
Je répondis :
— Non.
Je ne saurais dire combien l'admirable conduite de ma femme me rattacha à la vie et me redonna confiance.
Antoine me dit :
— Rien n'empêchera ta femme de te suivre là-bas. Tu ne sais pas sur quelle perle tu as mis la main.
Puis :

— Ta mère veut venir aussi, mais l'avis de Juliette est que nous devons l'en empêcher. Tu le lui défendras.

— Oui, dis-je.

— Elle nous sera plus utile ici pour obtenir des commutations de peine ; ce ce sera difficile à arracher, mon cher.

Il me dit encore :

— Ton parent, comme militaire et comme citoyen, est une parfaite canaille ; mais c'est un assez brave homme. Il paraît qu'il s'est démené pour nous.

Puis Antoine reprit, en se frottant les mains avec joie :

— Ça me va d'aller au bagne ! Ça me va plus qu'on ne croit !

Je le regardai.

Il avait un sourire énigmatique.

— Explique-toi, dis-je.

Il se tut.

Ce n'était point un garçon que l'on pût faire parler ; je le laissai se promener de long en large dans le cachot, qui n'était ni long ni large.

Je me mis à songer.

L'avenir me parut moins sombre.

Avec ma femme, avec ma mère, avec ma propre estime, qui valait bien celle d'un Ducrot, je n'avais point à me préoccuper du préjugé que le monde bourgeois pourrait conserver contre moi.

Et puis, je songeai que cent mille fédérés survivaient, restaient libres, et qu'ils nous défendraient contre les calomnies et les mensonges ; je fus réconforté par ces pensées.

Pour être tout à fait juste, je dois dire que *le monde, mon monde* lui-même, se comporte très bien, infiniment mieux que je ne l'aurais espéré, lorsque l'on vint nous chercher pour entendre la lecture de notre commutation.

Je fus transféré avec Antoine dans la maison de correction, jusqu'au jour du départ pour le bagne de Toulon.

Par faveur spéciale, je vis ma mère et ma femme.

Je ne pus que très difficilement obtenir de ma mère qu'elle demeurât en France ; mais enfin elle se rendit aux considérations qu'Antoine fit valoir.

Ma mère voulait que mon mariage fût célébré sur-le-champ.

Je ne sais si, légalement, c'était possible ; mais mon départ fut si brusque, que nous dûmes couper court à ce projet ; Antoine et moi, nous fûmes compris dans un convoi qui était dirigé sur Toulon.

Nous fûmes transportés à la Roquette par une voiture cellulaire, et je fus étonné encore une fois de la brutalité, de la mauvaise humeur que les employés des prisons montraient envers nous.

Je ne savais à quoi attribuer si peu d'humanité.

Ainsi l'on nous mettait les menottes en nous serrant les poignets à les briser; on nous poussait et l'on nous bourrait de coups de poing et de coups de genou.

Antoine me dit :

— Ça t'étonne? toute l'administration des prisons est cléricale du haut en bas; les aumôniers sont plus maîtres que les directeurs. On vous force d'assister à la messe; on vous tourmente pour vous confesser. Les *cafards* obtiennent des douceurs. Or, nous autres fédérés, nous sommes libres-penseurs et, en leur qualité de bons jésuites, tous les guichetiers nous exècrent.

Ce n'était que trop vrai.

Je devais retrouver jusqu'au bagne, en passant par la marine, cette influence cléricale; seulement, à la Nouvelle-Calédonie, elle était représentée par les pères maristes.

J'ai remarqué que l'administration avait un faible pour les voyages de nuit, quand il s'agissait de nous.

Les œuvres de répression à outrance se poursuivent volontiers dans les ténèbres; on craint le grand jour quand on persécute et quand on martyrise.

On nous transporta, à dix heures du soir, de la Roquette à la gare de Lyon.

Je fus très surpris de la façon dont le chef de convoi, qui m'avait si rudement serré les poignets, en me mettant les menottes pour aller de Versailles à Paris, me laissa les mains presque libres pour aller de Paris à Toulon.

Dans le wagon cellulaire, il ne mit pas la barre aux pieds; je crus comprendre que je lui avais été recommandé chaudement et efficacement.

Le wagon cellulaire, dans lequel nous devions faire le trajet, est une voiture coupée d'un couloir par le milieu; de chaque côté du couloir se trouve un rang de cabinets assez semblables à ceux des établissements de bains.

On s'assied sur un siège percé; c'est simple et commode.

Défense de fumer, de cracher, de parler et de remuer.

Voilà dans quelles conditions j'allais me rendre de Paris à Toulon.

VIII

Les mouchards et les incendies. — Le voyage de Paris à Toulon. — Le lieutenant et la capitaine. — Vols et filouteries. — L'entrée au bagne. — Mon numéro. — Le complet du bagne. — Une infamie.

Pendant toute la durée de la route, nous fûmes nourris avec une lésinerie incroyable; c'était le profit du chef de convoi à la discrétion duquel nous nous

L'Embarquement.

trouvions; son aide, ou lieutenant, faisait sa petite *gratte* sur ce qu'il nous procurait, contrairement au règlement : de la charcuterie, du vin et du tabac.

On profitait du sommeil du chef pour fumer, avec permission du lieutenant, qui frappait fortement du pied trois fois, quand le chef s'éveillait.

C'était le lieutenant lui-même qui allumait nos pipes à la sienne, nos menottes étant très gênantes.

Je dois constater que ce lieutenant n'aimait point son chef.

C'était un pauvre garçon, sans ressources, qui avait eu l'idée de demander un emploi de sergent de ville, ayant, en sa qualité d'ancien militaire, l'intention de faire honnêtement son métier d'agent ; on lui avait offert de conduire, en second, les convois ; il avait accepté.

Il ne professait point pour nous autres communards, une antipathie exagérée, et il ne nous traitait pas comme des forçats ordinaires ; il avait pitié.

Il nous exploitait bien un peu ; mais ses appointements étaient minces ; puis, comme il le disait, on ne nous laisserait pas un sou au bagno ; autant valait qu'il profitât du peu que nous avions pu sauver.

Il était le premier à souffrir de la brutalité du chef.

Celui-ci ne cessait de le rudoyer.

Une nuit, entre le lieutenant et mon voisin, j'entendis le dialogue suivant :

— Une sale canaille, le chef ! disait le lieutenant. Il vole ! Il me déteste parce que je ne veux pas dire comme lui en politique.

— C'est un *badinguiste !* fit observer mon voisin.

— Justement ! Pour le faire marronner, je prétends que je suis légitimiste, et ça me permet d'éreinter l'empire, sans me compromettre.

— Si j'étais sûr que vous exécrez le capitaine, fit le prisonnier, je vous donnerais un moyen de vous venger de lui.

— Vous voyez bien que je ne puis pas l'aimer ; vous savez comment il me traite. Il n'a que des injures à me dire.

— Eh bien ! écrivez ceci, dit le prisonnier.

Et il dicta une dénonciation en règle, très minutieuse, très détaillée, affirmant que le chef était un ex-officier fédéré, un capitaine ; qu'il avait commandé une bande avec laquelle il avait *spécialement mis le feu à la bibliothèque du Louvre*, contenant les papiers secrets concernant la famille impériale ; qu'il avait toujours poussé les fédérés sous ses ordres aux excès ; que c'était, en un mot, un misérable de la pire espèce.

Le lieutenant, enchanté, promit d'agir ; il n'avait aucune répugnance à faire justice d'un pareil coquin.

Lui, mon voisin et moi-même, nous avions la naïveté de croire que c'était un fédéré qui, trahissant la cause après la défaite, s'était fait mouchard et affichait du zèle pour se sauver à nos dépens.

Mon voisin, en arrivant au bagne, reprocha devant les autorités, au chef de convoi, l'incendie des Tuileries.

Cette scène eut du retentissement.

Eh bien, le susdit capitaine ne s'émut nullement ; il se contenta de hausser les épaules et il continua son métier sans être inquiété ; informations prises, il fit partie de la police secrète jusqu'en ces derniers temps, et ne fut remercié qu'en raison de nombreuses maladresses.

Comment expliquer cela autrement qu'en admettant la présence de nombreux agents secrets dans les rangs des fédérés ?

Ce sont ceux-là précisément qui ont présidé à ces incendies étranges, détruisant partout ce que le parti bonapartiste avait intérêt à faire disparaître dans l'incendie.

Ce fait m'a beaucoup frappé.

Depuis, cent autres sont venus confirmer ma conviction.

Quelques heures avant d'arriver à Toulon, le capitaine nous fit déshabiller dans nos cabanes ; je croyais qu'il s'agissait de quelque visite corporelle ; je m'étonnais toutefois que l'on nous fît faire un paquet de nos habits.

Le chef nous fit jeter à chacun, par son lieutenant, un autre paquet.

— Habillez-vous ! nous cria-t-on.

On nous prenait nos vêtements, que nous ne revîmes jamais, et l'on nous donnait à la place des loques immondes.

Il paraît que c'est le profit des chefs de convois.

Moi, j'appelle cela un vol.

Quel accoutrement ! Je me fis honte après avoir endossé le pantalon effiloché et la veste trouée aux coudes, déchirée aux poches et dégoûtante, qui m'étaient destinés.

C'est en arrivant au bagne qu'une certaine illusion me fut enlevée.

Je croyais que notre convoi ne contenait que des communards ; mais je sus que trois d'entre nous étaient des voleurs !

Mon entrée au bagne produisit sur moi une impression de désespoir que je renonce à peindre.

J'étais bien, tout à fait, absolument, un forçat.

Je me figurais que les gardes-chiourme, que leurs chefs au moins, que le directeur, feraient certaines distinctions.

Aucune.

Pas l'ombre d'un égard.

La plupart ite indifférence.

Je fus matriculé 23,618.

Je dus porter une plaque indiquant mon numéro.

Jamais plus personne ne m'appela par mon nom.

Je ne comptais plus comme homme ; j'étais une chose, un objet, mais un objet innommé ; on donne un nom à un chien, à un cheval ; moi, j'étais un simple numéro.

C'est une sorte d'anéantissement moral qui cause une immense et profonde humiliation.

Il semble que tout disparaît et s'effondre de ce qui était vous.

Qu'on y ajoute la toilette, et l'on verra si cette entrée au bagne n'est pas une sinistre épreuve.

On vous fait déshabiller et mettre en rang ; puis, à tour de rôle, on vous donne le *baptême*.

Ce baptême du bagne consiste à vous placer dans une cuve et à lâcher sur vous une douche glacée.

Dans quel but ?

Vous laver.

Or, vous n'avez ni savon, ni brosse ; le lavage n'aboutit à rien qu'à vous faire grelotter et à vous coller la crasse à la peau.

C'est ainsi que les proscriptions hygiéniques du règlement sont observées.

Quand vous êtes baptisé, on vous fait endosser la livrée du bagne, savoir :

Une chemise en toile grossière.

Un pantalon de droguet.

Une casaque rouge.

Un bonnet vert.

J'étais bonnet vert !

On sait que c'est le signe de la perpétuité, ce qui me constituait, aux yeux des bourgeois visitant le bagne, un titre à leur répulsion.

En me voyant, ils se disaient :

— C'est un bonnet vert !

Et ils pensaient que je devais être un exécrable scélérat.

J'ai compris le massacre politiquement conçu et organisé, que les soldats mercenaires de l'empire, ivres de poudre, de vin et de sang, exécutèrent en haine des républicains.

J'aurais compris la déportation, les travaux forcés même, mais des travaux forcés où il n'y aurait eu que des *politiques*.

Ce que je ne puis comprendre, c'est la promiscuité avec les forçats du droit commun.

Voilà ce que toute âme loyale, dans tout parti, appelle et appellera toujours : UNE INFAMIE.

Tout ce que l'on peut faire pour avilir l'homme et le dégrader dans le forçat a été imaginé dans le règlement et dans les usages ; tout est exécuté impitoyablement.

Et nous, forçats politiques, nous qui avions le sentiment de notre dignité, nous supportions plus douloureusement l'outrage, et nous souffrions plus cruellement de l'ignominie.

Le plus pénible à endurer, c'était le mépris que faisaient de nous les vrais forçats de droit commun.

Ceux-là sentaient bien que nous n'étions point des leurs.

Nous n'appartenions point à la grande franc-maçonnerie des voleurs ; nous étions des honnêtes gens à préjugés ; ils ne nous regardaient pas comme étant retranchés de la société qui leur faisait une guerre impitoyable.

Pour eux, nous étions des membres de cette société accidentellement tombés dans leurs rangs ; aussi, s'empressaient-ils de nous traiter en ennemis.

Cette attitude des vrais forçats aurait dû éclairer les autorités, leur inspirer pitié et considération.

Loin de là !

Tous, tous, cléricaux à outrance, monarchistes quand même, créatures de l'empire et des jésuites, nous exécraient.

Ils étaient heureux de la haine des vrais forçats contre nous ; ils les excitaient et les favorisaient.

Toute dénonciation contre nous était favorablement accueillie ; toute cabale était tolérée ; les gardes-chiourme avaient soin de détourner la tête, quand nos camarades nous rouaient de coups.

Quelques-uns, parmi les forçats de droit commun, avaient une intelligence supérieure et de l'éducation.

C'étaient ou des hommes comme Danval, le pharmacien, que j'ai connu plus tard et que je continue à croire innocent ; ou des individus comme X***, le notaire, qui avaient subi des entraînements de position.

— Comment expliquez-vous, lui demandai-je, tant de rage contre nous, chez les administrateurs grands et petits du bagne, et chez les forçats de droit commun ?

— L'administration appartient, me dit-il, tout entière au parti ennemi ; la passion l'inspire à ce point que moi, qui écris dans les bureaux, comme vous savez, je vois, consignés dans les rapports, des phrases comme celle-ci :

« *Les hommes de la Commune ont inspiré, par leurs forfaits, de l'horreur aux assassins eux-mêmes ; ils voudraient éviter le contact de pareils bandits.* »

Le notaire me disait en haussant les épaules et en riant :

— C'est un refrain.

Et il continuait :

— Quant aux forçats, ils pensent qu'un jour ou l'autre vous serez amnistiés, votre parti revenant au pouvoir. On vous indemnisera par des places ; on vous nommera députés, sénateurs, directeurs ici, directeurs là. Et alors vous serez à la tête de la société. Selon leur mot, *vous ferez marcher les gendarmes à votre tour*. En attendant, ils se vengent d'avance.

Rien de plus clair que cette explication.

Parmi les plus mal disposés contre nous, il faut ranger les forçats employés.

On sait que l'administration nomme à certains offices les condamnés en qui elle a le plus de confiance.

Ce sont ceux qui, n'ayant qu'un certain nombre d'années à faire, n'ont pas intérêt à s'évader du bagne.

De ce nombre sont les barbiers et les perruquiers, qui ont pour besogne de vous rendre hideux autant que possible.

On m'appela pour parfaire la toilette, et le perruquier mit la main sur moi, ce qui me fit éprouver un frisson.

Cet homme avait des mœurs exécrables.

Il me rasa tout un côté de la barbe seulement, puis tout un autre côté des cheveux ; cette opération vous constitue déjà une tête bizarre, d'un aspect repoussant.

Mais cela ne suffit point.

Le perruquier vous reprend et vous taille barbe et cheveux restants de la façon la plus fantaisiste ; il met un art infini à vous tracer une série d'escaliers, à vous laisser des mèches invraisemblables, à vous découper des plaques de poils à fleur de peau, pour que vous ayez l'air d'un teigneux, selon l'expression consacrée.

Je me souviens que les correspondants des journaux réactionnaires d'alors écrivaient à leurs feuilles :

— Impossible de voir parmi les condamnés de la Commune une figure sympathique ; tous ont des têtes atroces.

Parbleu !

On aurait pris le plus beau modèle de l'École des beaux-arts et on l'aurait accommodé comme nous, qu'il eût paru ignoble.

J'avais lu autrefois *l'Histoire des Bagnes*, de Pierre Zaccone.

J'avais toujours frémi en pensant à l'opération du ferrement.

J'attendais avec anxiété le moment de la subir.

Il vint, ce moment ; il était venu ; je ne m'en doutais pas.

On avait appelé le *bijoutier*.

J'ignorais que, dans l'argot du bagne, c'était le forgeron.

Les *bijoux* sont la chaîne et ses accessoires.

On m'ordonna de me coucher tout de mon long, sur une planche ; ceci fait, on me mit le pied dans une guillotine qui fut serrée de façon à ce que je ne pusse mouvoir ce pied, qui se trouva reposer sur une enclume.

Le *bijoutier* prit avec sa main la mesure de mon jarret, puis il chercha dans sa ferraille l'anneau qui me convenait; il l'adapta, y enfonça un rivet et me cria :

— Attention !

Il allait frapper.

J'entendis le lourd marteau s'abattre sur le fer ; chaque coup résonnait en moi, et remuait toutes les fibres de mon être ; que d'échos dans mon cœur répondaient au sinistre retentissement de l'enclume !

Je me relevai si ému, si chancelant, que je retombai tout de mon long au milieu des rires et des plaisanteries.

Je me relevai de nouveau.

Alors je sentis le poids de ma chaîne : douze livres.

Je devais repasser par la salle des douches et je traînais cette chaîne.

— Porte-la donc, me cria un forçat.

Et tous de se moquer de moi.

Je n'osais faire ce qu'on me disait ; j'étais intimidé, je perdais la tête.

Un forçat très jeune, un Parisien, prit le bout de la chaîne et me dit d'un ton très bienveillant en la plaçant sur mon bras :

— Il faut la porter comme ça, monsieur X***, et acheter des *patarasses*.

Je ne savais pas ce que c'étaient que les *patarasses*, mais je reconnus le forçat.

C'était un ancien employé de la maison dans laquelle j'avais été moi-même comptable ; il y avait commis un vol compliqué de faux ; cela lui avait valu le bagne.

Ce malheureux avait été un bon employé jusqu'au moment où il était devenu amoureux fou d'une femme qui lui avait fait perdre absolument la tête.

Dans ma déposition, tout en disant la vérité, j'avais fait ressortir cette circonstance ; il s'en souvenait.

Il me rendit mille services.

Il me donna une *patarasse*; c'est une espèce de manchon, très industrieusement confectionné avec de l'étoupe, de la paille, des brindilles, du crin, tout ce que le forçat peut se procurer ; les plus belles — les miennes étaient de celles-là — sont couvertes de cuir.

Mon *camarade* me donna aussi un *ceinturon*.

C'est encore un manchon qui sert à porter la chaîne.

Il me fit cadeau également d'une *gamelle* et d'un couteau.

Ce couteau, le seul toléré au bagne, est un morceau de tôle, arrondi du bout, lame qui a deux dos.

Défense d'aiguiser.

On se demande comment cela peut couper le pain.

Il n'y a pas à espérer l'user sur une pierre pour le faire trancher ; on risquerait le cachot ; les gardes-chiourme passent des revues et ne tolèrent pas un instrument coupant.

Mon *camarade*, qui portait au bagne le surnom de *Belle-Plume*, parce qu'il écrivait admirablement et dessinait merveilleusement à la plume, mon camarade, dis-je, m'apprit à me servir de ce méchant couteau.

J'étais émerveillé en voyant Belle-Plume tailler des crayons avec cet instrument impossible, je sus, plus tard, que des forçats sculptaient des cocos, fabriquaient des moules à fausse monnaie et mille autres objets.

Tout dépend d'une certaine façon de manier le couteau et de se servir des ongles ; je puis affirmer qu'ils taillent l'ivoire.

La *toilette* terminée, on vous renvoie à la salle commune.

Là, tout nouveau venu est mis au *rama*, je ne sais pourquoi.

Le *rama* est une barre de fer qui est au pied du lit de camp, en travers ; chaque *rama* peut se rattacher au *rama* suivant ; si bien que, pour la nuit, tous les *ramas* réunis et cadenassés par les surveillants ne forment plus qu'une seule barre, ce qui rend bien difficile toute tentative d'évasion et toute révolte.

Le mot *rama* vient de ramage, en raison du tapage que le moindre mouvement des dormeurs fait résonner dans la barre entière.

Il faut dormir au son d'une singulière musique.

Je me suis toujours demandé pourquoi le nouveau venu est mis au *rama*, pourquoi on l'y maintient pendant trois jours ; pourquoi ce supplice ?

Personne n'a pu me donner, de cette rigueur inutile, une explication plausible.

Après mes *trois jours de rama*, on me désigna ma chambre.

La grande question pour moi était de savoir avec qui je serais accouplé.

On comprend de quelle importance est le compagnon de chaîne.

Si seulement j'avais pu avoir pour compagnon Antoine, mon beau-frère !

Mais des ordres secrets, très sévères, ordonnaient de *séparer les politiques*.

Je devais vivre ma vie du bagne à côté d'un forçat de droit commun.

Qui serait-il ?

Si l'on veut réfléchir que les deux forçats qui sont accouplés ne peuvent faire un pas l'un sans l'autre ; que si l'un veut aller ici et l'autre là, il se produit un tiraillement de volontés ; que si l'on est pressé par un besoin

Les jeux du bord.

naturel, votre compagnon doit vous suivre aux latrines; que si vous avez quelque fantaisie, il peut vous empêcher de la satisfaire.

Que, si vous vous procurez quelque bien-être, il vous oblige à le partager avec lui.

Qu'en un mot vous représentez un couple de frères *siamois* qui ne seraient pas frères; si l'on songe à toutes les conséquences de la chaîne, on comprendra de quelle importance il est de choisir un compagnon possible.

Ignorant le bagne, j'eus la niaiserie de ne pas employer tous les petits moyens.

L'on me donna un individu dans le genre de cet Audouy, hercule de foire, qui fit tant parler de lui en son temps.

Ce n'était pas un méchant homme; mais il était bête et brutal.

Comme tous les imbéciles, qui n'ont que la force pour eux, il ne perdait jamais une occasion de me faire sentir la sienne, histoire de rire.

Dans les commencements, le travail m'était très pénible, faute d'habitude;

aussi, chaque fois que nous avions un repos, je m'étendais à l'ombre pour dormir.

Un quart d'heure, dix minutes de ce repos me faisaient un bien immense.

Mon idiot de compagnon s'amusait à m'éveiller en tirant sur la chaîne et en me traînant par terre; il courait comme un fou, et cela m'empêchait de me relever.

J'étais couvert de contusions.

Me venger, il n'y fallait pas songer; cet homme était d'une force colossale, et m'eût assommé d'un coup de poing.

Me plaindre.

À qui?

Les gardiens étaient les premiers à rire de bon cœur.

Je me renfermai dans ma dignité; je ne dis jamais un mot à cette bête brute, je subis mon supplice dans un silence tel que les autres forçats finirent par prendre parti pour moi.

Du reste, l'Hercule ne tenait plus à être mon compagnon, huit jours étant passés; en voici le motif:

Celui qui fait accoupler les condamnés est un forçat employé aux écritures par l'adjudant, et appelé l'*Écrivain*.

En général, ce forçat est très influent, car il aide à grossir les chiffres, à dissimuler des fraudes, à cacher des abus.

Il est l'ami, le confident des chefs; c'est toujours un comptable expert, habile au maniement des chiffres.

L'Écrivain, étant l'ami de l'Hercule, avait trouvé bon d'en faire mon camarade, parce qu'il savait que ma famille m'avait envoyé de l'argent, m'en enverrait encore et me rendrait la vie aussi facile que possible.

Cet argent, le forçat ne le porte pas sur lui.

Le *routier* en est nanti, et il le délivre par petites sommes, au fur et à mesure des demandes du forçat.

Mon compagnon me demanda à plusieurs reprises si je ne payais rien.

On peut se procurer à la cantine du p   blanc, de la viande et autres comestibles; on peut même, par fraude, e   yant bien, avoir du vin et de l'eau-de-vie.

J'avais tant de haine pour l'Hercule que je préférais me priver que de partager avec lui un supplément quelconque de nourriture; je suis très ferme.

Or, cet Hercule était doué d'un infernal appétit.

Il finit par se lasser et demanda un autre compagnon à son ami l'Écrivain,

le priant de le venger de moi en me donnant l'un des mauvais b...
du bagne.

Mais Belle-Plume avait trouvé le moyen de me donner un bon conseil, que je pus suivre heureusement.

Il m'avait appris que, pour une pièce de cent sous, je pouvais obtenir de l'Écrivain ce que je voudrais.

— Si vous vouliez, me dit-il, vous me prendriez comme compagnon. J'ai fait une folie, mais je ne suis pas aussi coupable que je le parais; vous savez que j'étais entraîné, hors de moi. Vous écrivez bien, moi aussi. On nous donnerait souvent du travail de bureau. Nous serions bien tranquilles, et nous parlerions de Paris.

Son idée me sourit beaucoup.

Je n'avais pas à ménager l'argent ; je fus grand et généreux.

L'Écrivain reçut vingt francs, et il fit tout ce que je voulus.

Au bagne, comme ailleurs, l'argent aplanit toutes les difficultés.

Je fus bien étonné en apprenant qu'Antoine, qui était d'une autre chambrée que moi, avait demandé l'Hercule pour compagnon. Comme Antoine, bien entendu, avait autant d'argent que moi, il lui fut facile de se faire octroyer le colosse ; les deux faisaient la paire.

Les *rouliers* disaient n'avoir jamais vu un plus beau couple.

Quand les *surveillants* avaient besoin de deux hommes capables de faire la besogne de dix, dans les *coups de force*, ils appelaient Antoine et l'Hercule.

Ils firent des prodiges restés légendaires à Toulon, et plus tard à Nouméa.

Aussitôt qu'Antoine vit l'Hercule rivé à sa chaîne, il lui dit :

— Nous avons un compte à régler.

— Quel compte ? demanda l'Hercule, qui ne connaissait pas ma demi-parenté avec Antoine.

— Tu as traîné mon beau-frère, ton compagnon de chaîne, comme si c'était une charogne bonne pour la voirie.

— Ah ! c'était ton beau-frère ?

— Oui.

— Et tu veux régler ça ?

— Oui.

— Demain, sur le chantier, au repos.

La nouvelle de ce duel, qui promettait d'être palpitant d'intérêt, circula dans le bagne ; les rouliers le surent.

En général, ils n'interviennent pas entre forçats; peu leur importe.

Il n'y a qu'en cas de meurtre qu'ils agissent; le meurtrier est livré au conseil, qui le juge et le condamne ordinairement à mort.

On avait déjà au bagne une haute idée de la force d'Antoine; mais la réputation de l'Hercule était assise sur des bases solides.

Il était le roi du bagne, de par la force musculaire.

Les gardes-chiourme sont généralement des brutes; aussi sont-ils accessibles au sentiment de déférence pour la force physique.

Ils ont des égards pour celui qui a conquis le droit de s'intituler le *roi du bagne* : généralement on lui offre les fonctions de bourreau, qui sont très recherchées.

On se redit, de l'un à l'autre, dans les chambrées, que le lendemain l'Hercule serait aux prises avec le *Gitano*.

On avait ainsi baptisé Antoine.

Les forçats ont un flair incroyable pour deviner et classer leur monde; ils avaient immédiatement reconnu qu'Antoine était un Bohémien.

Deux camps s'étaient formés au bagne; l'un tenait pour Antoine, l'autre pour l'Hercule.

Et moi, j'ignorais tout.

Mon compagnon de chaîne, Belle-Plume, ne m'avait averti de rien.

Dans son idée, je ne devais pas intervenir; du reste, pour lui, ennemi de l'Hercule, qui l'avait *taloché* plusieurs fois, il désirait lui voir recevoir une forte danse.

Tout, dans le drame du lendemain, fut imprévu pour moi.

IX

Endormi. — Le réveil. — Un coup fameux. — La brute domptée. — Le roi du bagne.

Le lendemain, j'étais fort tranquillement endormi, comme toujours, pendant l'un des repos que l'on accorde après les *poussées* sur le chantier.

Belle-Plume m'avait conseillé, la sieste devant être longue, de m'abriter derrière un mur où il faisait de l'ombre.

A peine avais-je fermé l'œil qu'il tira sur ma chaîne.

Je me réveillai de mauvaise humeur, et je lui dis tout en colère :

— Est-ce que tu vas me persécuter comme l'Hercule?

— Non, dit-il en riant. Tu es plus fort que moi, et tu me roulerais.

J'avais fini par tutoyer ce garçon.

— Pourquoi m'éveilles-tu ?

— Frotte-toi les yeux et regarde.

Il me montrait les forçats, assis ou debout tout autour de nous ; ils occupaient autant que possible des endroits élevés, les tas de boulets par exemple, et les amoncellements de chaînes pour navires.

Ils observaient le plus grand silence.

En apparence, pas un surveillant.

Je sus depuis que tous étaient bien placés pour voir la lutte.

— Que se passe-t-il donc ? demandai-je à Belle-Plume.

— Antoine le Gitano, ton beau-frère, veut régler l'Hercule.

— C'est à cause de moi ! dis-je ; ça ne se fera pas... Viens !

— Que vas-tu faire ?

— Parler à un surveillant !

— Tu ne pourras pas.

— Pourquoi ?

— Essaye.

Je me levai.

Aussitôt d'autres forçats se levèrent et m'entourèrent, pendant que Belle-Plume se couchait tout de son long ; il m'eût fallu le traîner.

Je fus très surpris d'entendre un forçat me dire très poliment :

— Monsieur, c'est un duel. Votre parent est le provocateur. La loi de la *pègre*, en pareil cas, est d'empêcher qui que ce soit d'intervenir.

Puis il ajouta :

— Les choses se passeront loyalement ; les *témoins* ont visité les adversaires ; aucun d'eux n'est armé ; les chances sont égales.

Je dus me résigner.

J'examinai attentivement celui qui m'avait appelé *monsieur* ; c'était la première fois qu'un forçat de droit commun se montrait bien élevé.

— Je vous reparlerai, me dit-il en souriant ; j'ai bien des choses à vous dire.

Puis il ajouta :

— Je suis Parisien, et j'ai parié pour votre beau-frère.

— Merci ! lui dis-je.

— Pardon ! fit-il. Vous pourriez ajouter : monsieur ! Une politesse en vaut une autre.

Ce jeune homme parlait une langue si pure, il semblait si peu capable d'un acte déshonorant, que je le saluai à tout hasard.

Belle-Plume me dit à l'oreille :

— C'est un assassin ! Mais, à sa place, vous auriez fait comme lui.

En ce moment, Antoine et l'Hercule parurent, suivis de quatre forçats.

Je fus tout surpris de voir tout à coup leur chaîne brisée par le milieu ; un simple effort avait suffi pour casser un anneau.

Je sus ensuite que cet anneau avait été limé pendant la nuit ; les forçats se procurent tout, même des limes.

Les témoins, sans rien dire, placèrent les deux adversaires à trois pas l'un de l'autre, et s'éloignèrent rapidement.

L'Hercule, plus grand, plus massif, plus fort certainement qu'Antoine, avait pour lui les trois quarts des parieurs.

On m'a dit que tous les Parisiens avaient tenu pour Antoine.

Où l'amour-propre et le patriotisme de clocher vont-ils se nicher ?

Jamais, de mémoire de forçat, le *roi du bagne* n'avait été un Parisien.

Peut-être ce combat allait-il mettre le sceptre aux mains d'Antoine.

Je vis, du premier coup, le défaut de la cuirasse chez l'Hercule ; il ne savait de la boxe que les vieux principes, les vieilles routines, dites l'*adresse à la provençale*.

Antoine, lui, tirait à l'anglaise avec une tenue et une correction parfaites.

Il était mieux proportionné et plus agile que son adversaire.

Mais quelle masse que celui-ci...

Il avait 1m,86 ; c'était un vrai géant ; les épaules étaient énormes, les mains velues couvraient chacune un pain de munition ; les mollets mesuraient 49 centimètres ; les pieds, formidables, donnaient au corps une assise inébranlable.

Les reins, quand l'Hercule s'arc-boutait, faisaient saillir sur le dos deux tendons qui semblaient des câbles ; il était capable de déraciner un chêne ; à Bayonne, l'Hercule avait assommé un bœuf d'un coup de poing...

Pour l'aspect général, je ne puis mieux le comparer qu'à un ours.

Lorsqu'il marchait, la terre sonnait lourdement sous ses pas, et quand un caillou sous son pied, en rencontrait un autre, il était broyé comme sous un marteau-pilon.

Jusqu'alors, l'Hercule m'avait paru une brute, rien de plus.

En face d'Antoine, il se révéla sous un autre jour ; son petit œil jaune s'illumina ; son visage se contracta et prit un caractère de férocité ardente et violente ; le front parut s'illuminer de l'intelligence du carnage.

Vraiment cet homme était très brave ; il l'avait prouvé.

En face de lui, Antoine.

C'était la force aussi, mais la force élégante, la force harmonieuse.

Moins de masse, moins de poids, mais des proportions plus heureuses ; si l'Hercule était taillé en ours, on eût plutôt comparé Antoine à un de ces magnifiques lévriers de Sibérie qui unissent tant de fond à une légèreté incomparable.

L'Hercule, d'instinct, se mit sur la défensive qui lui était favorable.

Antoine attaqua rapidement.

On sait que la boxe anglaise, adaptée aux usages des salles de Paris, enseigne le coup de pied, mais à la condition qu'il ne dépasse point le genou.

Antoine, par un jeu brillant, préoccupa si bien l'Hercule, que celui-ci fut tout à la parade des poings et reçut sur le pied un coup de talon qui lui écrasa deux doigts.

Il fit un bond en arrière, poussa un hurlement de fureur et s'élança.

Il attaquait...

Antoine, bien couvert, fit une retraite très savante ; tout à coup on vit l'Hercule s'arrêter ; il avait été frappé en pleine poitrine.

Tout le monde entendit résonner ce coup, qui fit l'effet d'un boulet qu'un matelot, dans une corvée, laisse tomber sur le pont d'un navire.

L'homme en fut entamé.

Mais il avait une résistance inouïe.

Les narines, enflammées, pourpres, aspirant l'air bruyamment, semblaient rendre de la flamme.

Il se précipita à corps perdu sur Antoine pour le saisir et le broyer dans son étreinte.

Mais il reçut un second coup de poing en plein front ; il chancela, battit l'air de ses deux bras et tomba avec un bruit d'avalanche.

Nous accourûmes.

Le malheureux Hercule était à peu près assommé.

La face entière, violacée, n'était plus qu'une ecchymose.

Je vis un forçat introduire une paille dans les narines de l'Hercule ; une hémorragie nasale se déclara aussitôt.

L'homme reprit ses sens.

Il regarda Antoine qui n'avait pas une égratignure, qui ne soufflait même pas et qui recevait les compliments des Parisiens enchantés.

Naturellement, ceux qui avaient perdu leurs paris n'étaient point contents. L'un d'eux dit même à haute voix :

— L'Hercule aura sa revanche.

Celui-ci, aidé par des amis, se releva, vint d'un pas mal assuré à Antoine et lui dit fort loyalement :

— Je suis réglé. Tu es mon maître !

C'était fini...

— Bravo ! dirent les Parisiens.

— Attention ! cria une voix.

Les gardes-chiourme se montraient enfin.

Antoine et l'Hercule allèrent au-devant du surveillant, et Antoine raconta qu'une barre de fer énorme, dressée contre un mur, s'était abattue sur eux, avait blessé l'Hercule et brisé la chaîne.

Le surveillant, émerveillé, enchanté du spectacle de ce duel mémorable et plein d'admiration pour Antoine, lui dit :

— Un fameux coup de... barre de fer !

Antoine répondit :

— Ça aurait pu le tuer ; j'ai atténué la violence du coup.

L'affaire se termina par une soudure faite sur l'enclume à la chaîne, et il ne fut question de rien au rapport.

Seulement, Antoine fut reconnu sans conteste roi du bagne.

On lui témoigna un respect d'autant plus profond, que l'Hercule vaincu se dévoua absolument à son vainqueur.

Antoine fit de l'ours un caniche.

On conçoit que deux gaillards de cette trempe étaient capables d'en donner une à dix hommes ; plus tard, ils tinrent tête à une centaine de Canaques, lors de la révolte.

Je sus par la suite qu'Antoine avait eu non seulement l'idée de me venger, mais encore celle de dompter cette force énorme, de l'assouplir, et de s'en servir.

L'Hercule devint en quelque sorte le domestique de mon beau-frère ; de plus, il l'initia aux mille secrets du bagne ; ce qui permit à Antoine d'accomplir des prodiges comme je le raconterai.

Enfin, du même coup, Antoine devenait l'un des hommes importants d'une association mystérieuse, qui lie les forçats les plus remarquables et qui a pour but principal l'évasion à tour de rôle.

Rien de plus curieux que cette franc-maçonnerie étrange qui subsiste toujours, qui a tant contribué à des évasions célèbres et qui vient d'en faire réussir une, racontée par le *Mot d'Ordre*.

LE POTEAU DE SATORY

Le forçat en habit noir.

X

Les politiques. — M. Simon Mayer. — Qui était le forgeron du bagne ? — A propos de l'association. — Calomnies. — Sodome à Toulon. — Taisons-nous.

Parmi les politiques, quelques-uns ont sévèrement jugé Antoine, mon beau-frère. Selon eux, il n'aurait pas dû devenir l'un des chefs de l'association mystérieuse qui unit au bagne les plus habiles et les plus redoutables, en vue de l'évasion d'abord et de la protection réciproque ensuite.

Je commencerai par dire un mot des politiques qui offraient l'image d'un champ où l'ivraie se trouve mêlée au bon grain.

On se souvient que déjà, dans le cachot de Versailles, nous avions acquis la certitude que parmi nous il y avait un *mouton*, c'est-à-dire un mouchard.

M. Simon Mayer, dans ses *Souvenirs*, relate le même fait.

Lui, moi, tous ceux qui ont écrit sur le long martyre des transportés, ont signalé des défaillances déplorables.

Sait-on qui était le *bijoutier* (forgeron) du bagne ?

Gobin.

Qu'était-ce que Gobin ?

Un de ceux qui, avec les soldats, voulurent la mort des généraux, rue des Rosiers, malgré les généreux efforts de la garde nationale, commandée par Pigerre et par Simon Mayer qu'en récompense de leur dévouement on condamna sans pitié.

Ce Gobin, non content de tirer sur Clément Thomas, avait outragé son cadavre.

Comment ne fut-il pas fusillé ? Comment sa peine fut-elle commuée ?

Comment, au lendemain de son arrivée au bagne, lui donna-t-on la charge de forgeron qui lui permettait de vivre, grâce à la bienveillance bizarre de l'administration, plus heureux qu'un ouvrier militaire ?

Comment accepta-t-il cette charge honteuse, de river les fers à ses camarades ?

Voilà autant de questions auxquelles il lui serait difficile de répondre.

Eh bien, il fut de ceux qui dirent le plus de mal d'Antoine.

Et tous ceux qui, dans le bagne, étaient employés, tous ceux qui avaient sollicité ou subi les faveurs de l'administration, montèrent une cabale contre mon beau-frère.

Ils trouvèrent de l'écho parmi un certain nombre de politiques.

On était divisé en plusieurs partis, comme sous la Commune ; de là des haines ; je l'ai expliqué déjà.

Puis beaucoup d'entre nous étaient des purs, des archi-purs, des farouches, qui se regardaient comme les saints du parti, s'excommuniaient réciproquement, formaient des petites églises et se dénigraient à outrance.

Antoine ne voulut jamais reconnaître ces prétendues supériorités ; il dit de dures vérités à tout le monde ; il se moqua des pontifes, leur reprocha leurs fautes; il donnait des coups de pied dans les piédestaux des statues et les jetait à bas.

Aussi, que de rancunes!

Mais, vraiment, l'orgueil de certains hommes et leur incapacité étaient insupportables; d'autres n'étaient même pas honnêtes.

Ceux-ci, les *importants*, les *employés* et les *moutons* firent tout le mal possible à Antoine et le calomnièrent.

Les *employés* surtout lui en voulaient.

Aussitôt qu'il avait eu affirmé sa supériorité, on lui avait proposé une excellente place : celle de *bourreau* du bagne.

Le bourreau est certainement le plus heureux des forçats.

Rien à faire que son métier.

Si les coups de corde sont durs à recevoir, ils ne sont pas durs à donner.

L'administration tenait beaucoup à remplacer le bourreau en titre.

Celui-ci était devenu, qu'on me passe le mot, un honnête homme.

Il se refusait à servir les rancunes des gardes-chiourme.

Je m'explique.

Les forçats, surtout ceux de l'*association*, font une guerre secrète et acharnée aux *moutons*, aux gardes-chiourme, à l'administration.

Ils parviennent à jouer des mauvais tours à leurs surveillants, à organiser des évasions, à entretenir des correspondances à l'extérieur, à introduire dans le bagne des objets défendus.

Ils fabriquent de la fausse monnaie au bagne même, et l'envoient dehors à des affidés qui la font circuler jusqu'en Espagne.

Ils parviennent à terrifier et à punir les gardiens qui les persécutent trop.

Tantôt c'est un *rondier* qui tombe assassiné par un *perpétuité* dégoûté de la vie, sans espoir de sortir du bagne et qui veut en finir.

Tantôt ils trempent une épingle dans le corps putréfié d'un rat, et ils parviennent à égratigner un surveillant qui n'y prend point garde et qui meurt de cette piqûre anatomique.

Jamais un membre de l'association n'est dénoncé; l'administration ne parvient pas à connaître les coupables.

Mais on a des soupçons.

A la moindre faute, on inflige le supplice du fouet à celui ou à ceux que l'on suppose avoir trempé dans un complot.

On les recommande au bourreau.

Celui-ci, toujours doué d'une force herculéenne, peut tuer le patient sous le fouet ou tout au moins l'estropier.

Un forçat estropié n'est plus à craindre.

Or, le bourreau en titre, à Toulon, était si terriblement fort et habile à manier la corde, ou, si l'on veut, le fouet, qu'il eût assommé son homme du premier coup, si telle eût été sa volonté.

La corde est un câble goudronné, de deux centimètres au moins d'épaisseur et de quatre-vingts centimètres de long.

Aux mains de ce bourreau, c'était un instrument d'une puissance inouïe. Pour le prouver, il faisait placer un épais madrier sur deux chevalets, et le rompait d'un seul coup de corde...

Aucun charpentier de marine n'en faisait autant avec une hache.

Cet homme, condamné d'abord à perpétuité, avait accepté les fonctions de bourreau, à la condition d'avoir sa peine commuée à dix ans.

On s'aperçut bientôt qu'il ménageait les condamnés, même ceux qu'on lui recommandait; il se refusait à les tuer.

Était-ce par honnêteté relative, comme je l'ai dit ? Je pense que c'était cela, et aussi la crainte des vengeances de *l'association*.

Celle-ci, en effet, fait parfois tuer le bourreau au bagne même.

D'autres fois, son temps fini, le bourreau, recommandé aux forçats évadés, est assassiné peu de temps après avoir été mis en liberté.

Toujours est-il que celui qui était en fonctions ne faisait pas l'affaire.

D'autre part, l'administration n'eût pas été fâchée de faire savoir qu'un *politique* avait consenti à être *bourreau*.

De là, les offres à Antoine.

De là, son refus hautain.

De là, les rancunes.

De là, les calomnies.

Je puis expliquer très nettement à quelles conditions Antoine fit partie de la fameuse *association*.

Lorsque l'Hercule lui proposa de le faire initier, il lui dit :

— Je suis prisonnier, injustement privé de ma liberté et je veux la reconquérir ; j'ai le droit de recourir à tous les moyens, d'accepter tous les secours, et j'entrerai volontiers dans une association qui fera la guerre à l'administration ; mais, dans aucun cas, sous aucun prétexte, je ne veux me compromettre dans des affaires de vols ou autres crimes de droit commun.

Je dois ici faire observer que c'est au bagne même que se préparent les plus grands coups ; ils sont dirigés du fond du bagne.

Souvent l'association fait évader un des siens pour commander une de ces expéditions.

Antoine ayant fait *absolument* toutes ses réserves, les chefs de l'*association* hésitèrent longtemps, mais enfin ils prirent confiance en lui.

Le but d'Antoine était d'organiser des évasions de *politiques*.

Il y arriva.

S'il ne se sauva pas lui-même, c'est que je me refusai absolument à tenter le sort; il resta à cause de moi.

J'aurai des choses bien curieuses à raconter au sujet des évasions.

Si Antoine devint la bête noire de l'administration après son refus d'être bourreau, il n'en fut pas de même de moi.

Je n'aurais accepté aucun emploi effectif dans le bagne, de ces emplois qui vous mettent en contact avec des compagnons et font de vous contre eux les instruments de l'administration; mais rien ne m'empêchait d'accepter un travail d'écritures et de comptabilité pour la marine et l'arsenal.

C'était là un travail national, et je rendais service au pays.

En ce moment, la guerre venait de finir; il y avait énormément à faire comme régularisation des écritures. Belle-Plume et moi, nous fûmes bien accueillis et, je dois le dire, bien traités.

La seule chose qui nous fut désagréable fut la nuit à passer dans la salle commune; c'était un supplice.

Ces chambres de forçats, outre la dureté du lit de camp, outre l'odeur insupportable du miasme humain, sont empoisonnées par des émanations de latrines.

L'air est irrespirable.

Je puis affirmer que, vers deux heures du matin, les lampes, même quand on vient de les ranimer, ne donnent plus qu'une flamme rougeâtre, faute d'oxygène.

L'atmosphère est d'une lourdeur telle, disent les forçats, que le vol des chauves-souris en est ralenti.

Puis on a sous les yeux les scènes d'immoralité les plus révoltantes; le bagne est une Sodome infâme.

Il y a, dans le règlement, un article qui punit l'attentat à la pudeur de six coups de corde.

Jamais je n'ai vu l'appliquer.

L'administration ferme les yeux, et les agents inférieurs ont une tolérance incroyable pour ces ignominies.

Tous les politiques qui ont passé par le bagne vous en diront le pourquoi.

Il me répugne de l'écrire.

XI

L'exécution. — Le garde-chiourme. — Le premier régiment de France. — Ce qu'il faut en penser. — L'argot du bagne et le jargon des rondiers. — Comment les forçats se vengent. — Curieuses évasions. — Les six coups de corde. — Stoïcisme.

Huit jours ne s'étaient point écoulés, depuis que mon beau-frère avait refusé les fonctions de bourreau, qu'il était condamné au supplice du fouet.

Au lieu de le donner, il le recevait.

Les *rondiers* le surveillaient sans cesse et lui tendaient des pièges.

Mais l'Hercule, vieux forçat, rompu à toutes les ruses, le préservait, l'avertissait et le sauvait des embûches.

Antoine, du reste, était lui-même extraordinairement défiant et habile.

Cependant, les *employés* et les *rondiers* avaient regardé comme un outrage personnel le refus d'accepter les fonctions de bourreau; leur amour-propre en souffrait cruellement.

Ils imaginèrent une combinaison qui fut fatale à mon beau-frère.

Je dois prévenir le lecteur que ce fut une conspiration d'en bas.

Ni le directeur du bagne, ni l'adjudant principal, M. Latreille, ne trempaient dans ces saletés-là; c'étaient des employés inférieurs qui se livraient à ces abus d'autorité.

La position du directeur et de ses officiers, au bagne, est très délicate.

On fera ce qu'on voudra, on dira ce que l'on pourra, le métier de garde-chiourme déplaît aux hommes de guerre.

Préjugé, si l'on veut.

— Un garde-chiourme rend service à la société; il faut des gardes-chiourme; c'est un état comme un autre; il n'y a pas de sots métiers.

Soit.

J'admets tout ce que l'on arguera en faveur des gardes-chiourme; seulement, chacun sait qu'on les recrute difficilement, que l'armée les considère mal, que le civil les estime peu et que le personnel n'est point la *fine fleur des pois*.

On a essayé depuis longtemps de réhabiliter le corps.

Il a *le pas* sur tous les corps de l'armée et défilerait le premier dans une revue; mais on ne le fait pas défiler.

On l'a qualifié *premier régiment de France*; mais le modeste soldat du train estime plus son uniforme que celui-là.

Je ne saurais décrire dans toute sa vérité l'esprit de corps déplorable qui anime ces argousins ; ils sont ivrognes, débauchés, brutes, injustes au delà de toute idée.

Beaucoup sont de ces alcooliques qui, toujours *entre deux absinthes*, se tiennent debout, vont, viennent, mais sont hallucinés et quasi-déments.

Un rien les met en fureur ; ils ont subi déjà les atteintes du *delirium tremens*.

Le forçat, pour eux, est l'ennemi ; contre lui, tout est bon.

Il faut dire que les scènes et les mœurs du bagne ne sont pas faites pour inspirer aux gardes-chiourme de l'estime pour les condamnés ; mais un personnel d'élite, bien payé, épuré, ayant le sentiment du devoir et de la dignité humaine, se souviendrait que ces hommes avilis sont des hommes et les traiterait en conséquence, cherchant plutôt à leur faire remonter la pente qu'à les faire choir plus bas.

Henry Rochefort a comparé quelque part les gardes-chiourme à des hyènes ; la comparaison est très juste.

C'est la même allure sournoise, hypocrite, basse et haineuse.

Il suffit, du reste, d'entendre parler ces *fusiliers du premier régiment de France*.

Ils ont un répertoire ignoble.

Le forçat s'exprime dans un argot empreint d'une sombre et sauvage énergie ; les mots sont frappés au coin d'une certaine grandeur ; le vice s'affirme dans cette terrible langue du bagne avec une ampleur de cynisme, une audace d'images, une puissance d'expressions qui étonnent et qui laissent l'idée d'une force.

Le garde-chiourme a un jargon dégoûtant.

De plus, il ne saurait adresser la parole à quelqu'un sans l'insulter.

Entre eux, ils se traitent familièrement de la façon la plus révoltante : charogne infecte ! chien puant ! poisson pourri ! sont des petits mots d'amitié.

Leurs interpellations aux forçats sont telles, que je ne saurais avoir le courage de Simon Mayer et que je ne les imprimerai pas, ici du moins.

Le garde-chiourme, qui affecte tant de mépris pour les forçats, n'est pas cependant guidé par le sentiment de son honnêteté, qui répugne aux vices de ces misérables.

La preuve en est dans la familiarité, je dirai même la camaraderie qui s'établit entre lui et les forçats *employés*.

Je chercherais bien une autre preuve dans l'amitié qui s'établit entre certains forçats et certains surveillants, mais je ne veux pas remuer certaines fanges.

Je conclurai seulement en disant :

Questionnez un soldat ou un officier, un marin gradé ou non, un habitant des ports où sont les dépôts du bagne.

Demandez ce que c'est qu'un garde-chiourme.

Vous verrez ce qu'on vous répondra.

Rien d'étonnant, donc, à la complicité des gardes-chiourme avec un *mouton* dans l'affaire de mon beau-frère.

Voici comment les choses se passèrent.

Un matin, sur le chantier, un *surveillant* aborda Antoine.

— Pas un mot ! lui dit-il. Pas un geste ! Les bras en l'air !

Cela signifiait que le *rondier* voulait procéder à une visite.

En pareil cas, il faut mettre ses bras comme le Christ en croix.

Cette mesure empêche le forçat de se débarrasser des objets suspects, qu'il porterait sur lui, contrairement au règlement.

Le moindre fragment de journal, un papier, un crayon, un rien suffit pour que vous soyez en faute. On vous inflige un, deux, trois et jusqu'à six coups de corde pour la plus légère contravention.

Six coups de corde peuvent causer la mort d'un homme.

Simon Mayer faillit passer à la corde pour un lambeau de la *Gazette du Midi*, dont le cantinier avait enveloppé un bout de boudin.

J'ai vu un autre forçat recevoir deux coups pour un morceau de savon. Un autre encore eut quatre coups pour avoir ramassé une épingle à cheveux qui se trouvait dans l'arsenal, je ne sais comment, car il n'y vient pas de femme.

C'était la dixième fois au moins que l'on fouillait Antoine.

Certain d'être surveillé, il se croyait parfaitement à l'abri de la corde ; mais le surveillant appela ses camarades sans perdre de vue Antoine.

On l'entoura.

— Je t'ai vu ramasser quelque chose à terre, dit le surveillant ; c'était un objet tombé de ta poche ; tu l'y as remis.

— Non, dit Antoine.

— Qu'est que c'est ?

— Ce n'est rien. Je n'ai rien. Fouillez-moi.

Il souriait.

— Attention ! vous autres, dit le surveillant à ses camarades.

Et à Antoine :

Scène de bord. — La veille du passage de la Ligne.

— Vous autres, *canailles de politiques*, vous êtes encore plus vicieux que les autres forçats ; aussi l'on se méfie de vous.
— Mais, fouillez-moi donc, dit Antoine. Je suis las de tenir mes bras comme ça.
— Tu en verras bien d'autres.
Puis, avec un clignement d'œil aux autres surveillants, il ordonna :
— Retourne la poche droite de ta veste. Si je te fouillais, tu dirais que c'est moi qui ai mis dedans ce qui s'y trouve.
Antoine retourna sa poche...
Il en tomba une lime...
— Ah ! ah ! ah ! s'écrièrent les surveillants enchantés. Une lime...
Et les exclamations, les injures, les menaces d'éclater avec des manifestations de joie.

L'objet fut saisi.

Le délit était flagrant.

Antoine savait bien que quelqu'un avait dû glisser la lime dans sa poche ; mais il ne dit rien pour se justifier,

C'était tout à fait inutile.

Il se réserva pour la vengeance.

On le condamna durement à six coups de corde pour le lendemain.

Grande rumeur au bagne !

Comment subirait-il le supplice ?

Il avait été le maître dans sa lutte avec l'Hercule ; mais il *flancherait* (il fléchirait) peut-être sous la corde.

Autre histoire.

Le bourreau pouvait le tuer.

On mit, selon la coutume, Antoine au *rama* pour toute la journée, toute la nuit, et une partie de la matinée du lendemain.

L'exécution a lieu vers dix heures et demie.

On pense combien j'étais inquiet et combien je me tourmentais.

Je pus voir le bourreau, lui parler.

— Vous n'avez plus que quelques années à faire, lui dis-je. Si vous épargnez Antoine, vous pouvez compter sur un billet de mille francs à votre sortie du bagne ; ma famille vous les donnera.

— Je ne voudrais pas *mollir* pour dix mille francs, pour vingt mille ! pour cent mille ! me répondit durement le bourreau. On promet toujours, du reste, et on ne donne jamais rien. Je connais ça.

Puis il ajouta :

— Je n'ai pas envie d'être destitué. Ton beau-frère ne veut pas de ma place, mais il y en a d'autres qui la guignent et, si je rentrais dans le *travail* avec les autres, ils me feraient trop de misères.

Ces paroles me désespérèrent.

Le soir, à la chambre, j'entendis des mots d'ordre circuler.

— Qu'y a-t-il ? demandai-je à Belle-Plume, qui était de l'*association*.

— Écoute, me dit-il, tu n'es pas des nôtres ; mais je puis te dire un secret, parce qu'il s'agit de ton beau-frère et que tu ne trahiras pas.

— Ça, je le jure.

— Eh bien ! on sait qui a mis dans sa poche la lime que l'on y a trouvée ; c'est un *mouton* corse, que nous appelons le *Maki*, parce qu'il parle toujours des *maquis* de son pays, où il a été bandit.

— Une sale tête !

— Et une sale bête, ajouta-t-il. Il est forçat, et il est resté bonapartiste enragé. Il fait tout le mal possible aux condamnés politiques.

— Ça lui vaudra une commutation.

— Trop tard.

— Pourquoi ?

— En ce moment-ci on le juge ; les membres de l'association votent.

— Tu dis...

— Je viens de voter.

— Alors ce que vous vous glissez d'une oreille à l'autre, c'est un vote.

— Oui.

— Et tu as voté ?

— La mort...

Belle-Plume ajouta tranquillement :

— Il y aura unanimité.

— Et il mourra...

— Avant un mois.

J'avoue que le calme et l'assurance de Belle-Plume me renversaient de surprise.

Je ne savais s'il fallait ajouter foi aux dires de mon compagnon.

— Comment, demandai-je, vous y prendrez-vous pour exécuter la sentence ?

— D'abord, dit-il, il y a un moyen bien simple.

— Lequel ?

— La vie n'est pas agréable ici ; or, il y a des bonnets verts (*perpétuités*) qui ne sortiront jamais ; ils le savent bien. On ne les commuera point, ils sont beaucoup trop dangereux.

Belle-Plume m'en cita plusieurs.

— Parmi eux, reprit-il, quelques-uns n'ont plus espoir de s'évader.

— Pourquoi ?

— Ils ont perdu leur tour.

— Qu'est-ce que le tour ?

— Tu m'en demandes bien long ; mais enfin je puis te dire ça. Imagine-toi que l'on ne peut s'évader du bagne qu'avec la complicité de beaucoup de camarades ; l'union fait la force. On tire au sort pour savoir qui s'évadera dans l'*association*. Celui qui a la chance tire un plan ou en fait tirer un par plus malin que lui. Alors tout le monde se met de la partie.

— Que fait-on ?

— S'il faut une corde, on la fabrique brin à brin avec des bribes ramassées çà et là ; s'il faut des vêtements, on se cotise; on débauche un matelot, un soldat, qu'on paie et qui en procure.

D'un air troimphant, Belle-Plume me dit, orgueilleux de l'industrie du bagne :

— Tiens, il y a eu une évasion dont on n'a jamais eu le secret. Eh bien, le forçat qui s'est sauvé était habillé en commandant d'infanterie de marine, et la sentinelle lui a présenté les armes, car il était en grande tenue.

— Il avait un sabre.

— Non, une épée, ou plutôt un fourreau d'épée, surmonté d'une poignée de bois recouverte de papier doré. C'est moi qui l'ai fourni ; ç'a été ma contribution.

— Comment te l'es-tu procuré?

— Je dessine bien. J'ai proposé à un surveillant de faire son portrait à la plume ; il a accepté. Je lui ai ensuite fabriqué un cadre sculpté ; puis je lui ai demandé du papier doré pour que le cadre fût superbe. Naturellement j'ai eu de la gratte sur le papier.

J'admirais tant d'ingéniosité, de combinaisons et de patience...

— Et les épaulettes, demandai-je ?

— Un vieux truc. Elles ont été fabriquées avec de la paille tressée. C'est superbe, surtout quand on les a légèrement huilées.

Et Belle-Plume me raconta tout en détail, comment on avait eu le pantalon, comment la tunique ouverte, comment les souliers.

Tout cela était prodigieux.

Il reprit :

— Donc chacun a la chance de voir sortir son nom ; une évasion terminée, on en recommence une autre.

— C'est un travail éternel.

— Comme tu dis. Chacun se hâte, y met du cœur; car, l'évasion faite ou tentée, on retire au sort à qui aura le bon numéro; mais celui qui a été désigné une fois, et qui a échoué, ne peut plus concourir que quand il a été tiré au sort autant de fois qu'il y avait de membres de l'*association* au moment où il a été favorisé.

— Et vous êtes...

— Une cinquantaine. Or, il ne faut pas compter sur plus de deux évasions par an. Tu comprends alors qu'un forçat de cinquante à soixante ans n'a pas beaucoup d'espoir de voir revenir son tour ; puis, à cet âge-là, que ferait-il dehors? C'est un homme fini. Il désespère. Alors, ne tenant plus à la vie, il se risque volontiers à tuer un surveillant ou un mouchard.

— Est-ce donc ainsi que les choses vont se passer ?
— Non.
— Pourquoi ?
— Nous n'avons pas de camarades décidés à mourir. Nous savons tous que le bagne va être transporté en Nouvelle-Calédonie ; tous, même les bonnets verts, espèrent beaucoup de ce voyage.
— J'ai entendu dire qu'en piquant un homme avec une épingle trempée dans un virus, on donnait une maladie mortelle. Est-ce là le moyen dont vous vous servirez ?
— Non.
Et il sourit.
— Vois-tu, me dit-il, il y a nécessité de faire un exemple, de terrifier les *moutons*; il faut qu'ils sachent que c'est bien l'*association* qui frappe; une maladie laisse des doutes; l'homme sera tué en plein chantier, devant tout le monde.
— Comment ?
— Je ne sais pas encore.

Et il ne voulut plus rien me dire sur ce sujet.

Je dormis mal, on le pense bien.

Le lendemain, au chantier, j'étais fort triste et très affaissé.

Le réveil est sonné par la grosse cloche du bagne, à cinq heures.

On se lève.

Les rondiers vous débarrassent du *rama* et à cinq heures et demie on passe à la *vinasse*.

C'est la minute chère aux forçats.

Ils défilent par quatre devant des *quarts* pleins de vin ; les quarts sont des gobelets tenant un demi-setier, moins deux centilitres et le *rabiot*, c'est-à-dire ce que volent les distributeurs.

On se découvre, on boit et l'on part.

Dans les commencements, on est tellement dégoûté de voir tant de lèvres impures sucer le quart avant vous, que l'on ne boit pas ; mais on s'y habitue peu à peu.

L'anémie qui vous envahit vous fait surmonter la répugnance.

On s'est étonné, en France, de voir les déportés revenir si faibles et mourir si vite, après avoir respiré l'air de la patrie ; mais comment n'en serait-il pas ainsi ?

La nourriture du forçat se compose d'un pain de munition et de *gourganes*, grosses fèves de marais cuites à l'eau.

Outre que ces fèves ont un goût détestable, étant rongées par les vers qui surnagent, on n'en a pas son comptant lorsque, la faim aidant, on a pu s'y habituer.

La loi a-t-elle entendu, en envoyant un homme au bagne, le condamner à l'émaciation, à la famine, à la mort lente!

Je ne le pense pas.

D'où vient donc que l'on soumet à un pareil régime ces forçats dont on exige d'aussi rudes travaux;

Car, il n'y a pas à s'y tromper, tout ce qui est trop dur pour les marins est exécuté par les forçats.

A dix heures, le travail est suspendu pour le déjeuner, qui s'appelle le *boujeau* ; c'est aussi l'heure des exécutions.

On nous rassembla.

Le bourreau était debout, près de la *planche*, espèce de table sur laquelle on couche le malheureux condamné.

Je fus surpris de voir à l'exécuteur une veste et un gilet rouges tout flambants neufs ; un pantalon luisant du vernis de l'étoffe non encore portée ; le bonnet lui-même était d'une couleur de pourpre éclatante.

On avait voulu donner de la solennité à la cérémonie.

Le bourreau, dominant ses trois aides, se tenait droit, haut de deux mètres, fièrement planté et impassible ; il portait, dans une gaine, au côté, sa corde qui semblait une épée à ses flancs.

Je regardais l'homme.

Impossible de rien deviner sur sa face de bronze.

Allait-il tuer Antoine ?

Tous les forçats se faisaient cette question.

On amena Antoine.

Il souriait...

Les Parisiens lui trouvaient si fière mine, qu'il y eut comme un murmure de satisfaction et d'orgueil dans les rangs.

Ils étaient fiers d'Antoine.

Celui-ci se coucha sur *la planche* ; un aide lui enroula aux pieds une corde, de façon à les lier à *la planche*.

Un autre aide mit son dos à nu ; un troisième lui tint la tête à deux mains, pour assurer l'immobilité.

L'adjudant donna le signal en commandant à haute voix :

— Exécutez !

Le bourreau mit, par un mouvement tout militaire, la main à sa corde, la sortit de sa gaine et fit un pas en arrière.

Il allait frapper.

Tout à coup un cri singulier, parti je ne sais d'où, une espèce de houhoulement de chouette, qui semblait tomber du ciel, arrêta la main du bourreau.

Je vis ce cri produire sur la chiourme un effet prodigieux de colère et de rage ; le bourreau avait perdu contenance ; il était pâle, et il essuya son front du revers de sa main.

Belle-Plume me dit en riant :

— Sais-tu ce que ce cri veut dire ?

— Non. Qui l'a poussé ?

— Un ventriloque, parbleu ! Et c'est un avertissement au bourreau ; s'il tue Antoine, lui, bourreau, sera tué.

Cependant, l'œil de l'adjudant s'étant sévèrement fixé sur l'exécuteur, celui-ci fit son office.

Il fit tournoyer sa corde, qui cingla les épaules d'Antoine ; le coup était rude ; le sang jaillit.

— Un ! compta l'adjudant.

Au second coup, des lambeaux de chair restèrent attachés à la corde.

Antoine ne bougeait pas ; il semblait de pierre.

Le quatrième coup et les suivants mirent les os à nu...

Je remarquai que les visages des forçats exprimaient la joie et l'admiration.

Il y avait des voix étouffées qui disaient :

— C'est un mâle ! à la bonne heure !

Et si l'on n'eût pas craint les coups de revolver de la chiourme, on eût applaudi.

Antoine, dégagé de ses liens, se releva ; il promena un long regard autour de lui, me vit et sourit.

— Emmenez-le à l'infirmerie ! ordonna l'adjudant.

— Inutile ! dit Antoine en se rhabillant.

Et il vint prendre son repas avec nous tous.

Je renonce à peindre l'ovation qu'on lui fit.

Le bourreau ne l'avait pas tué, mais il ne l'avait pas ménagé.

De mémoire de forçat, il était sans exemple qu'un homme eût subi aussi stoïquement un pareil supplice.

XII

Un parfait jésuite. — Belle-Plume me conseille la méfiance. — Ce que c'était que l'association. — Les moutons changés en vaches au bagne.

Je ne sais de quelle pâte était pétrie la chair d'Antoine ; mais je puis affirmer qu'il ne cessa pas de travailler un seul jour, comme si rien ne fût arrivé.

Il pansait tout simplement ses plaies à l'eau fraîche.

Il guérit rapidement, mais il portera toute sa vie des cicatrices de cette punition si peu méritée.

Trois jours s'étaient à peine écoulés qu'un fonctionnaire assez important du bagne me manda dans son bureau.

Je m'y rendis.

Pour la première fois, j'entendis quelqu'un me parler poliment.

— M. X..., me dit ce fonctionnaire, ce n'est pas au condamné que je m'adresse, mais à l'homme ; j'ai à vous parler et je le ferai en toute franchise.

Mon camarade Belle-Plume m'avait prévenu que ce fonctionnaire était un parfait jésuite ; je me tins sur mes gardes.

Toutefois je n'en fis rien voir, et je ne laissai point paraître mes impressions ; j'affectai d'être touché et satisfait.

Il reprit :

— Vous pouvez rendre un grand service à l'administration ; le directeur ne vous le demandera pas lui-même ; vous devez comprendre ça ; mais je le réclame de vous officieusement.

Je m'inclinai.

Il s'agissait de jouer au plus fin avec ce jésuite de robe courte ; je mis sur mes lèvres un sourire aussi gracieux que je pus ; il me prit pour un niais ; il l'a dit depuis ; j'en suis fort aise.

— Voici ce dont il s'agit ! continua-t-il. Je joue cartes sur table.

Il m'indiqua une chaise pour mieux m'amadouer et me dit :

— Asseyez-vous.

J'obéis.

— Vous êtes convaincu, n'est-ce pas ? que votre beau-frère est innocent.

— Je ne sais rien là-dessus, dis-je.

Il me regarda étonné.

— Comment ! votre beau-frère ne vous a pas dit qu'il n'était pas coupable ?

— Ma foi, non. Antoine est très peu parleur de sa nature.

Scène du bord : Conciliabule pour la fête du baptême.

Mon interlocuteur me fixa d'un œil perçant, je soutins son regard fort tranquillement ; il en conclut que je disais vrai.

— Eh bien, fit-il, nous savons, nous, que c'est un autre forçat qui lui a joué le mauvais tour de mettre la lime dans sa poche, et lui-même ne l'ignore point.

— Croyez-vous ?

— Oh ! il n'est pas sans savoir à quoi s'en tenir.

— C'est possible.

— Il va vouloir se venger !

— Mais, supposez-vous qu'il ait la certitude d'avoir découvert celui qui lui a joué ce mauvais tour ?

— J'en suis persuadé.

Ici mon interlocuteur baissa la voix.
— Votre beau-frère, me dit-il, est le roi du bagne.
— Oh! fis-je, un *politique*!
— Il n'y a pas de politique là-dedans ; c'est une question de force. Du même coup, il est entré dans l'*association*.
— Quelle association?
Ici, mon homme me dévisagea encore.
— Monsieur, lui dis-je, vous avez dû remarquer que je ne parle jamais aux autres forçats ; j'évite toute conversation, tout contact.
— Mais Belle-Plume a dû vous dire cependant bien des choses.
— Je suis plus fort que lui, je le domine ; je lui ai défendu une fois pour toutes de m'entretenir des choses du bagne ; tant que je suis au bureau, j'oublie ; je tâche de me persuader que je suis encore employé ; au dortoir, je dors pour oublier.
Mon petit jésuite pensa :
— C'est un rêveur et un sot.
Il ne se gêna plus.
— Je vous dirai tout alors! fit-il.
Et il m'expliqua ce qu'était la mystérieuse association.
Quand il eut fini, il me dit :
— Vous concevez bien que celui qui a mis la lime dans la poche de votre beau-frère sera tué, d'une façon ou d'une autre, par la bande.
— Mais c'est épouvantable! m'écriai-je.
— Or, vous êtes chaudement recommandé, ainsi que votre beau-frère ; votre peine sera vite commuée, si nous envoyons d'ici des notes favorables sur votre compte. Mais...
Il suspendit sa phrase ; de l'œil, je l'interrogeai :
— Mais, reprit-il, service pour service ; je sais que M. le directeur fera beaucoup pour vous et pour votre beau-frère, à une condition, toutefois!
— Laquelle?
— C'est que le malheureux qui s'est laissé entraîner à commettre cette mauvaise action de compromettre votre beau-frère, ne soit pas tué par l'association ; cela ne dépend absolument que de votre beau-frère. Décidez-le à renoncer à la vengeance.
— Mais rien ne prouve...
— Nous connaissons les lois de *l'association* ; nous savons que la vie d'un forçat est menacée. A vous, monsieur, à vous d'agir.
Je promis de m'y employer.

Quand je revins, je racontai mon entrevue à Belle-Plume.

Il eut bientôt tiré l'affaire au clair et me l'expliqua.

— Le directeur, me dit-il, n'a chargé en aucune façon ce farceur-là de te rien demander ; il ignore l'affaire de la lime, et, justement, on ne veut pas que l'éveil lui soit donné.

— Je ne vois pas bien...

— Tu vas comprendre. C'est précisément ce sale petit jésuite qui est chargé d'organiser l'espionnage des *Moutons*, c'est lui qui a eu l'idée de faire jeter la lime dans la poche d'Antoine ; or, le directeur, qui ignore ces manigances, va tout savoir.

— Comment ?

— Par la mort violente du Corsico. Il ne prendra point le change. Jamais l'association n'a frappé à faux ; le directeur voudra savoir pourquoi cet homme a été tué ; il fera une enquête ; la vérité se découvrira.

— Et alors...

— Alors, le sale petit jésuite sera puni, privé de gratifications, renvoyé peut-être. Aussi voudrait-il que le Corsico ne mourût point. C'est assez clair, n'est-ce pas ?

— Oui.

— Sais-tu ce qu'il faut faire ?

— Raconter tout cela à Antoine.

— Juste, et je m'en charge.

Belle-Plume résuma l'affaire en quatre phrases, et la fit circuler de bouche en bouche d'affilé jusqu'à Antoine.

Celui-ci fit réponse :

— Ne plus s'occuper de ça !

Je me tins donc tranquille.

Trois jours après, une nouvelle circulait dans le bagne :

— Le Maki est mort.

C'était le Corsico, le *mouton*, qui venait d'être exécuté.

On m'apprit cela au bureau.

Belle-Plume, qui n'avait pas plus que moi assisté au drame qui venait de se passer, me demanda :

— Veux-tu que je te raconte ce qui vient d'arriver ?

— Tu le sais donc ?

— Parbleu !

Et il me dit :

— As-tu remarqué cette pile énorme de madriers entassés près du quai ?

— Oui.
— Eh bien, elle s'est écroulée sur le Maki et sur son compagnon de chaîne, un *mouton* comme lui.
— Comment ça s'est-il fait ?
— Tu as dû voir que cette pile étant très longue, on a formé dedans des passages voûtés pour le service ?
— Oui.
— L'une de ces voûtes s'est effondrée sur le Maki au moment du repos, pendant qu'il dormait à l'ombre.
Puis souriant :
— C'est l'association qui a préparé le coup.
Tout cela était vrai.
Belle-Plume me dit en manière de conclusion :
— C'est ton sale jésuite qui ne sera pas content.
En effet, la direction s'émut, fit son enquête, et apprit la vérité sur l'affaire de la lime.
Mais, quant à trouver l'ombre d'une preuve contre Antoine ou qui que ce fût, pour ce qui avait trait au meurtre du Maki et de son compagnon, toute recherche fut inutile.
Moi-même, je n'ai jamais su les détails de cette affaire ; j'ignore si mon beau-frère y a trempé.
Ce que je sais, par exemple, c'est qu'il adressa vainement à la direction une protestation contre la façon dont le supplice du fouet est appliqué.
Légalement, ce doit être le surveillant qui l'applique ; il doit avoir un genou en terre pour diminuer la force du coup ; il doit donner deux coups par seconde, toujours dans le même but.
Aucune de ces prescriptions n'est observée.
J'ai étudié avec soin l'effet produit par la mort du Maki sur le personnel administratif ; il y eut beaucoup de menaces, beaucoup de rodomontades, mais, au fond, la chiourme avait peur, les *moutons* tremblaient, et il se commit beaucoup moins d'injustices.
Un mot de rectification.
J'ai employé le mot *mouton* pour désigner le forçat mouchard, parce que les comptes rendus judiciaires ont familiarisé le public avec ce mot ; mais la véritable expression du bagne, c'est *vache*.

XIII

Les dénonciations de *l'Union*. — Les bons aumôniers. — On nous persécute. — La mise en cage. — Abus stupides.

A la honte de la presse cléricale, je dois dire qu'elle fit tout au monde pour rendre notre sort plus déplorable.

Ainsi *l'Union*, journal religieux, s'avisa d'imaginer de fausses évasions pour rendre la surveillance plus rigoureuse.

Simon Mayer, qui était le point de mire de la réaction, parce qu'il avait abattu le drapeau tricolore, était surtout l'objet des contes les plus absurdes.

Un écrivain de *l'Union*, qui se garderait bien de se découvrir, annonçait, de temps à autre, que Simon Mayer s'était enfui.

D'autres journaux avaient d'autres rancunes et les satisfaisaient.

Il y avait accord pour prétendre que la surveillance était insuffisante; pour un rien, on aurait prétendu que les gardes-chiourme étaient d'accord avec nous.

Rien, rien absolument ne justifiait ces insinuations.

Comment les expliquer?

Par un mot d'ordre.

En effet, notre attitude avait produit sur l'administration et sur la marine une certaine impression.

On avait fini par reconnaître que nous étions des honnêtes gens, et le personnel avait un peu honte de nous traiter comme des forçats de droit commun.

Puis, il y avait déjà division dans les rangs monarchiques.

Bonapartistes, orléanistes, légitimistes, se faisaient une guerre acharnée; les hommes prévoyants... prévoyaient que la République pourrait s'établir et durer.

Il en était résulté que l'administration nous témoignait quelques égards; les gardes-chiourme étaient devenus moins insolents.

Nous, cependant, nous restions absolument disciplinés, muets et patients, comme nous l'avons toujours été à Toulon ou à Nouméa.

Mais les bons aumôniers, les bons employés jésuites, la bande noire enfin s'alarma des quelques velléités de bienveillance de l'administration; elle prit ses mesures.

On écrivit à Paris.

Tout aussitôt, l'ordre en revint de prendre les plus rigoureuses mesures en raison d'un complot d'évasion.

On cessa de nous envoyer au travail, et nous subîmes des tracasseries inouïes ; mon emploi et celui de Belle-Plume nous furent enlevés.

Dès lors, je fus très malheureux.

A force de propreté, de persévérance et soins inouïs, j'étais parvenu, ainsi que mon compagnon, à me préserver à peu près de la vermine ; en sortant du dortoir, nous consacrions une longue recherche à nous sauvegarder.

Mais, une fois rentrés dans la vie commune, il nous fut impossible de nous préserver ; je compris pourquoi.

Un jour, passant près d'un vieux forçat de droit commun, il me sembla qu'il crachait sur moi, ou du moins qu'il en faisait le simulacre.

Comme je n'adressais point la parole à ce bandit, je n'eus pas l'air d'y prendre garde.

Une fois hors portée de voix, je demandai à Belle-Plume :

— As-tu vu ce bonnet vert qui nous a craché dessus.

— Mais non ! fit Belle-Plume, en riant. Tu t'es trompé.

— Je l'ai vu.

— Erreur. Il a soufflé sur toi, voilà tout.

— Je ne comprends pas.

— Ce vieux *fagot* (forçat enduré) ne peut pas sentir les *aristos*.

— Je suis donc aristo...

— Oui. Moi aussi. Tout individu qui, au bagno, ne veut pas faire comme les autres, est un *aristo*. Tu cherches à te laver : aristo. Tu ne parles pas argot : aristo. Tu as des mœurs : aristo. Tu tâches de tuer la vermine : aristo !

— Soit ! je suis un aristo ! Mais pourquoi me souffler dessus ?

— Parce qu'il veut te peupler.

— Tu dis...

— Je dis qu'il a dans la bouche un petit tuyau de plume.

— Je ne comprends plus rien...

— Dans le tuyau de plume une charge de mitraille vivante.

— Quelle mitraille ?

— De la vermine. Et il la souffle sur toi ou sur moi.

— Quelle vieille canaille !

— Une plaisanterie.

— Je le corrigerai.

— Alors il faudra en corriger cent autres, c'est un jeu que les forçats aiment beaucoup, ils inondent ainsi les gardes-chiourme...

Je fus consolé, à l'idée que les gardes-chiourme étaient habités aussi ; le mal de l'un ne guérit pas celui de l'autre, mais il le soulage.

Grâce aux rigueurs dont nous étions devenus l'objet et dont les journaux réactionnaires furent cause, le temps nous sembla extraordinairement long au bagne de Toulon ; je savais que nous devions être envoyés en Nouvelle-Calédonie ; j'appelais ce voyage de tous mes vœux.

En ceci, je ne ressemblais guère à mes compagnons, les politiques.

Ils redoutaient fort ce changement.

Hélas ! ils avaient raison.

En France, il y a encore un règlement que l'on ne viole qu'à demi ; il y a une opinion publique ; puis, si impur que soit le bagne, c'est l'air de la patrie qu'on y respire.

Moi, j'avais des illusions.

Je m'imaginais qu'en Nouvelle-Calédonie on s'ingénierait à nous faire coloniser le pays, que l'on nous traiterait mieux, que l'on chercherait à nous utiliser et à utiliser cette terre qui est aux antipodes de la France.

J'étais un sot.

J'appris depuis que le cléricalisme, tout-puissant en France, ne voit dans les colonies que des terres bonnes à exploiter moralement et matériellement pour les missionnaires jésuites, maristes et autres.

Il s'agit de leur livrer les indigènes, corps et âmes ; le missionnaire asservit ces malheureux, en fait des esclaves, leur vole leurs terres et exploite leurs bras.

Il fait pire.

Aujourd'hui, la chose est prouvée, et des journaux ministériels l'ont avoué aussi complètement que possible.

Ce sont les maristes de Nouméa qui ont fait révolter les Canaques pour arriver à discréditer M. Olry, un gouverneur qui leur déplaisait, et qui succédait au fameux M. Pritzbuer, clérical et protecteur de la fameuse banque de Nouméa, où se firent les tripotages que l'on sait.

Donc, j'appelai le départ de tous mes vœux.

Si j'avais su...

L'enfer du Dante ne contient rien d'aussi épouvantable que le supplice de notre traversée et que les souffrances endurées à l'île Nou.

L'ordre de départ arriva.

Antoine, moi, l'Hercule et Belle-Plume, nous étions désignés pour l'embarquement.

Nous l'apprîmes en recevant l'ordre de *mise en salle*.

Qu'est-ce que la *mise en salle* ?

Encore une de ces idées bizarres qui ont présidé à l'établissement de l'absurde règlement du bagne.

Il s'agit de faire une traversée de quatre mois, on a, par conséquent, à redouter pour les forçats l'anémie, le scorbut, les maladies de toutes sortes qui transforment si rapidement un navire en hôpital, et comme pour préparer une proie à la mort qui décimera aussi bien l'équipage, une fois le bâtiment envahi, on met les hommes en *cage* pendant un mois et souvent deux.

Puis, chose plus absurde, on leur cherche noise et on les prive de vin.

C'est une façon sournoise d'assassiner les gens.

Cette *mise en cage* consiste à vous enfermer dans une casemate sans air, humide et puante, où l'on attrape des rhumatismes et des bronchites.

Encore si l'administration avait été honnête.

Nous devions toucher les vivres des matelots, c'est-à-dire un ordinaire réconfortant;

On nous vola.

L'ordinaire débilitant du bagne nous fut toujours servi.

Il fallait réclamer, dira-t-on ?

A qui ?

Je n'ai jamais vu une réclamation aboutir à rien ; c'est-à-dire, je me trompe ; généralement, la réclamation entraîne des coups de corde, des notes terribles, la haine de la chiourme et des tracasseries incroyables.

Le forçat est à la merci de ces brutes odieuses dont l'administration fait ses *surveillants* et ses *rondiers* ; il n'y a que deux partis à prendre : se taire et tout subir, ou tuer un de ces abominables tyrans et monter sur l'échafaud, comme cela est arrivé pour plusieurs d'entre nous.

Enfin, on nous annonça que nous allions nous embarquer.

Il était temps.

Le séjour de la casemate m'avait rendu malade.

Je dus, comme les autres, me rendre à *la forge*.

Je m'imaginais que l'on allait nous débarrasser de nos fers, puisque l'on nous mettait dans une cage et que nous allions avoir la mer tout autour de nous.

Je fus détrompé par Belle-Plume ; il s'agissait de changer nos anneaux pour nous en mettre d'autres.

Dans quel but ?

J'ai questionné en vain.

Personne n'a pu me le dire.

Il y a ainsi dans les us et coutumes du bagne un amoncellement d'absurdités.

Qui donc les réformera ?

LE TOUR DU MONDE EN CAGE

DE TOULON A NOUMÉA

I

L'embarquement. — Les cages. — Les dispositions de la marine. — Tyrannie à bord. — Toujours le coup de mitraille. — La double ration. — L'aumônier.

Je l'ai dit, j'étais assez naïf pour désirer l'embarquement.

Rien qu'à la façon dont il se fit, j'aurais dû comprendre que notre sort allait s'aggraver.

Le seul soulagement que nous reçûmes fut d'être débarrassés de la vermine.

Rien ne serait plus facile que d'en purger les bagnes et les prisons, mais l'administration est cléricale, et, comme telle, admirant saint Labre, elle le propose aux prisonniers comme un modèle.

Ce que je dis là peut avoir l'air d'un paradoxe ; pourtant, rien de plus vrai et de plus triste.

Un malheureux, sur lequel on trouva du savon, reçut deux coups de corde par le bourreau.

On ne permet pas au forçat de posséder du savon.

On ne lui donne, à son arrivée, qu'une douche rapide, sans savon.

Bref, l'administration n'entend pas que l'on soit propre.

Pourquoi ?

Par esprit de taquinerie et de mortification... pour les autres.

Tant qu'il y aura des cléricaux à la tête du bagne, l'esprit de l'Église présidera aux dispositions et à l'interprétation du règlement.

Or, l'esprit de l'Église prêche le renoncement, l'avilissement de la chair, les pratiques humiliantes, les coups de discipline sur le corps, toujours traité en ennemi.

Rien de plus agréable à Dieu que de se mettre la peau en sang.

La Vie des Saints raconte que les plus purs, les plus suaves aux yeux de Dieu, lui offraient le spectacle de leurs plaies et de leur vermine.

Comme, depuis François Ier et même avant, la chiourme est sous l'inspiration des principes catholiques enseignés par les moines, rien de plus logique que de voir ces traditions régir encore aujourd'hui le bagne.

Les aumôniers vous engagent « à offrir vos souffrances au Seigneur ».

— Mais, dis-je à un prêtre, vous devriez demander à la direction que l'on nous débarrassât de la vermine.

— Mon fils, répondit le prêtre, vous avez beaucoup à expier. Supportez en patience cette épreuve ; saint Labre l'a subie volontairement ; ce sera pour vous une expiation qui vous conduira au salut.

J'avoue que je pris ce prêtre en dégoût.

A vrai dire, je sus plus tard qu'on pouvait le mépriser tout à son aise, car il n'avait pas autant de répulsion pour les jeunes forçats de droit commun qu'on aurait pu s'y attendre. Il les confessait trop souvent.

Quoi qu'il en soit, pour la traversée, on ne voulait pas de vermine.

Un navire qui en est infesté doit subir ensuite un nettoyage coûteux.

On nous fit donc placer sur un rang, dans une salle pleine de baquets, et l'on nous distribua de la poudre insecticide.

Ma joie fut immense.

Les vieux forçats grognaient ; ils avaient le bain en horreur.

Sur l'ordre et sous la surveillance de la chiourme, l'opération commença avec méthode et précision.

Non, non, non, rien ne peut donner une idée de ça.

Quand la poudre eut fait son effet, quand le bain eut entraîné sur les dalles nos ennemis morts, quand ils eurent jonché le plancher, je me demandai comment nous avions pu résister.

Il y en avait des couches si épaisses que l'on dut se servir de pompes à jets pour nous débarrasser et nous frayer un chemin vers la porte.

Quel baptême !

Je nageais dans un bonheur inexprimable.

Mais je songeais en même temps aux singulières idées des catholiques, déifiant la vermine, et en faisant un objet cher au Seigneur.

Quand donc ces théories abjectes cesseront-elles de régir le bagne ?

On nous fit habiller.

Nous abandonnions nos casaques rouges de forçats.

On nous donna une blouse, un pantalon et un bonnet phrygien brun.

Ça me changeait.

J'étais heureux, m'imaginant ne plus être un forçat ignoble.

On nous embarqua dans les chalands ; Antoine n'était pas dans le mien.

Impossible de lui parler.

Il m'avait cependant fait tenir par *l'association* le mot suivant :

— En arrivant à bord, attention ! Mais défie-toi et ne parais reconnaître personne.

Que voulait-il dire ?

De quoi s'agissait-il ?

Sur le navire, il y avait des passagers et des passagères.

Allais-je y trouver quelqu'un que je connaîtrais ?

Je montais donc à l'échelle en écarquillant les yeux.

Personne.

Les passagers n'étaient point encore embarqués, du moins je le pense.

Cependant, comme on distribuait les forçats dans les cages ; comme, pour cela, on passait sous l'œil du commandant du bord, un à un ; comme les numéros pairs allaient à une cage et les numéros impairs à l'autre, au moment où je défilais devant le commandant, je fus très surpris de l'entendre dire :

— Cet homme à part.

L'homme, c'était moi.

Un surveillant me poussa hors des rangs et me dit :
— Tenez-vous là !
Il ne me tutoyait pas.
Miracle !
Le défilé continua.
Je vis passer Antoine.
En passant, mon beau-frère me jeta un sourire ; le commandant le remarqua.
Il arrêta un instant le défilé, consulta ses notes, et dit à un surveillant :
— Voilà un homme dangereux. Vous le ferez surveiller attentivement.
Antoine ne sourcilla pas.
Sur un signe, le défilé continua.
Les forçats descendirent dans la batterie basse, entre les marins-fusiliers, qui formaient la haie, le chassepot chargé en mains.
Il y avait quatre cages.
Une pour les femmes.
Une autre, en face, pour les *dangereux*.
A la suite, de chaque côté de l'écurie aux bestiaux, une cage à forçats.
Chaque cage est placée sous la gueule d'un canon, toujours chargé à mitraille, et dont chaque coup tuerait des centaines d'hommes !...
De plus, un poste nombreux fournit jour et nuit des sentinelles qui se promènent de long en large dans les couloirs et qui veillent sur vous.
Enfin les surveillants, revolvers au poing, font des rondes intérieures.
Les cages sont assez semblables à celles dans lesquelles on enferme les bêtes féroces dans les cirques ; mais les grilles sont plus solides.
Le forçat est plus à craindre que le lion.
On n'a jamais fait une traversée sans qu'il y eût évasion, révolte ou tout au moins complot.
Je ne vis la cage qu'après les autres.
Je me tenais toujours, bonnet à la main, à quelques pas du commandant.
Quand il eut vu défiler tout le monde, il me dit :
— Vous êtes bien X... ?
— Oui, mon commandant.
— Eh bien, sous ma responsabilité, si vous voulez donner votre parole d'honneur de bien vous conduire, de ne pas chercher à vous évader, je vous donnerai un emploi.
Je saluai et remerciai.
J'étais enchanté de ne pas habiter la cage, où je fus cependant conduit tout d'abord.

II

La prière à bord et les aumôniers. — Une anecdote sur le *Vauban*. — Superstitions. — Le départ. — La patrie perdue. — Déchirement. — Le cynisme d'un surveillant. — Pas de patrie pour les communards. — Sincérité.

Le transport qui nous conduisait en Nouvelle-Calédonie était un navire à voiles ; nous devions, en conséquence, passer par le cap de Bonne-Espérance et non par Suez ; un vapeur seul peut suivre cette voie, en raison des calmes qui règnent pendant des mois sur la mer Rouge.

Notre traversée devait durer plus de quatre mois.

J'ai dit que l'influence cléricale était toute-puissante au bagne.

Je l'ai retrouvée plus puissante encore dans la marine.

Là, sur les navires, on oblige le matelot à la prière.

Ce matelot peut être juif, protestant, musulman, libre-penseur comme moi, ou païen comme l'était Antoine ; le code a décrété la liberté de conscience ; rien n'y fait.

Chaque soir, on fait ranger l'équipage sur le pont ; l'aumônier ou le novice qui lui sert d'enfant de chœur monte sur la passerelle, tout le monde met chapeau bas, et la prière est dite à haute voix.

Que ceux qui croient au Dieu des catholiques prient librement, rien de mieux ; mais que cette prière publique et quotidienne fasse partie du règlement, voilà qui est attentatoire à la liberté de conscience.

Je dirai plus tard comment je fis la connaissance d'un officier de marine qui se rendait à son poste, comment je gagnai son amitié ; c'était un brave soldat, un républicain et un sceptique ; nous eûmes souvent l'occasion de parler de la prière.

Il me dit à ce sujet :

— On prétend que la prière réconforte le marin ; je puis vous assurer que les plus religieux sont souvent les moins braves ; par religieux, il faut entendre superstitieux, étant donné le peu d'instruction de la plupart des matelots.

Et il me citait un exemple.

— A bord du *Vauban*, me dit-il, dans une tempête, toute la marine fut frappée de la différence d'attitude entre le 2ᵉ régiment de zouaves, que transportait ce navire, et l'équipage, formé de matelots provençaux.

Il me raconta les dangers courus, et continua ainsi :

— La mer avait enlevé la forge, plusieurs embarcations et balayait le pont de bout en bout ; un grand nombre de marins, à genoux, faisaient des vœux ; ce qu'ils promirent de bouts de chandelles à Notre-Dame-de-la-Garde est incroyable ; mais on n'en pouvait rien faire. Un officier de zouaves proposa d'utiliser ses hommes ; sur son appel, ils se mirent aux cordes et donnèrent l'exemple de la plus rude énergie, blaguant les marins, leurs vœux et le culte superstitieux de Notre-Dame-de-la-Garde. Les sentiments anti-religieux de cette troupe avaient scandalisé les aumôniers de terre et de mer ; cependant, de l'aveu de tous, elle se conduisit admirablement sous la tempête.

Et le même officier me racontait d'autres faits de superstition.

Sur certains points du littoral, il existe des statues de bonnes vierges des flots ; les aumôniers sont parvenus à si bien fanatiser les matelots, que ceux-ci se révolteraient si l'on ne tirait pas le canon en passant devant ces sanctuaires.

Voilà où la discipline en est.

Je posai à cet officier cette question :

— Peut-on supprimer l'aumônier à bord ?

— Pourquoi pas ?

— En raison du culte.

— Que font les cinquante mille marins de la marine marchande ? Ont-ils des aumôniers à bord ? En sont-ils plus lâches ? Se conduisent-ils plus mal ?

Et l'officier conclut :

— L'aumônier à bord est le représentant du cléricalisme, le mouchard conscient ou inconscient du parti jésuite et l'ennemi de la République et de tout gouvernement libéral. L'aumônier partage la table du commandant, s'insinue dans son esprit et prend toujours empire sur lui. Tant qu'il y aura des aumôniers dans la marine, elle sera cléricale.

— Mais il est dur cependant, pour un catholique, de mourir sans les secours de la religion.

— Et pour le protestant, est-ce moins dur ? Parce que les protestants sont en minorité, doivent-ils être privés de leurs pasteurs ?...

Je n'insistai plus.

Plus je vis de choses dans mon martyre de sept ans, plus je m'enracinai dans la conviction que le cléricalisme fait partout un mal immense et qu'il est l'ennemi de toute mesure de progrès et d'humanité.

Grâce aux conseils de cet officier, je soutins énergiquement que j'étais protestant ; ce subterfuge me débarrassa des importunités de l'aumônier qui tenta tout d'abord ma conversion.

Mais je fis sonner bien haut le nom de certains amiraux protestants, connus de ma famille, et l'aumônier me laissa tranquille.

J'ai dit que l'on m'avait mis en cage comme les autres, provisoirement.

Nous étions toujours gardés par la chiourme ; nos surveillants se montraient d'une brutalité inconcevable.

Ils étaient toujours ivres.

Ces gens-là avaient tout pouvoir et nous menaçaient du revolver à propos de rien ; on tremblait quand ils entraient.

Je sentis bientôt que l'on allait partir ; on levait l'ancre.

Un remorqueur nous prit et nous mit hors de la rade.

J'ai expliqué que je croyais m'éloigner de France sans trop de regret.

J'étais certain qu'un jour ou l'autre, ma femme me rejoindrait.

Je savais qu'elle n'avait pas quitté Toulon pendant mon séjour ; je n'avais pu la voir, mais elle m'avait souvent écrit.

J'espérais ma commutation, et je me disais que je vivrais là-bas en planteur.

Je crois qu'aucun de mes compagnons ne partageait mes sentiments, et je sentis bientôt qu'il n'était pas si facile que je le supposais de partir pour l'exil ; quand le navire se mit en mouvement, tous se levèrent et se précipitèrent aux barreaux de la cage.

— On part ! on part ! murmuraient-ils avec un accent attristé.

Par les sabords ouverts, on voyait la terre ; tous les yeux se fixaient sur cette côte de France que l'on quittait pour jamais peut-être.

Je vis des yeux se creuser, d'autres se gonfler de larmes ; les cœurs se serraient et les mains se crispaient aux barres de fer ; quelques-uns défaillirent, et, lâchant la grille, se laissèrent tomber et se voilèrent la tête de leurs mains.

Ceux qui étaient mariés se demandaient ce que feraient leurs femmes aux prises avec l'abandon et la misère.

Les pères songeaient à leurs enfants.

Tous sentaient en ce moment que le mot de Danton était vrai et que l'on n'emportait pas la patrie à la semelle de ses souliers.

La France !...

Nous quittions la France !...

La France nous chassait !...

Et nous sentions un profond déchirement dans nos poitrines.

Peu à peu les falaises se perdirent dans le lointain et la terre disparut à nos yeux ; un vide immense se fit en nous.

Alors la porte de la cage s'ouvrit et un surveillant entra, jurant, ricanant, affectant une gaieté brutale et cynique.

— Fini ! criait-il ; on ne la reverra plus la jolie France. Vous allez laisser vos os là-bas, tas de canailles. Je me charge de vous coucher sous les champs de cannes à sucre avant le temps ; vous ferez du fumier, pourritures que vous êtes ?

Et à nous, plus particulièrement :

— Vous avez beau faire vos têtes de paons à aigrette, messieurs les politiques ! vous êtes encore plus charognes que les autres et vous serez particulièrement soignés. Comme votre sale République ne durera pas, vous n'aurez pas d'amnistie. Je ne demande que deux ans pour vous enterrer tous et purger le bagne de votre présence. Là-bas, au moins, il n'y aura pas de journaux, et l'on vous fera distribuer plus de coups de fouet qu'il n'en faudrait pour assommer un cheval, mauvais carcans politiques que vous êtes !

J'étais indigné.

— Nous sommes donc condamnés à mort ? demandai-je.

— À mort... si je veux.

Et me mettant le revolver sur le front, cette brute me dit :

— Tu viens de me faire une observation, n'est-ce pas ? Eh bien, c'est une révolte, ça. Je tire, tu tombes, tu gigotes un instant des quatre pattes et tu rends le dernier de tes chiens de soupirs ? Qu'est-ce qui arrive ? Le sais-tu ? Non ? Tu ne le sais pas. Je vais te le dire.

Il ricana et reprit :

— Je monte trouver mon chef ; il me connaît, mon chef ; il me soutient, mon chef ; nous nous soutenons tous ; je lui dis :

— Chef, les politiques se sont réunis en groupe et ont pris une attitude hostile ; un d'eux m'a fait des observations sous le nez ; j'ai tiré dessus.

Le chef me serre la main et me dit sans hésiter :

— Vous avez bien fait.

Il va trouver le commandant et lui dit :

— Commandant, il y a eu révolte ; un surveillant a tué un forçat.

— Très bien ! est-ce fini, la révolte ! Faut-il mitrailler tout ça ?

— Non, commandant, inutile. Tout est rentré dans l'ordre.

— Bon ! Mais vous savez, ne vous gênez pas ! Au premier mouvement, deux coups de mitraille, et cette vermine se trouve nettoyée.

On me porte pour la classe supérieure ; j'y suis nommé en arrivant.

La prostitution à Nouméa. Hautes cocottes.

Puis remettant enfin son revolver à la ceinture :
— Et toi, tu as servi de nourriture aux requins, pendant que je me goberge avec ma haute paie et que je gagne tout doucement ma petite pension.
Puis il reprit :
— Le navire est en marche ! Le commandant te demande. Viens !
Il m'emmena.
En chemin, il m'arrête, et me dit :
— Tu as de la chance que le commandant te porte intérêt ; sans ça, je te tuais comme un chien, pour faire un exemple dès le commencement. L'exemple, c'est salutaire ! Mais, du moment où le commandant tient à toi, je t'épargne. Seulement, écoute bien ceci. A bord, le voilà protégé, bon ! A terre, je te replace ; là, nous sommes maîtres ! Si tu fais le mouchard contre nous près du commandant, si tu te mêles de l'apitoyer sur les condamnés, si tu nous embêtes, huit jours après le débarquement tu crèves sous le fouet, je le jure sur mon revolver.
Puis brusquement :
— Pourquoi m'as-tu fait cette observation ?
— Vous nous insultiez au moment où nous quittions la patrie...
— La patrie ! s'écria-t-il riant à se tordre. Une patrie aux forçats ! Messieurs les communards, une patrie. Ah ! ah ! ah !
Et il se tint les côtes.
Dire que cet homme était sincère dans son hilarité.

III

Questionnaire du commandant. — Légitimistes et fédérés. — Drapeau blanc et drapeau rouge. — Les dilapidations dans la marine. — Ma femme.

Le surveillant finit par se calmer un peu ; mais il riait encore, malgré lui, en me présentant au commandant dans sa chambre.
— Qu'avez-vous, Naudin ? lui demanda le commandant étonné.
— Figurez-vous, mon commandant, que ces gaillards-là sont collés aux barreaux de la cage et pleurent comme des veaux parce qu'ils ne voient plus leur patrie. Une patrie aux forçats ! Ah ! ah ! ah !
— Laissez-nous, Naudin, ordonna le commandant.
On sait quelle est l'autorité absolue, formidable d'un capitaine à bord de son navire ; *il y est maître après Dieu*, selon la vieille expression de la marine française.

Je fus surpris cependant des ménagements que le commandant gardait vis à vis de la chiourme ; ainsi, dans la circonstance présente, il est certain que le commandant se trouvait choqué.

Naudin lui répugnait.

Il aurait bien voulu punir d'importance la grossièreté de cet homme.

Il ne le fit point.

Je sus pourquoi.

L'officier dont j'ai parlé déjà, et qui me mit au courant de bien des petits mystères, me donna l'explication de celui-là.

Les gardes-chiourme ont la surveillance des cages ; par leurs *moutons*, ou, pour employer le mot exact, par leurs *vaches*, ils ont des accointances avec les forçats.

Si les surveillants sont mécontents du capitaine, si celui-ci les rudoie, s'il les empêche de violer sans cesse les règlements, s'il protège les forçats contre les injustices, la chiourme *monte un coup*.

Elle prépare une évasion ou une révolte avec ses *vaches*.

Or, c'est une très mauvaise note pour un commandant qu'une évasion ou qu'une révolte ; il n'en faut pas plus pour lui couper tout avancement, car la chiourme fait son rapport et ne manque pas de faire ressortir que tout ce qui arrive, c'est par la faute du commandant, qui a montré de la faiblesse pour les forçats.

Comme ces faits ne sont pas rares, comme on cite des exemples, les commandants apportent une attention extrême à ne pas contrarier les surveillants.

Ainsi l'état-major d'un navire, ces officiers de marine si fiers et si hautains sont eux-mêmes *sous la coupe de la chiourme*.

Le commandant me traita bien.

— X***, me dit-il, je connais votre histoire, j'ai reçu de chaudes recommandations : je vais vous employer à l'infirmerie.

— Mon commandant, je vous remercie.

— Je vous sais homme d'honneur. Vous allez me donner votre parole de ne point vous évader.

— Je le jure, mon commandant.

— Maintenant, dites-moi, causons. Je n'étais pas en France quand les événements ont eu lieu, et je n'y comprends rien. Vous pouvez me parler sans crainte ; je vous donne l'assurance que je tiens à savoir le fond de votre pensée, pour peser ce que vous me direz et me faire une opinion. Dites-moi d'abord comment vous en êtes venu à être communard.

Je savais que le commandant était légitimiste, mais c'était un gentleman distingué ; je lui parlai à cœur ouvert.

— Avez-vous vu tomber la colonne Vendôme? me demanda-t-il.

— Oui, mon commandant.

— Pourquoi l'a-t-on abattue?

— Parce qu'elle représentait le principe des guerres injustes de conquête du premier empire, et que, la laissant debout, c'était dire aux peuples étrangers : Nous sommes allés chez vous par le droit de la force, vous avez le droit de venir chez nous par la force. Déjà, au Quatre-Septembre, on voulait abattre la colonne.

— Mais vous avez brûlé le drapeau tricolore? C'est le drapeau de la nation.

— Il a été déshonoré à Sedan.

— Est-ce que vous tenez au drapeau rouge, vous autres fédérés?

— C'est un drapeau de circonstance, un drapeau d'insurrection. Plus tard, on aurait donné à la France un drapeau de paix.

Le commandant sourit.

— Le drapeau blanc! dit-il.

Je me tus.

— Vous ne croyez pas à une restauration? me demanda-t-il.

— Mon commandant, dis-je, au train où ça va, la République me semble perdue ; mais je crois que ni les orléanistes, ni les bonapartistes n'arriveront.

— Ce serait Henri V alors?

— Oui... mais pas pour longtemps... Bonapartistes et orléanistes se ligueraient contre lui, intrigueraient pour le faire tomber ; le parti prêtre rendrait la royauté impopulaire, le roi tomberait au milieu du plus épouvantable déchaînement qui se serait jamais vu en France.

— Les campagnes sont monarchistes.

— A votre avis ; mais en tout cas pas légitimistes, excepté dans l'Ouest. Le paysan ne veut plus être mené par les prêtres ; il ne pliera plus devant l'aristocratie ; il ne souffrira pas la plus légère atteinte à ses droits. Henri V, revenant, devra s'appuyer sur le clergé ; le zèle de celui-ci sera intolérable ; il y aura une jacquerie.

Le commandant réfléchit longuement et il me dit enfin :

— Peut-être avez-vous raison. Avouez pourtant que, de tous les prétendants, Henri V est celui qui ferait le plus honneur au pays.

— Ceci, mon commandant, je le reconnais.

— S'il monte sur le trône, tous les préjugés tomberont. Il donnera une amnistie.

Et nous causâmes encore bien longtemps.

Je pus, en quelque sorte, mesurer tout l'abîme qui sépare la France actuelle de la monarchie légitime et qui la séparera à jamais.

Entre le peuple et les nobles, entre le pays et le roi, il y a des gouffres infranchissables ; le commandant parlait sincèrement ; moi aussi. Il restait stupéfait de ce que je lui disais.

— Mais, me fit-il observer, vous êtes un fédéré, un exalté. Vous êtes la minorité.

— Mon commandant, lui dis-je, vous n'avez qu'à faire causer des soldats de l'infanterie de marine, non pas de vos marins bretons, mais des troupiers ; questionnez-les comme vous l'avez fait pour moi, et vous verrez si je me trompe.

Il le fit, je l'ai su, et il fut parfaitement édifié.

Aujourd'hui, cet officier, sans cesser d'être légitimiste, ayant reconnu l'impossibilité d'établir son roi, s'est sincèrement rallié à la République.

Une des premières invitations que je reçus, en arrivant à Paris, me vint de lui.

Je fus donc installé à l'infirmerie.

Là, je vis ce que valait le commissariat de la marine.

C'est le triomphe du vol, de la concussion et de l'incurie.

Les remèdes, pour tant de monde, étaient insuffisants ou avariés.

A quoi bon un chirurgien, s'il est réduit à l'impuissance, faute de remèdes ?

Puis il y a d'autres abus, sur lesquels je reviendrai, au cours du récit.

J'étais à peine installé, que je fus tout étonné de voir entrer dans l'infirmerie un passager, vêtu en civil, et dont l'allure me parut singulière sans que je pusse dire pourquoi.

J'étais seul.

Il n'y avait pas encore de forçats malades et j'avais toute ma liberté.

Il ne faisait pas grand jour dans mon infirmerie ; aussi ne pouvais-je bien dévisager le visiteur qui venait à moi.

Je fus bien surpris en le voyant tendre les deux bras et me sauter au cou.

C'était Juliette !

C'était ma femme !

IV

Comment Juliette était à bord. — Les amours du bagne. — Correspondances. — Les trucs des forçats. — Bataille de dames.

On juge de ma joie !

Mon émotion était d'autant plus profonde que cette rencontre était inattendue.

Juliette m'avait promis de venir me retrouver à Nouméa.

J'étais sûr qu'elle tiendrait parole ; mais je ne supposais pas qu'elle parviendrait à s'embarquer sur le navire même où je me trouverais ; j'imaginais qu'elle se rendrait en Nouvelle-Calédonie par la voie de Suez et les moyens ordinaires.

Mais elle avait su se faire recommander à la femme d'un fonctionnaire qui se rendait là-bas ; on était convenu de lui donner des vêtements d'homme et de prétendre qu'elle était domestique de ce fonctionnaire ; je crois même qu'on l'avait munie d'un emploi à Nouméa pour justifier son passage à bord.

Je n'insisterai pas trop sur ce point ; il y eut peut-être une irrégularité commise ; moi, je ne m'en plains pas.

Toujours est-il que, pendant toute la durée de la traversée, Juliette fut si prudente et si adroite, que personne ne la soupçonna d'être une femme.

Grêlée du reste, les cheveux coupés ras, elle avait l'air d'un jeune homme un peu timide et très réservé.

Autant de qualités pour n'attirer l'attention de personne.

Je mis, de mon côté, toute la circonspection possible dans mes relations avec Juliette ; nous échappâmes ainsi à la surveillance gênante et inquisitoriale de la chiourme.

J'ai dit que nous avions des femmes à bord, dans une cage située en face de celle des forçats mis à part, et dans le prolongement de la grande cage de bâbord.

A travers les grilles et pendant les corvées, on pouvait se voir.

Mais un mot, un signe, un billet échangé eût été puni du fouet.

On ne saurait imaginer avec quelle rigueur les surveillants tenaient la main à ce qu'aucune communication n'eût lieu.

Quand il s'agissait des femmes, on aurait dit des tigres.

Pour moi, cela ne fait pas l'ombre d'un doute, ils étaient jaloux des forçats, jaloux au delà de toute idée.

Les femmes condamnées pour crimes de droit commun, voleuses ou empoisonneuses, avaient horreur des surveillants; elles n'estimaient (je me sers de l'expression de l'une d'elles), elles n'estimaient que les forçats de droit commun.

Les condamnées politiques, que la chiourme qualifiait de pétroleuses, avaient également une haine fort naturelle contre la chiourme, et elles n'estimaient que les politiques.

Je dois rendre justice aux femmes; les *politiques* surent se faire aimer des malheureuses créatures dégradées qui les entouraient; elles leur prêchèrent la dignité et l'honnêteté.

La vie de Louise Michel, notamment, est un long apostolat en Nouvelle-Calédonie.

Mais si la politique ne divisait pas la cage des femmes, l'amour y fut un brandon de discorde entre les condamnées de droit commun.

J'ai assisté à une bataille.

Une lettre d'un forçat, qui avait tout simplement assassiné deux hommes, fut la cause d'une lutte générale.

Comment les lettres arrivaient-elles?

Rien d'ingénieux comme les forçats.

Les uns faisaient des boulettes de pain et, roulant habilement des lettres écrites sur du papier à cigarettes, ils les enfermaient dans la boulette qu'ils lançaient vers la cage des femmes, toujours en éveil pour recevoir ces messages.

Comment les forçats se procuraient ce papier à cigarettes, voilà ce que je ne m'explique que par la connivence des sentinelles ou des matelots de corvée.

Mais ce que je m'expliquais moins, c'est que les forçats eussent de l'argent à bord; on n'en distribuait point; ils avaient été passés, eux et leurs vêtements, à une visite minutieuse.

Or, il fallait payer, et payer cher, ces cahiers de papier à cigarettes.

Puis l'on faisait de nombreuses visites et l'on ne trouvait encore rien, ni argent, ni papier, ni rien de compromettant.

Belle-Plume m'apprit comment les forçats parviennent à dissimuler les objets de petites dimensions.

Il n'y a pas de trous, dans le corps humain, que le forçat n'utilise.

Le creux de l'oreille, la bouche, les narines et bien d'autres endroits deviennent autant de cachettes ordinaires.

Mais, dès que le forçat sait qu'une visite à fond aura lieu, il ne craint pas d'avaler ce qu'il veut sauver.

Le lendemain, il le retrouve...

Beaucoup même ont des estomacs complaisants qui leur rendent les objets aussitôt la visite finie, par un très léger effort.

Mais, dira-t-on, le papier à cigarettes se prête peu à de pareils voyages.

Le forçat a ce qu'il appelle ingénieusement son passe-partout.

C'est tantôt une espèce d'étui à aiguille, dans lequel il met papier, mine de plomb, petite lime queue de rat, ressort de montre taillé en scie, tout ce qu'il faut pour se débarrasser des fers.

D'autres fois, c'est une pièce de quarante sous, creuse, qui se dédouble quand on la dévisse.

Souvent, c'est un barillet de montre.

Grâce à son passe-partout, le forçat se moque du surveillant.

On ne peut lui ouvrir le ventre pour y chercher ce qu'il y cache.

On comprend maintenant que les forçats pouvaient correspondre avec les femmes.

Donc, ces dames recevaient, par la voie des airs, des missives enveloppées dans des boulettes de pain, qui contenaient en outre du papier blanc et des petits morceaux de mine de plomb, pour qu'elles répondissent.

C'est ainsi qu'il s'établit un tendre échange de lettres entre un empoisonneur fameux et une très jolie brunette, qui avait tué sa belle-mère pour se débarrasser de sa surveillance.

Cinq ans plus tard, ce couple charmant se mariait, et il vit fort tranquillement, très à l'aise, sur une plantation.

Je vois encore cette brunette commencer la bataille dont j'ai parlé.

Une certaine blonde s'était, paraît-il, emparée d'une boulette destinée à la petite brune; cette blonde et quelques autres femmes étaient furieuses de ne recevoir aucune déclaration ; elles volaient les correspondances des autres, d'abord pour les empêcher de les recevoir, puis pour s'emparer du papier blanc et pour écrire elles-mêmes des déclarations enflammées.

Il y avait deux camps.

Le camp des belles, favorisées des hommages de messieurs les forçats; à leur tête, la petite brunette.

Le camp des laides qui entravaient la correspondance; général en chef : la grande blonde.

Un jour donc, je vis une boulette partir des mains de Mantel, l'empoisonneur; je vis la blonde et la brune se lever et se précipiter sur cette boulette à son arrivée.

Le pilote abandonne le navire.

La brunette était une paysanne du Midi; une Basque, contrebandière, petite, agile comme une panthère.

La blonde était une faubourienne de Paris, qui ne valait pas cher, qui était une harpie et qui, quoique femme, savait les mauvais coups de la savate.

Cette lutte fut vraiment terrible.

En un clin d'œil, la mêlée devint épouvantable, car les deux camps se ruèrent l'un contre l'autre; il y eut des jonchées de chignons, des coups de griffes qui emportaient la chair par lambeaux sanguinolents, et des coups de dents atroces.

Les forçats riaient, criaient des encouragements, lançaient des bravos.

On ne regardait pas les femmes comme dangereuses, les surveillants ne se préoccupèrent point de séparer les deux camps, mais seulement de connaître la cause du combat.

Ils surprirent facilement le secret de ces dames.

Alors ils ordonnèrent aux sentinelles de coucher les forçats en joue, de tuer celui qui ferait un geste, et ils entrèrent dans les cages pour la visite qui, naturellement, ne produisit rien.

Quant aux femmes, une d'elles, voyant les surveillants entrer chez les forçats, se mit à crier :

— On va les tuer! on va les tuer!

La crainte de voir tirer sur leurs amants les fit se tenir tranquilles.

Toutefois, les surveillants s'étant bien douté que les correspondances prenaient la voie des airs, il fut recommandé aux sentinelles d'y veiller ; on dut donc recourir à un autre moyen.

On employa un truc ingénieux.

Les matelots qui nous apportaient la boisson, café, vin et eau-de-vie, la portaient dans des bidons.

De la cage des hommes ils allaient à celle des femmes; les forçats amoureux collaient adroitement, au passage, des boulettes contenant des lettres, sous ces bidons.

Les femmes, non moins habilement, faisaient tomber ces boulettes et les ramassaient.

Ce truc fut encore éventé.

Les forçats en imaginèrent un autre.

Ils effilèrent leurs chemises, noircirent des fils, et, dans la nuit, ils attachaient l'extrémité d'un de ces fils en haut de la grille en face de la cage des femmes; puis, à l'autre extrémité du fil, ils suspendaient une boulette qui traînait presque sur le plancher; ils imprimaient ensuite un mouvement de va-et-vient à la boulette qui rasait presque le sol, pendant que les factionnaires regardaient en l'air.

Je n'en finirais pas si je racontais tous les moyens employés ; mais celui que j'ai trouvé le plus ingénieux consistait à piquer sur la tunique des surveillants un léger morceau de drap, qui se confondait avec celui de leur uniforme et sous lequel était un papier à cigarette plié en quatre et sur lequel on avait écrit.

Le surveillant lui-même, suivant les distributions de vivres, était le facteur de ces messieurs.

V

La traversée. — Ténériffe. — Le Cap. — Sainte-Hélène. — De l'influence de la gratte *sur les traversées. — La nourriture. — L'avilissement de la marine.*

Je ne veux pas raconter la traversée au jour le jour, ce serait fastidieux; mais il me paraît intéressant d'en donner une idée générale.

Je vais donc esquisser notre voyage à grands traits.

Nous passions, je l'ai dit, par le cap de Bonne-Espérance, une colonie anglaise.

Les relâches de ce voyage sont Ténériffe, le Cap, Sainte-Hélène et Nouméa.

Rien de plus mal entendu.

Je m'explique.

Étant donné un navire à voiles ou même un navire mixte, c'est-à-dire ayant une faible machine à vapeur et se servant le plus ordinairement de ses voiles, ce qui est le cas de la plupart des transports, il serait absurde d'imaginer que le plus court chemin d'un point à un autre est la ligne droite.

On conçoit qu'un navire qui, prenant une courbe aurait bon vent assuré, serait arrivé avant celui qui irait tout droit avec vent contraire.

Cela saute aux yeux.

Or, il existe des vents réguliers qui soufflent avec constance, et qu'il faut aller chercher en dehors des lignes directes; ce sont les *moussons*.

Une autre considération est celle du ravitaillement.

Or, à Ténériffe, les ressources ne sont pas tirées de l'île même, et elles coûtent fort cher, excepté certains fruits et certains vins.

Au Cap, on peut ravitailler, mais toujours à grands frais et non complètement.

Enfin, Sainte-Hélène ne produit rien, absolument rien; c'est un rocher.

Pour aller prendre le bon vent, les navires sont obligés de descendre bas vers le pôle Sud; en étudiant le parcours, il est très facile de reconnaître que la meilleure route consisterait à se diriger droit sur le cap le plus avancé de la côte américaine, d'y faire station, d'y pourvoir abondamment et à peu de frais le navire de viande fraîche (celle-ci est, en Amérique, à un bon marché inouï), de rafraîchissements sains, propres à combattre le scorbut, et, enfin, de tout ce qui est nécessaire et utile. Il y aurait économie énorme et grande abondance.

Mais la routine s'y oppose.

Est-ce bien la routine ?

Je crois qu'il y a d'autres raisons.

Le commissariat a des accointances partout sur les routes battues ; il y a des pots-de-vin tout convenus, des remises qui se font toutes seules, sans qu'on les demande.

On conçoit que de pareilles considérations aient leur influence.

Voilà pourquoi les navires de guerre suivent telle route, et non telle autre.

Souvent, on se demande aussi pourquoi les navires emportant des milliers de passagers sont si mal pourvus, que vingt, trente jours de traversée, comme cela est arrivé pour *le Navarin*, peuvent réduire l'équipage à la ration.

Je ne veux pas insinuer pour *le Navarin*, plus que pour celui-ci ou pour celui-là, que des dilapidations aient été commises ; mais je crois qu'on ne remplit pas suffisamment les magasins des navires de vivres frais (farines pour le pain, bêtes sur pied pour viandes fraiches, etc.), parce que l'on tient d'abord à faire en route des achats suivis de remises et pots-de-vin ; puis on fait écouler les vivres avariés.

Quand on a des forçats à bord, c'est une occasion superbe.

Des forçats !

Ça ne réclame jamais !

Il est vrai que le matelot ne réclame guère plus ; mais enfin, si le gabier était trop mal nourri, il tomberait malade ; on ne pourrait plus assurer le service.

Mais le forçat !

Voilà un chien, moins qu'un chien, une bête à souffrance avec laquelle on ne se gêne point.

Je puis assurer ceci.

Le matin, on sert le café.

Ce café est une espèce d'eau jaunâtre, qui pue la graisse et que l'on n'avale qu'à cause de l'eau-de-vie qu'on y verse ; mais cette eau-de-vie est trempée d'eau.

Quel contrôle sérieux sur les commissaires et les distributeurs ?

Aucun.

Je défie de prouver que les forçats soient efficacement protégés.

En guise de viande, des os.

En guise de conserve, des vieilles bandes de lard rance ou du bœuf salé, mais faisandé ; des sardines coupées, délayées dans leur huile nauséabonde.

La morue est infecte, le fromage est moisi, la boîte à conserve pue.

Mais le plus révoltant, c'est que biscuit de mer, haricots, gourganes sont rongés aux vers; on trouve au fond des plats, sous forme de précipité, la poussière excrémenteuse de ces vers, et, dessus, leurs corps balonnés par la cuisson.

Vous cassez du biscuit, et vous écrasez sous la dent le ver mou et flasque.

Quant au vin, toujours baptisé, toujours aigri, et jamais son compte.

Croit-on que le matelot soit beaucoup mieux traité?

Non. Il y a un peu moins de cynisme dans la façon dont on le pille; voilà tout.

Vous verrez que, sur soixante mille marins qui ont navigué en France, il n'y en aura pas un pour déclarer que je mens; vous verrez que, sur les deux cent mille soldats vivants qui ont fait des traversées, pas un ne niera que l'on n'ait profité de ces traversées pour leur faire manger tout ce qui était pourri à bord.

Et les commissaires conserveront de Conrart le silence prudent.

Ces messieurs n'oseraient entamer une polémique.

Mais ce n'est pas tout.

Le malheur est que les aménagements à bord se ressentent des habitudes de malpropreté des pauvres et ignorantes populations du littoral; cette installation date de Louis XIV et de plus haut; elle n'a pas changé.

On vous sert dans des *baquets*.

Ce sont des baquets (pourquoi chercher un autre nom?) qui conservent une éternelle odeur de graillon, quoi que l'on fasse.

On les lave à l'eau de mer, qui ne lave rien du tout.

C'est écœurant.

Pendant deux ou trois jours, quand ils ont contenu de la morue à l'ail, tout ce que l'on mange sent la morue à l'ail.

Et j'entends des journalistes se plaindre, et des députés gémir, parce que la marine est en décadence.

La marine s'en va!

La marine est morte!

Eh! parbleu! quel homme capable de gagner autrement sa vie voudrait de ce métier abrutissant, où l'on est mal nourri, mal traité et mal payé.

On sait que tout matelot marchand est soumis à l'inscription maritime; il est obligé de passer un certain nombre d'années au service de l'État, et il est ensuite soumis toute sa vie à des rappels successifs.

On comprend déjà tout ce que ces rappels apportent d'ennuis, de troubles et d'incertitude; mais ce qui surtout répugne aux marins, c'est la façon dont on les traite.

Il faut avoir vu cela pour le croire; moi, je l'ai vu.

Je ne sais pourquoi l'on a fait aux officiers de marine la réputation d'hommes du monde polis et bien élevés.

Sauf exceptions, ils parlent à leurs matelots comme des charretiers à leurs chevaux; les sous-officiers et les quartiers-maîtres renchérissent encore sur la grossièreté du langage.

Il n'est pas très agréable, pour un homme de cœur et d'honneur, de s'entendre traiter de *failli-chien*, de *morue dessalée*, de *marsouin pourri*.

C'est la petite monnaie des interpellations à bord.

Mais il y a pire : les coups.

On bat!

On sait ce que sont les *quarts* à bord; les marins sont divisés en bordées; bordée de tribord, bordée de babord; puis ils sont subdivisés en séries, divisions, etc., etc.

Chacun est de quart, c'est-à-dire de service, tous les quatre heures.

Or, la nuit, à chaque quart, on entend dans les batteries comme une tempête de sifflets; puis des voix rauques crient des hurlements; quand on est un peu habitué à ce vacarme, on entend :

— Allons, la deuxième série des babordées, debout! Debououttt!... deboutt!... au quart.

Quand ce sont des maîtres provençaux qui lancent cet appel, on voudrait avoir des kilos de ouate dans les oreilles.

Puis les jurons, les insultes suivent, et les coups tombent dru sur les hommes; tant pis pour les retardataires!

Les maîtres et quartiers-maîtres les chassent à coups de pied et à coups de poing vers leur poste; un meneur de porcs n'est pas plus brutal.

On dit que la garcette est abolie.

Faux, archi-faux!

Qu'était la garcette?

Une corde appelée ainsi.

Or, les chefs ramassent un bout de corde et tapent dur.

Ça ne s'appelle plus la garcette; mais c'est la garcette.

Et l'on s'ébahit, parce que le nombre des matelots va diminuant sans cesse.

Quoi donc d'étonnant?

Traitez les marins en hommes, respectez-les, nourrissez-les, et vous aurez une marine.

VI

Une traversée désagréable. — Les calmes. — Les Tropiques. — La soif! — Une scène atroce.

Je ne saurais dire que nous eûmes précisément une mauvaise traversée; point de naufrage, point d'accident grave, point de forte épidémie.

Cependant, ce fut une traversée des plus désagréables, des plus tristes, des plus malsaines; les transportés y souffrirent cruellement.

Nous eûmes d'abord le mortel ennui des calmes des Tropiques.

On sait que les Tropiques (Cancer et Capricorne), sont deux bandes imaginaires courant l'une au nord, l'autre au sud de l'Equateur et marquant la zone la plus chaude du globe.

Là, les navires rencontrent souvent des calmes qui durent des mois et des mois; c'est plus fatigant que la tempête, et cela peut devenir plus terrible.

Qu'on se figure une mer unie comme une glace, miroir étincelant qui reflète l'implacable sérénité d'un ciel sans nuages.

Pas un souffle de brise.

Les voiles, toujours offertes au vent pour profiter du moindre souffle, tombent le long des mâts, disgracieuses comme l'aile cassée de l'alcyon qui traîne sur le pont après s'être cogné à une vergue.

Le navire reste immobile, perdu dans l'immensité silencieuse de l'Océan.

Rien de triste, rien qui porte plus de mélancolie dans l'âme que cette inaction prolongée dont rien n'interrompt la monotonie.

La chaleur est épouvantable.

Sur le pont, 50 degrés.

On cuit littéralement, et le soleil fond le goudron des étoupes dont les calfats ont bourré les interstices des planches du pont.

Un jour j'ai marché nu-pieds sur le pont, et mon talon a porté sur un boulon de fer; j'ai ressenti une brûlure et j'ai eu une ampoule.

Alors il faudrait doubler, tripler la ration d'eau.

On craint d'en manquer, on la rogne, on la réduit à presque rien.

On devrait donner de la viande fraîche; on craint d'être à court; on est déjà menacé de famine; on distribue des salaisons.

Se fait-on idée de ce que peut être, en pareil cas, la batterie basse?

Une étuve!

Et dans la batterie basse, se figure-t-on la cage des forçats?

Un enfer.

On voit ces malheureux respirant une atmosphère fétide, chargée de miasmes humains, de fièvre, de pourriture de navire, une atmosphère de quarante degrés à l'ombre ; ils sont haletants, la langue pendante, pareils à des chiens qui ont couru sans boire.

Ils ont mis veste bas et les flancs battent, la poitrine asséchée se soulève précipitamment, on respire double, triple ; le cœur bat cent, cent dix pulsations à la minute.

On se succède, pour sucer le froid, aux grilles de fer de la cage.

— De l'eau ! de l'eau !

Et l'on n'en donne que chaque matin avec une parcimonie révoltante.

Les matelots descendent ; ils se gardent bien de mettre l'eau à portée des mains ; ils la laissent dehors, et font la distribution avec une manche, ou si l'on veut un tuyau qui a la forme d'une manche d'habit.

Il s'en perd, il s'en gaspille ; on paierait chaque goutte d'eau d'une goutte de sang ; peu importe !

On se sert et l'on continuera à se servir bien longtemps de la manche.

Autour du distributeur, les forçats se battent.

Les marins et les surveillants ont des cordes, des bâtons ; ils défendent la manche, essaient de procéder avec ordre.

Mais il se fait des poussées ; les forts bousculent les faibles.

Les coups pleuvent, assomment, ensanglantent, étourdissent.

Rien n'y fait.

J'ai assisté à une scène terrible, dont l'acteur fut un forçat politique.

Ce malheureux n'avait pas bu depuis longtemps.

Dans la bousculade du matin précédent, sa gamelle, où l'on versait la ration, avait été renversée ; il n'avait pu obtenir des surveillants qu'on la lui remplît de nouveau ; il était sans amis.

C'était une espèce de fou, de maniaque, qui fatiguait tout le monde de ses prétentions, et blessait chacun par son orgueil ; il s'emportait facilement, et il insultait vite.

Je ne lui reproche rien...

Il avait souffert au delà de toute idée ; sa femme, maîtresse d'un sergent de ville, l'avait dénoncé.

L'amant de sa femme l'avait arrêté lui-même.

Il ne pria pas ses voisins de lui donner de l'eau, il l'exigea avec forces menaces et il irrita les rares politiques qui avaient le courage de ne pas boire tout d'un coup et de ménager leur provision.

Colon de Nouméa sauvant sa femme de l'incendie. (Révolte des Canaques.)

Il voulut prendre de force de l'eau dans les gamelles et chacun la but, car il se serait fait tuer pour s'en emparer.

Il passa une journée terrible et une nuit atroce.

Il eut le délire vers 2 heures du matin.

Tout à coup, on entendit crier : Aux armes ! Vive la Commune ! A moi, camarades ! A l'eau l'équipage ! A mort !...

Les canonniers sautèrent sur les ficelles des pièces pour faire feu, les sentinelles mirent en joue.

Par bonheur, un forçat politique cria tout aussitôt :

— Ne vous levez pas !

On obéit.

Et la même voix dit d'un ton suppliant :

— Ne faites pas fou ! c'est un fou ! Nous ne bougeons pas.

De fait, sous la lumière des lampes, on ne voyait qu'un homme debout et gesticulant.

Les surveillants le reconnurent.

Comme toujours, son accès se termina par des sanglots.

Mais point de pleurs.

La source en était tarie.

On aurait bien voulu avoir de l'eau à lui donner en ce moment ; mais personne n'en avait une goutte.

Le malheureux se coucha à plat ventre près de la porte de la cage.

De temps à autre, on l'entendait pousser des rauquements étouffés ; il essayait de mordre le plancher ; le lendemain, il avait les lèvres déchirées et les gencives usées.

Le jour vint et l'heure de la distribution d'eau arriva.

On dit que les bœufs et les chevaux sentent l'eau de loin au désert ; je puis affirmer que ceux qui ont soif, bien soif, ont l'odorat d'une finesse inouïe.

Quand les émanations humides avertirent la cage que la distribution allait commencer, chacun se précipita vers la porte.

Première bataille pour occuper les bonnes places.

Personne ne put le chasser de la sienne.

Il s'arc-bouta, lança des ruades et parut si terriblement résolu que l'on renonça à l'éloigner.

Il resta là, premier en tête, les yeux hors de l'orbite, la langue étirée, le râle dans la gorge, les joues creuses, les mains noueuses et les doigts crispés sur sa gamelle.

Les marins et les surveillants firent reculer tout le monde, excepté lui ; on eut beau taper, il ne sentait rien, et il murmurait sourdement :

— De l'eau ! de l'eau !

Ce cri étouffé, tiré des profondeurs de la poitrine, étranglé par la soif, produisait un effet étrange, qui fit impression même sur les surveillants.

L'un d'eux dit :

— Tends ta gamelle.

Et au distributeur :

— Allez-y !...

La manche fut ouverte.

Il jeta sa gamelle, fit un bond, étreignit la manche de ses deux mains qui se raidirent comme les branches d'acier d'un étau ; ses lèvres se collèrent à l'eau, et il but avec fureur, avec frénésie.

Coups de pied, coups de poing, assommade féroce, rien ne put lui faire lâcher prise.

C'était pitié de le voir se tordre sous la souffrance, mais rester cramponné à la manche.

Il fallut qu'un surveillant l'empoignât à la gorge et lui coupât la respiration.

Il tomba enfin, gonflé outre mesure.

Un surveillant furieux piétina sur lui, pour *lui faire rendre l'eau qu'il avait volée*.

Il la rendit, et du sang avec...

VII

Le docteur. — Drôles de malades. — Le bon réglisse. — La bonne jujube. — Un boucher. — Le cyclone.

J'ai raconté les drames de la soif; j'ai dit ce que nous avons souffert de la chaleur et des calmes plats.

Avant de raconter ce que nous eûmes à souffrir du froid, je tiens à faire part à mes lecteurs d'une remarque.

J'ai pu me convaincre que le marin est l'animal vivant le plus sensible à l'action du vent.

Les passagers subissent, eux aussi, cette influence.

Si le vent vient d'arrière, tout est bien; on fait douze nœuds à l'heure; tout le monde est joyeux; les figures s'épanouissent et les surveillants s'humanisent; ils ont la main assez douce et n'assomment les forçats qu'à demi.

Si le vent est grand largue, c'est-à-dire prend le navire par tribord ou bâbord, on file encore grand train, mais on n'est pas précisément dans son assiette ordinaire; il y a tendance à dispute et l'on s'emporte facilement.

Si le vent est debout, c'est-à-dire vient en proue sur le navire, tout le navire, tout le monde est d'une humeur massacrante; on se bouscule, on s'injurie, on se bat.

Les malheureux forçats se blottissent dans leur cage.

C'est alors que les idées les plus saugrenues passent par la tête des surveillants; ils imaginent des choses étonnantes.

Lorsqu'il y a tempête, la chiourme devient furieuse.

On a décrit une tempête dans un verre d'eau; qui donc décrira une tempête dans une cage de forçats?

C'est horrible.

Nous fûmes assaillis par un cyclone, au delà du Cap ; jamais je ne me serais figuré que l'on pouvait danser de cette façon sur l'Océan ; on prétend que les plus hautes vagues n'ont que sept mètres ; c'est possible dans les tempêtes ordinaires ou extraordinaires ; mais dans un cyclone du cap de Bonne-Espérance ou du cap Horn, j'ai vu des lames hautes comme des montagnes.

Je ne les ai point mesurées, mais un officier de marine me disait qu'il avait vu des lames qu'il estimait avoir plus de trente mètres de haut.

Les marins disent alors que la mer est démontée.

Voilà comment le cyclone s'abattit sur nous.

J'étais sur le pont.

Comme infirmier, j'avais des licences ; on me tolérait des promenades.

J'avais toujours un bon prétexte à invoquer.

C'est surtout étant infirmier que j'ai étudié la bêtise humaine ; on n'a pas idée de l'imbécillité de l'homme et de la femme, de la femme surtout, en matière de médecine.

Nous avions à bord un chirurgien excellent sous tous les rapports, savant théoricien, praticien habile, très doux, très bien élevé.

Il jouit d'une réputation très méritée, et il a publié des travaux remarquables, mais il n'inspirait de confiance qu'aux officiers.

Les matelots n'avaient recours à lui qu'au désespoir de cause.

Ils s'adressaient à l'infirmier de l'équipage, de même que la chiourme s'adressait à moi.

— Mais, demandai-je à un surveillant qui avait une bronchite, pourquoi diable ne pas demander au docteur des remèdes sérieux ?

— Vous y croyez, vous, à ce *dur à cuire* là ; eh bien ! vous êtes un imbécile.

J'étais ahuri.

— C'est un *massacre*, un *butor*, un *boucher* ; il m'a fait déshabiller, il m'a collé son oreille dans le dos ; il a fait un tas de simagrées, de bêtises, une manière de se rendre important. Comme si l'on avait besoin d'écouter dans l'intérieur d'un homme qui tousse pour s'apercevoir qu'il est enrhumé. Et puis il a pris un petit instrument de rien du tout, qui une vingtaine de pointes d'aiguille et qu'il vous enfonce dans la peau ; ça vous chatouille. On se dit : « Bon, ce n'est pas grand chose. » Oui ; mais il vous vient cinq ou six cents petits boutons sur le corps. Et... je ne te dis que ça, mon garçon... C'est une souffrance.

— Mais, dis-je...

— Si jamais tu me promenais cet instrument sur le corps, je te ferais mourir sous le fouet à Nouméa.

Puis, en conclusion :

— Donne-moi *du réglisse*. Il n'y a que ça. Et si tu peux avoir un peu de pâte de guimauve et *de la jujube*...

— Cependant, vous devez bien penser que M. le docteur s'y connaît ?

— Ta, ta, ta ! On ne me fera jamais accroire que l'on doit abîmer un homme pour le guérir ; c'est trop bête.

Et cet imbécile consommait des boîtes de réglisse.

Mais il devint si malade, qu'il fallut bien le livrer au docteur. Celui-ci le sauva. Comme reconnaissance, le surveillant ne prononce jamais son nom sans y ajouter l'épithète de *boucher*.

Et il disait en me montrant :

— Demandez-lui ce qui m'a guéri, c'est *le réglisse*.

Brute, va !

Sa femme était aussi sotte.

Elle me confiait tranquillement un tas de petites révélations intimes.

— Mais dites donc tout ça au docteur, lui disais-je.

— Moi ! s'écriait-elle ; jamais ! Pour qui me prenez-vous ? Les docteurs vous font des questions à vous faire rougir de honte... Et puis, ils ne se connaissent pas à soigner les femmes.

Et moi, donc !...

Cette idiote faisait la paire avec son mari.

Mais tout ce monde avait confiance en moi et me flattait.

On me passait bien des choses.

Bref, j'étais sur le pont ; il faisait un temps lourd, humide, sombre ; on sentait le ciel sur ses épaules et on n'avait pas besoin de regarder le thermomètre pour savoir qu'il était au plus bas.

Le ciel était couvert, quelques oiseaux de mer volaient très bas, rasant le flot.

Il n'y avait pas de vent ; mais la houle était énorme.

Quand on voit cette houle, on prévoit la tempête.

C'est un signe certain qu'il y a très gros temps à distance.

Je voyais les marins aller et venir activement ; on carguait beaucoup de toile ; on assurait les cordages.

Le commandant monta sur le pont et prit la direction du navire.

Signe grave.

Je demandai à un marin :

— Qu'est-ce qu'il y a donc?

— Troun de l'air! me dit-il, tu as donc de la mélasse aux yeux que tu ne vois pas la tempête! Elle vient sur nous comme une vache en furie.

A ce moment, un surveillant me dit :

— A ton poste, n.. de D... ! Il n'est que temps! amarre les malades.

Je ne comprenais pas bien; mais je courus à l'infirmerie.

Un vieux forçat, très malade, qui avait fait la traversée de Cayenne et qui se connaissait en tempêtes, me dit :

— Vite! Mon garçon! vite! vite! attache-moi, attache tout le monde, tu vas voir une danse comme tu n'en as jamais vu.

Je me hâtai.

Le vieux forçat me donnait des conseils excellents.

Il me fit matelasser les parois, amarrer les meubles.

Dans la batterie, les sabords se fermaient avec un bruit sinistre; la lumière des lampes éclairait les ombres d'une clarté douteuse.

Tout à coup, il me sembla qu'un poids énorme, tombant du ciel, s'abattait sur le navire et l'écrasait; c'était le cyclone.

Pendant quelques secondes, il me parut que nous étions comme aplatis sous cet effort gigantesque; puis, sous une vague furieuse, le navire se releva, se dressa de l'avant comme un cheval qui se cabre, retomba, donna d'une bande, de l'autre, au milieu d'un tapage assourdissant.

Une multitude d'objets, mal assujettis allaient roulant, culbutant, s'écrasant, s'émiettant, d'un bord à l'autre, de l'avant à l'arrière; des cris terribles retentissaient.

Les forçats surpris étaient projetés contre les barres de fer des cages et s'y brisaient.

Mes malades gémissaient.

Tout à coup je fus renversé, je sentis ma tête donner contre un obstacle et je m'évanouis.

Sans le vieux forçat, j'étais mort.

Il parvint à me saisir de sa main défaillante et à me coucher sur le lit de camp, me liant aux cordes avec lesquelles je l'avais assujetti.

Le cyclone dura dans toute sa force pendant cinq heures; puis il y eut une accalmie; je crus tout fini.

— Jeune homme, me dit le vieux forçat, nous en avons pour un quart d'heure de tranquillité; bandez votre tête, tâchez de nous faire boire un coup, puis ficelez-vous. Ça va recommencer.

J'appris que nous étions au centre du cyclone, au milieu duquel règne une zone de calme, tous les vents y étant neutralisés.

Comme l'avait prédit le vieux *fagot*, le vent nous secoua pendant de longues heures.

Impossible de se tenir debout, de manger, de faire une distribution.

Enfin, la mer s'apaisa.

Mais nous avions des avaries graves et nous avions été en péril de mort.

VIII

Une lettre. — Rectification. — Les punitions. — Pas de vin. — Les hunes. — Les fers. Le Trou-aux-Rats.

Écrivant une œuvre vécue, une œuvre sincère, nous n'hésiterons jamais à insérer une rectification ou une protestation.

Un de nos lecteurs nous adresse une réclamation à propos du commissariat de la marine.

Nous insérons les passages importants de sa lettre :

« Je lis, nous dit-il, votre ouvrage intitulé *Sept ans de bagne*; je crois devoir protester sur un seul point : vous affirmez que le commissariat reçoit des *pots-de-vin* et des *remises*.

« Ancien élève de l'École polytechnique, licencié ès sciences, ex-officier du commissariat de la marine, ayant quitté ce corps pour suivre une autre carrière, je n'ai pas de raison pour le soutenir; cependant je déclare que, à ma connaissance, c'est un des corps les plus intègres, les plus honorables et les moins soupçonnés de toute l'administration française. La raison en est celle-ci : Ce corps est excessivement contrôlé, dépend du commandement et exécute les ordres au lieu d'en donner.

« On confond toujours avec l'officier d'administration d'un bâtiment de guerre des agents inférieurs, tels que le magasinier, et surtout le commis aux vivres, qui sont à la fois sous les ordres de l'officier d'administration et du second du bâtiment, lequel est un officier de marine.

« Il peut arriver, et il arrive, dit-on, que des commis aux vivres ne sont pas scrupuleux ; cela est bien plus rare aujourd'hui qu'autrefois. Mais enfin, je l'admets. La faute en est bien plus au second, qui ne fait pas peser les vivres qui entrent à bord, qu'au commissaire, qui n'a pas l'équipage à ses ordres.

« Croyez, monsieur, un républicain sincère; n'attaquez pas le commissariat.

Attaquez les commis aux vivres, demandez pour eux une meilleure solde, et une plus grande surveillance de la part des officiers de marine.

« Attaquez, si vous voulez, le *cléricalisme* et le *népotisme*, dans la marine comme partout ailleurs, et peut-être plus que partout ailleurs. Mais n'attaquez pas ce pauvre commissariat, il est plus à louer qu'à blâmer. »

J'étais à bord, mais comme forçat; je constatais que nos vivres étaient mauvais et en plus petite quantité que le règlement ne l'exigeait, et qu'il y avait pourriture, vers, déjections d'insectes dans les *baquets* ou *plats* que l'on nous servait, à nous forçats.

Plus tard, au retour, on nous a nourris tout aussi mal.

Vin aigre, conserve en mauvais état, insuffisance d'eau; je parle du retour alors que nous étions amnistiés.

Les matelots n'étaient pas mieux traités.

Il y a unanimité là dessus.

Qu'on lise Narcisse Boret, Simon Mayer, toutes les lettres des déportés, tous les témoignages; je défie quelqu'un d'honorable de s'inscrire en faux.

Je puis affirmer que les médicaments manquaient ou qu'ils étaient éventés.

J'ai attribué le mal au commissariat, et il paraît que je me suis trompé sur ce seul point; je le crois volontiers, car celui qui l'affirme est un honnête homme, un patriote et un républicain convaincu.

Mais si le mal ne vient pas du commissariat, il vient d'ailleurs.

Que ce soit le capitaine de frégate, commandant en second, chargé des détails; que ce soit le commis aux vivres, que ce soit ceux-ci ou ceux-là qui portent la responsabilité de ces faits, je dis qu'il y a vice, abus, scandale.

Je dis qu'il faut que cela cesse.

Le capitaine de frégate ne vole pas; je crois qu'il ferme les yeux sur la fraude, voilà tout.

Mais le commis aux vivres vole, le magasinier vole, le fourrier vole, le cambusier vole, et le fournisseur de la marine vole, et, pour celui-là, il vole à pleines mains.

Et le matelot est victime!

Et il tombe malade!

Et les épidémies déciment les équipages!

Que moi, pauvre diable de forçat, occupant un emploi obscur, n'osant pas trop questionner et faire d'enquête, je me sois trompé en attribuant au *commissaire* les dilapidations commises, voilà qui n'a rien d'étonnant.

Je prie le lecteur, mon correspondant du commissariat de ne pas trop m'en vouloir et de tenir compte de la loyauté avec laquelle je rectifie l'erreur.

LE POTEAU DE SATORY

La grande falaise. Ile Nou.

Ceci dit, je reprends mon récit, très heureux et très fier que mon correspondant n'ait trouvé qu'un point à reprendre.

Je suis bien sûr qu'il ne me démentira pas pour ce qui va suivre.

Il s'agit du supplice des *hunes* et de la *cale*.

A bord, les punitions sont stupides.

Passons-les en revue.

Celle qui s'inflige à propos de rien est la privation de vin.

La plus petite négligence, la plus légère infraction, un regard, un faux pas, un mot d'observation, même poli, — privation de vin.

Or, le vin est indispensable au matelot, à raison de ses travaux.

Quoi de plus bête que ce retranchement qui attaque la santé de l'homme et qui lui enlève son ressort?

L'homme puni mange à part; on craint que ses camarades de plat ne lui donnent un peu de leur vin.

Après le retranchement, il y a la faction dans les hunes.

Un homme épuisé a-t-il eu le malheur de faiblir dans une manœuvre, on le guérit en lui imposant le supplice des hunes; il est obligé de grelotter s'il fait froid et de griller s'il fait chaud, perché des heures et des heures en haut du mât.

Deux malheureux, exténués, malades, atteints de bronchite, par les dix degrés de froid et la neige qui tombait en bourrasque lorsque nous passâmes au sud du Cap, de pauvres anémiques furent condamnés au supplice des hunes.

On dut les attacher.

Ils seraient tombés défaillants sur le pont.

Or le chirurgien, je dois le dire, déclara au commandant que si l'on prolongeait ce supplice, la vie des hommes serait en danger.

Le commandant céda en maugréant.

Un autre, à sa place, résista et répondit sèchement :

— S'ils crèvent, tant mieux, ça fera un exemple.

Et l'on se plaint de ne pas avoir de marins !

Je puis affirmer que, sur certains navires, on suspend par les bras des marins qui sont ainsi, en quelque sorte, mis en croix, car on a bien soin d'étendre leurs bras sur la vergue pour que le supplice soit très rigoureux.

La salle de police, à bord, est remplacée par les fers.

On vous conduit dans la cale et l'on vous passe le pied dans un anneau tenu à une barre de fer.

Si l'un de vous éprouve un besoin, tous doivent le suivre à la tinette et prendre les attitudes les plus bizarres, les plus fatigantes, les plus ridicules, pour que leur compagnon ne tombe pas dans un *porte-bonheur* dont personne ne se soucie de faire l'épreuve.

Naturellement, ceux qui sont aux fers n'ont pas de vin.

Pour dormir, c'est un supplice.

Veiller, c'est souffrir.

Enfin, la prison à bord est remplacée par le trou à rats.

C'est l'endroit le plus creux du bord, au fin fond de cale.

Le cachot le plus noir, le plus profond, le plus humide, un silo d'Afrique ne saurait donner une idée de l'obscurité, de la saleté et de l'insalubrité du trou à rats.

Si étanche que soit le navire, l'eau y pénètre toujours par des fissures ; il faut de temps à autre que les pompes fonctionnent ; mais elles ne vident jamais à fond le trou à rats où viennent s'emmagasiner, dans la saumure croupissante, toutes les pourritures du navire.

On sait que les marais du bord de la mer sont les plus fiévreux, les plus dangereux, ceux qui dégagent les miasmes les plus pernicieux ; voilà l'air que l'on respire dans le *trou à rats* ; mais de plus jamais un souffle pur ne le rafraîchit.

Le malheureux qui est jeté là souffre surtout de l'odeur de bois de chêne corrompu, qui est la plus insupportable qu'on puisse imaginer ; moi qui ai fait connaissance avec le *trou à rats*, j'ai failli y mourir d'écœurement.

Je fus pris de vomissements si terribles, que j'eus une hémorragie.

Je dirai comment je fus tiré de là.

Naturellement, il est impossible de s'étendre, puisque l'on est dans un demi-pied d'eau et de vase.

On reste accroupi.

Jamais je n'oublierai l'impression que je ressentis lorsque mes jambes furent envahies par une incroyable quantité d'animalcules, d'insectes et de bêtes dégoûtantes qui vivent dans ce marécage en miniature.

Scolopendres longs comme des petites aiguilles, babarettes noires et gluantes, énormes tarbots qui vous sucent le dessous des ongles et percent la chair de leurs vrilles pour y déposer leurs œufs, *carapattes* mesurant plus d'un pouce de large, qui se collent sur la peau et y soulèvent des pustules ; un monde vous déchiquète et vous dévore vivant.

Vous n'osez tuer ces insectes avec vos mains, car plonger vos mains dans la mare vous répugne ; et il faut défendre votre tête contre des araignées monstrueuses, altérées de sang, capables de tuer un crabe, qui descendent du plafond et vous attaquent au cou, à l'oreille ou aux yeux.

Puis vous êtes mordu aux mollets vigoureusement.

Vous y portez la main.

Vos doigts saignent.

Ce sont les rats...

Des rats d'une hardiesse inouïe et d'une force incroyable.

Voilà le cachot à bord.

Vingt-quatre heures de cale, vingt-quatre heures de combat !

Si vous faiblissez, si vous dormez, vous êtes mort.

Aussi, n'y laisse-t-on pas longtemps un homme seul.

On lui donne un compagnon et chacun veille et combat à tour de rôle.

Enfant, ne te fais pas marin avant que justice ne soit faite de tous ces abus !

IX

Un conseil de guerre. — Le pain et l'eau. — Le froid. — Comment on soigne les bronchites à bord. — L'aumônier.

Un mot sur une question qui intéresse de nombreuses familles.

On tire au sort par toute la France; on prend les plus bas numéros et on les envoie dans la marine ou dans l'infanterie de marine.

C'est absurde.

La vie en mer demande une éducation, une vocation, des aptitudes spéciales.

Vous prenez un jeune homme à Paris, vous le jetez dans un équipage; il fait un détestable matelot.

Est-ce sa faute?

Dans la meilleure marine du monde, la marine anglaise, il n'y a que des volontaires; il devrait en être ainsi chez nous.

C'est une question de solde, d'avancement et d'avantages spéciaux.

Je dis cela, parce que j'ai vu une chose navrante.

Toutes les mères, tous les pères seront pour moi, quand ils auront lu l'histoire, trop vraie, hélas! qui va suivre.

Un jeune homme de l'intérieur, envoyé dans la marine en raison de son numéro, était toujours faible, toujours malade.

Il était miné par la maladie du pays, par le désespoir d'être mené comme un chien, injurié et frappé, par la brutalité des marins, ses compagnons, par le mal de mer, enfin.

Le mal de mer, indisposition passagère pour les uns, est inguérissable pour certaines natures.

Ce pauvre garçon faisait pitié à voir sur le pont.

Maigre au point d'être appelé *le Squelette*, il se tenait triste et accroupi, les yeux enfoncés, les joues creuses, le menton sur les poings.

Les quartiers-maîtres ne l'interpellaient jamais autrement que:

— Eh! propre à rien!

Aussitôt qu'il y avait gros temps, il verdissait et *comptait ses chemises* par-dessus le bastingage; cela faisait rire les autres.

Il était le souffre-douleur de son plat, l'amusement de sa bordée, le martyr de l'équipage.

Un jour, il était à bout de forces, exténué, malade.

Commandé de corvée, il s'arrête dans le travail.

Le quartier-maître le traite de *failli chien*, de *marsouin désossé*, de fils de... Vénus, il le pousse, il le bat.

Le malheureux jeune homme s'assoit sur un tas de cordes, prend sa tête à deux mains et les larmes jaillissent de ses yeux.

— Veux-tu marcher, cochon ? lui demanda le quartier-maître.
— Je ne peux plus.
— Oui ou non, veux-tu ?
— Je ne peux plus.
— Tu refuses alors.
— Puisque je ne peux plus.
— Alors, tu refuses.
— Oui.

C'était fini.

Refus de service, conseil de guerre.

Et le malheureux eut plusieurs mois de prison.

Or, la prison, c'est le pain et l'eau dans la cale.

A-t-il survécu ?

Je l'ignore.

Il pourrissait aux fers à notre arrivée.

Et le conseil ne pouvait point l'acquitter ; c'était impossible ; les matelots auraient crié à l'injustice.

D'où je conclus qu'il est insensé d'envoyer dans la marine des hommes qui ne sont pas faits pour elle.

Les officiers en conviennent et sont les premiers à réclamer.

Cette scène, que je viens de raconter, se passait dans les zones de froid.

Ce que nous souffrîmes alors, nous forçats, est au-dessus de tout ce que l'on peut se figurer ; heureusement, cela ne dura pas très longtemps, sans quoi nous serions morts.

Le navire devait aller chercher les bons vents fort bas, au sud du Cap, dans les régions glaciales ; on sait qu'il fait beaucoup plus froid au pôle Sud qu'au pôle Nord.

Nous avions été rôtis sous l'Équateur, là nous fûmes transformés en glaçons.

Nous n'étions point vêtus pour subir de pareilles rigueurs.

Sur nous, de misérables pantalons et blouses de toile ; sur le pont, dix, quinze et plusieurs fois vingt degrés de froid.

Parfois un pied de neige.

Les vergues étaient couvertes de givre, les voiles se raidissaient et ressemblaient parfois à des miroirs.

Tantôt un vent terrible qui vous mettait des glaçons aux moustaches; tantôt une neige tombant en bourrasques.

Dans la batterie, on gelait sur place; sur le pont, on était coupé en deux par les coups de vent.

Comme nous serions tous morts, comme on ne voulait pas ou que l'on ne pouvait pas nous donner des couvertures de rechange, on imagina un moyen de réchauffer.

On nous fit battre la semelle dans la batterie.

Sur le pont, nous devions courir au pas gymnastique.

Je ne saurais dire combien de rhumes, catarrhes, bronchites, rhumatismes aigus tombèrent sur nous dru comme neige.

Dans la batterie, on n'entendait que le bruit des éternuements, des toux creuses, des *chants de coq*, particuliers aux angines.

Et défense de cracher à terre.

C'était une longue procession aux sabords ou à la finette.

Je ne dirai rien de l'infirmerie; d'abord encombrée, elle n'avait plus gardé que les mourants.

Et, comme traitement, il fallait tous les jours laver la batterie de fond en comble; chacun voyait arriver son tour de corvée avec terreur.

Pour laver la batterie, on plaçait les hommes de corvée sur deux rangs; le premier rang armé de balais, le second de seaux qu'on remplissait d'eau de mer.

On faisait enlever les chaussures aux forçats, et ils travaillaient nu-pieds par ce froid terrible.

Les hommes du second rang lançaient l'eau qui, naturellement, baignait les jambes du premier rang.

Celui-ci balayait eau et immondices.

Ensuite on raclait avec des raclettes; quand il y avait une tache de graisse, on la faisait disparaître à la pierre ponce et à la brique pilée; puis on séchait avec des fauberts, vieux cordages transformés en torchons ou plutôt en énormes mèches.

J'ai vu un vieux politique avoir si froid aux mains que, dans un accès de rage, il se mit à mordre aux fauberts, puis il tomba dans une attaque d'épilepsie. On le guérit... à coups de pied.

Heureux il fut de ne pas être condamné au martinet.

Je sais qu'il fallait que le plancher fût lavé.

Mais, de bon compte, n'aurait-on pu donner des sabots à des malheureux que rien n'avait préparés à de pareilles épreuves ?

Nous eûmes dans ces tristes circonstances le consolant spectacle de voir nos compagnons politiques déployer un courage héroïque, une constance inébranlable, une dignité surhumaine.

On nous avait insinué que si nous étions plus dociles vis-à-vis de l'aumônier, si nous nous confessions, si nous nous convertissions en un mot, on aurait des égards.

Eh bien! pas un, je dis « pas un », ne faiblit.

L'aumônier s'adressa lui-même à moi et me dit :

— Je sais que vous êtes catholique, que vous avez été pieux, que votre mère est une excellente chrétienne ; vous devriez être reconnaissant des égards que l'on a pour vous, de l'emploi que l'on vous a donné ; vous devriez vous confesser.

— Jamais ! dis-je. Je me suis fait protestant.

— Mensonge.

Je regardai l'aumônier bien en face et je lui dis avec fermeté :

— Je sais certaines choses, j'en ai la preuve ; je crois que vous pouvez me faire beaucoup de mal, mais je me vengerais.

L'aumônier comprit, me fit à peu de chose près des excuses, et se retira.

Dans la cage, il fit bien des martyrs.

Il visait un des nôtres, le harcelait, le sermonnait.

Et ce malheureux était l'objet des pires tracasseries des surveillants, qui ne se cachaient pas pour lui dire :

— Ah ! tu ne veux pas te confesser, saleté, pourriture de Belleville ! Ah ! tu ne veux pas manger *du bon Dieu!* Eh bien, tu iras au *trou à rats.*

Et ils l'accablaient de punitions.

Les motifs étaient faciles à trouver.

Un trait en passant.

Les balais étaient numérotés et devaient être en place à leur numéro.

Un homme était de corvée, il déplaisait ; on le signalait aux moutons ; aussitôt que l'homme avait fini sa corvée et posé son balai, un mouton enlevait celui-ci et le cachait.

Le surveillant arrivait et punissait.

Triste, n'est-ce pas ?

Eh bien, je le répète, malgré tout, personne ne faiblit et pas un ne reçut les sacrements à son lit de mort.

Le croirait-on?

L'aumônier enterrait néanmoins le malheureux avec des cérémonies religieuses.

Quelle odieuse comédie!

Quel attentat à la liberté de conscience!

X

Menus détails de traversée avant l'arrivée à Nouméa. — La ration. — L'écurie. — Les bêtes crevées. — La lessive. — Comment l'eau de mer décrasse! — Le linge noir.

Je n'ai plus qu'un chapitre à écrire avant notre arrivée à Nouméa; je le consacre aux menus détails que je crois intéressants.

Un de mes camarades de transportation m'écrit pour m'avertir que, d'après mon récit, il semblerait que les transportés eussent été traités à bord, sous le rapport de la nourriture, comme les matelots.

Or, il n'en est rien.

Mon compagnon d'infortune m'envoie notre ordinaire tout imprimé.

Le voici :

Le matin, eau noirâtre, graisseuse, nauséabonde, décorée pompeusement du nom de café, mais en réalité détestable.

A onze heures, déjeuner.

MENU DU DÉJEUNER

Un biscuit de mer,
1/6 de pain de munition.
Bouillie de haricots nains,
Haricots nains,
1/4 de gros vin.

A cinq heures, dîner.

MENU DU DÎNER

1/6 de pain de munition,
Un biscuit,
Soupe au riz.

Encore si nous avions eu notre compte, et si les légumes eussent été bien cuits, convenablement préparés et sains.

Mais le biscuit était ou moisi, ou en poussière et verreux.

Les haricots étaient détachés, durs comme des balles de plomb.

Le vin aigre était baptisé ou tourné à l'encre.

Le pain était excellent, mais on n'en avait qu'une bouchée.

Ternet, ex-chef de légion, commandant sur la frontière du Missouri une troupe d'indigènes au service des États-Unis.

On nous donnait un peu de lard le vendredi; c'était de la couenne rance, des os, des débris, rien de substantiel.

Deux fois la semaine, de la viande; mais nous ne mangions que les conserves douteuses ou sur lesquelles, hélas! on ne pouvait conserver le moindre doute, ou de la bête morte.

Et, là-dessus, nous ne pouvions conserver l'ombre d'un doute.

Nous étions, on le sait, dans des cages, séparées entre elles par l'écurie qui était aussi une grande cage.

Les animaux étaient entassés là-dedans d'une façon ininintelligente, incommode, malsaine, absurde et anti-rationnelle.

On leur appliquait les mêmes principes qu'à nous.
Pas d'air, pas de soins, presque pas d'eau, peu de nourriture.
Et naturellement, ça crevait.
Nous étions écœurés.

Ces vaches, ces moutons, ces chèvres destinés à la nourriture, répandaient une odeur de suint, qui vous prenait à la gorge; ils étaient jusqu'aux genoux dans la fange, dans l'eau de mer et l'urine.

Les hommes chargés de les surveiller les maltraitaient avec une barbarie et une bêtise inconcevables.

Nous, forçats, nous plaignions ces pauvres animaux, et cependant on nous traitait comme eux.

Je ne sais comment peindre le spectacle de cette batterie basse où se trouvaient les cages à bêtes et les cages à forçats.

Le miasme humain et le miasme animal se mêlaient et formaient une vapeur chaude, une buée chargée de fièvre et fétide, contenant en germe toutes les épidémies et les épizooties.

Voilà comment on entend l'hygiène à bord; on ne fait rien pour améliorer ces conditions d'installation déplorables.

Qu'arrive-t-il?

Les bêtes maigrissent, se dessèchent, viennent à rien et crèvent.

On mange de la viande blanchâtre, sans suc et enfiévrée.

Je vois encore d'ici la comédie qui se jouait tous les matins.

Les bouchers arrivaient et passaient l'inspection du troupeau.

— Tiens, un mouton qui n'ira pas loin! disait le chef.

Et à ses hommes :

— Saignez-le vite!

Or, le mouton était parfaitement mort, raidi, gonflé comme un ballon.

On le saignait pour la forme.

Quand on lui mettait le couteau au ventre, les gaz méphitiques qui s'en échappaient étaient insupportables.

Et l'on nous jetait des plaisanteries cruelles; le chef disait :

— Vous le marquerez pour la cage de tribord! Voyez, s'il n'y en a pas un autre pour bâbord! Non! Prenez celui-là.

Puis on tuait un ou deux moutons encore sur pattes pour l'équipage.

Enfin on égorgeait un des plus vivants pour les tables d'officiers.

Quelle impéritie!

Que d'argent gaspillé!

Que de sottises dans cette marine si vantée ; arche sainte à laquelle il ne faut pas toucher ; dernier sanctuaire du cléricalisme et de l'intolérance !

Il serait grand temps d'y réformer les abus.

Mais les ports sont loin de Paris, loin des Chambres ; peu de députés ont navigué ; la question n'est pas connue ; les officiers de marine ont du prestige ; on a des illusions sur la marine de l'État.

Les abus restent debout !

Au fond, tout ce que fait la marine, tout ce qu'elle achète, tout ce qu'elle dirige, tout ce qu'elle administre, revient à des prix exorbitants, et ne vaut pas grand chose.

Souvent, la nuit, quand le roulis brutal jetait les bêtes les unes sur les autres et les forçats contre les forçats ; quand j'entendais les plaintes, les gémissements, les protestations des bêtes et des gens qui geignaient ; quand, aux rouges rayons de la lampe brûlante sans ardeur dans l'atmosphère sans oxygène, je voyais se dérouler à mes pieds cette scène de souffrance, je me prenais à souhaiter que l'un de nous, un jeune, un intelligent, survécût à ces misères, revînt en France, fût nommé député et, du haut de la tribune, pût dévoiler à la France toutes les plaies, tous les cancers qui dévorent sa marine et l'énervent.

J'espérais même qu'il ferait comprendre que jamais, avec l'abrutissant système employé contre les forçats, on ne les améliorerait au point de réaliser le rêve de coloniser par eux.

Ce n'est pas ainsi que, de criminels, on refait des hommes.

Et avant tout, surtout, j'espérais que l'on ferait bien voir combien l'influence cléricale est fatale à la marine et aux colonies.

Dans la marine, où son esprit étroit, borné, exigeant du pauvre le renoncement, les privations et l'humilité, maintient par conséquent la routine, les coups, les mauvais traitements et l'arbitraire.

Dans les colonies, où les missionnaires s'emparent de tout, terres, revenus, subventions, mines, indigènes, entravant les efforts des colons, leur suscitant des difficultés, faisant au besoin révolter les indigènes pour massacrer une colonie naissante et décourager les émigrants ; d'autres fois, étant cause de guerres acharnées à cause de leur zèle et de leur intolérance fanatique.

Je n'ai pas parlé de notre lessive.

Ici encore, pour l'équipage comme pour nous, les procédés sont idiots.

Rien ne serait plus facile que d'utiliser les découvertes modernes de la chimie pour économiser le temps, l'argent et la peine.

On sait que l'eau de mer ne lave pas; elle ne fond pas le savon, elle le réduit en une espèce de colle gluante.

Et il faut laver à l'eau de mer!

On vous apporte quelques baquets, on vous donne du savon, mais en quantité insuffisante, et l'on vous dit :

— Lavez votre linge, et qu'il soit blanc, sinon les fers !

On use son linge, on fait sortir la crasse à force de frotter et de presser, mais l'on n'obtient pas de résultat efficace, et le linge reste terne, gris, pisseux.

Un *politique* a remis un mémoire au commandant.

Ce politique est un chimiste distingué ; il donne, dans ce mémoire, le moyen, à très peu de frais, de faire une lessive générale du linge à bord ; il ne resterait ensuite qu'à le rincer à l'eau de mer, mais à l'eau de mer modifiée par quelques pincées de certains sels.

Le commandant répondit :

— C'est connu !

Et l'officier qui m'était sympathique me dit aussi :

— Oui, c'est connu ! Mais tout cela dort dans les cartons du ministère de la marine, et il faudrait un grand ministre pour faire appliquer cette petite réforme.

Ce n'est rien, dira quelque routinier.

Comment rien?

Rien, d'avoir du linge blanc sur le corps ?

Mais c'est la moitié de la santé.

Rien, d'économiser cinq heures de travail par semaine ?

Mais c'est le quinzième du travail *effectif* d'un matelot.

Rien, d'économiser trente francs par an d'usure?

Mais c'est le quart de l'entretien de chaque matelot.

Nous tous, qui écrivons nos récits de traversée, nous signalons ces abus, ces réformes.

Espérons qu'elles finiront par s'imposer à l'apathie de nos ministres de la marine.

XI

Le forçat gentilhomme. — Il faut se raser soi-même... quand on peut. — La scène de la barbe. — Si je te coupais le cou? — Le perruquier à bord.

Ce chapitre pourrait être intitulé :

ICI L'ON RASE

Un gentilhomme doit se raser lui-même ; c'est la règle.

Je ne sais quel marquis, montant sur l'échafaud, en 1793, s'écria :

— Bourreau ! fais ton devoir. C'est bien la fin de la noblesse, puisque je ne me rase plus moi-même.

Cette tradition était tellement enracinée, qu'un favori de Louis XIV, pris de paresse, un matin, se donna du courage en face de son miroir en s'adressant cette exhortation historique :

Dieu t'a fait naître gentilhomme ; ton père t'a fait comte ; le roi t'a fait duc ; les femmes ont fait ta fortune ; fais donc quelque chose pour toi. Rase-toi !

Un forçat peut être gentilhomme ; mais on le rase.

C'est le règlement.

Ce que je vais raconter peut sembler, au premier abord, assez puéril.

Être rasé !

La belle affaire !

Une souffrance, cela !

Allons donc !

Eh bien, je voudrais... non, je ne voudrais pas vous y voir...

Vous entrez chez un coiffeur, et vous lui livrez votre menton.

Ce coiffeur est un homme comme vous.

Quelquefois, dans les villages, c'est une femme, ce qui n'est pas toujours dépourvu de charme.

On vous savonne, on vous rase, vous vous lavez, et vous n'éprouvez rien de désagréable à quoi vous ne puissiez vous soustraire.

Lavabos de marbre ! (je parle des villes.)

Mains blanches !

Des égards !

De la politesse !

Mais supposons, à la place du garçon coiffeur, un individu qui, condamné à mort, pour avoir assassiné sa belle-mère, ou sa femme, ou n'importe qui, n'ait dû sa grâce qu'à l'indulgence du jury ou à la bonté d'âme de Napoléon III.

Eh mais, confier sa tête à un de ces gaillards-là ; se dire : cette main qui me touche, cette main armée d'un rasoir, a coupé la gorge d'un de mes semblables ! n'est-ce pas là une réflexion désagréable !

Ajoutez-y ceci.

Le forçat est si malheureux qu'un des perruquiers du bagne, un bonnet vert, un perpétuité, me disait avec une admirable tranquillité :

— X..., je m'ennuie ! Je ne sortirai jamais d'ici.
— Espérez ! répondis-je.
— Oh non. Jamais ! C'est fini ! J'ai des idées de suicide.
— Bêtise ! Ne vous tuez pas !
— J'ai essayé...
— Ah bah !
— Oui ! Je n'ai pas eu le courage !
— Tant mieux.
— Pas pour vous.
— Ah... Que dites-vous ?
— Je dis : Pas pour vous !
— Mais je ne veux pas me suicider, moi ; Je sortirai d'ici, moi !
— Précisément.
— Eh bien alors !

J'ai justement des colères bleues en pensant que d'autres s'en iront et que moi je resterai ici toujours... toujours...

— Ce n'est pas ma faute.
— Non, mais ça m'enrage ! Et je pense que je vous couperais la gorge facilement. Alors, on me guillotinerait et ce serait fini...

J'étais livide.
Le perruquier, de sa large main, avait empoigné mon crâne.
Il se taisait et ne rasait plus.
Moi, j'étais sous le couteau.
Je ne savais que dire.
Je crois que, si je m'étais débattu, c'était chose faite.
Il me coupait le cou.
J'eus une bonne inspiration.

— C'est votre idée ! dis-je à ce maniaque.
— Oui.
— Eh bien, allez-y.
— Ça ne te fait donc rien de mourir ?
— Rien. J'en ai assez.
— Alors, me dit le perruquier, ça n'est pas mon affaire.
— Rase donc et finis.

Quand il eut terminé, hors de ses griffes, je lui demandai :
— Pourquoi voulais-tu me tuer plutôt qu'un autre ?
Il me répondit :

— Tu n'es pas un vrai forçat, tu es un *politique*, tu es un bourgeois...

Je livre cette réponse à l'appréciation des penseurs.

Je racontai l'affaire à un surveillant qui se mit à rire.

— Comment, lui dis-je, vous riez?

— Tiens! faudrait-il pleurer?

— Mais il me semble que vous devriez prévenir le directeur!

— La belle affaire!

— Mort d'homme, cependant.

— Ah! ah! ah! mort d'homme... Mort de forçats! Toi d'abord et le perruquier ensuite. La belle perte, ah! ah! ah!...

Et cette brute s'en alla.

Heureusement, j'avais Antoine et l'*association* que Belle-Plume prévint.

Trois jours plus tard, le perruquier en question avait la main broyée.

Impossible d'exercer son état.

Il fut changé.

Je ne sais si le lecteur voudra consentir à se mettre un instant à ma place; je sais que je lui demande là un dur sacrifice; mais franchement qu'il me dise, après un petit effort de réflexion, si ce n'est pas une situation terrible.

Je note ceci.

Ce forçat perruquier était littéralement fou; il mourut tel.

Voilà l'homme auquel nous tendions la gorge une fois par semaine...

Est-ce tout?

Non.

J'arrive à une scène historique.

Cette scène, elle a été décrite par tous ceux qui ont raconté leurs souvenirs; elle ne diffère que par des variantes.

J'en appelle à Simon Mayer, à Alphonse Humbert, à Narcisse Barrot, à tous les déportés, à tous les témoins.

J'ai raconté comment nous dansions dans les cages par le gros temps.

C'était une vraie sarabande.

A moins que la tempête ne couchât les surveillants à plat ventre dans leur *cambuse*, nous les voyions arriver, ces jours-là.

Le navire faisait des embardées terribles. Il y avait des amplitudes de roulis de douze degrés ou des coups de tangage secs, durs, ressemblant à des sauts de chèvre.

N'importe!

Tourmenter les forçats, les *politiques* surtout, était une joie pour la chiourme ; les surveillants arrivaient et criaient :

— Allons, à ce rasoir ! Il faut se faire tondre ! A qui le tour ?

Et ils désignaient celui ou ceux qui leur déplaisaient le plus.

Et l'on y passait.

On y passait !...

Il n'y avait pas à dire non ! On y passait tout vif.

Fort heureusement, à bord, nous avions pour perruquier un garçon très doux...

Il avait assassiné sa future.

Je ne vous dirai pas qu'il avait bien fait ; mais voici l'histoire :

Il avait une bonne situation au village ; il était perruquier et propriétaire par la mort récente de sa mère.

Il voulut se marier.

Il fit la cour à une jeune et très jolie, trop jolie fille d'un hameau voisin.

Il allait l'épouser.

Un jour, un samedi, il se rendait à ce hameau pour raser à la lumière les gars du pays ; quinze ou seize barbes en tout, me disait-il.

Il allait dans le hameau le samedi, pour être tout à sa clientèle du village le dimanche matin.

Il commençait à faire nuit.

En passant par les sentiers, pour couper court, il entendit derrière une haie des soupirs étouffés et des rires. Il se dit :

— Tiens ! des amoureux !

Il fit ce que font les paysans : une niche ! Il se cacha derrière la haie et cria : Hou ! hou !

Les amoureux se sauvèrent ; il les poursuivit par farce.

L'homme gagna du champ ; mais il atteignit la femme.

C'était sa fiancée.

Il prit son rasoir et lui coupa le cou.

Horrible !

L'homme, cependant, se montra toujours doux, serviable et bon avec nous.

On le forçait à nous raser par les plus gros temps.

Il liait son *client* aux barreaux de la cage et se liait lui-même ; nous avions confectionné des bretelles pour ça...

Et il faisait ainsi sa besogne.

Il fit, malgré lui, bien des estafilades que je soignai...

LE POTEAU DE SATORY

Un jour, il refusa le service. On le menaça du fouet, et il continua à nous entamer la peau. Je prie le lecteur de croire que je n'invente pas. J'ai huit mille témoins !

Qu'arriverait-il si je mettais cette scène au théâtre, dans un drame intitulé : *Les mystères de Nouméa ?*

Il arriverait que cette excellente censure couperait la scène !

NOTE. Notre vignette représente un duel à Nouméa. Affaire Suart.

XII

Un vol impossible. — Le fil de Mal-Pavé. — La visite de la gale. — Allongez vos pattes. — Rien...

Au jour nous fûmes très surpris de voir descendre non seulement les surveillants, mais les gros bonnets de la chiourme, suivis du chirurgien.
On avait volé.
Qui ?
Un matelot !
Où ?
Comment ?
Jamais nous n'étions en contact avec l'équipage.
Défense absolue aux marins de nous parler et de communiquer avec nous.
Défense aux factionnaires de se laisser approcher plus près que la double longueur d'un fusil.
Et cependant, l'homme volé affirmait qu'on lui avait pris dans sa poche son porte-monnaie contenant plus de 30 francs.
Selon lui, étant de faction, il avait parfaitement senti son porte-monnaie dans sa poche puisque, au début de sa faction, « il y avait serré sa chique ».
Puis, quand il avait voulu reprendre celle-ci, plus de porte-monnaie, partant plus de chique ; c'était vexant.
Il avait, aussitôt relevé de faction, prévenu son chef de poste.
Celui-ci avait averti le capitaine d'armes qui s'était entendu avec la chiourme ; celle-ci avait conseillé de se taire et d'attendre.
Voici pourquoi :
Si l'on faisait des recherches immédiates, on ne trouverait rien.
Le voleur devait avoir avalé les pièces, ou les avoir bien cachées.
Attendre, ne rien dire, c'était lui donner de la sécurité.
Puis les *vaches* épieraient pendant ce temps-là.
J'avais demandé Belle-Plume comme aide infirmier.
Je le questionnai.
— Qui diable a pu voler ce matelot, et comment la chose a-t-elle pu se faire ? lui demandai-je.
Il se mit à rire.
— C'est bien simple, répondit-il. J'ai vu le coup.

— Ah !

— Oui ! De mes deux yeux !

Et il m'expliqua la chose :

— Celui qui a fait le tour est de l'*association*, c'est un vieux *fagot*.

— Il se nomme ?

— *Mal-Pavé*, de son surnom.

— Je le connais.

— Eh bien, il avait remarqué depuis longtemps que les matelots, dans de pareilles traversées, étaient très ménagers de leur tabac à chiquer, faute de ravitaillements fréquents ; ils usent donc leur chique jusqu'à la fin des fins, et entre temps, ils la conservent dans leur porte-monnaie comme chose précieuse.

— C'est écœurant !

— Peuh ! Nous en voyons bien d'autres !

— C'est vrai.

— Donc Mal-Pavé avait tiré ses plans ; il profitait de la promenade réglementaire sur le pont et se plaçait de façon à être près de la sentinelle et bien au vent. Il faisait très froid quand il a exécuté son coup et il neigeait.

— Ah ! le vol date de si loin déjà ?

— Oui. Nous étions au sud du Cap. Mon Mal-Pavé déploya un fil fabriqué par lui et tiré de sa chemise ; au bout du fil il avait attaché une mie de pain bien pétrie. Ainsi armé, il attendit sa belle et la trouva au bout de quatre ou cinq jours.

— Quelle patience !

— Dans la promenade du premier jour, il ne put rien tenter ; le second jour, il manqua son but ; enfin, il réussit.

— À quoi ?

— À jeter sa mie de pain dans le porte-monnaie du marin.

— Je commence à comprendre.

— Le *mathurin* (*matelot*) avait son fusil au bras, c'est gênant ; les mains gelées, c'est embêtant ; la neige aux yeux, c'est aveuglant ; il ferma son porte-monnaie sur la mie de pain, sans s'apercevoir de rien ; il prit le fil entre les deux battants de la garniture, toujours sans s'apercevoir de rien, mit le tout dans sa poche et se promena de long en large.

— Et Mal-Pavé tira sur le fil.

— Juste.

— Et le porte-monnaie tomba sur la neige qui couvrait le pont.

— C'est ça.

— Et Mal-Pavé tira le porte-monnaie à lui, prit l'argent qu'il contenait, et le jeta par-dessus le bord.

— Non pas. Un porte-monnaie ! Y penses-tu ? Mais c'est utile. C'est du cuir, c'est une garniture d'acier, c'est le moyen de fabriquer des instruments précieux.

Puis secouant la tête :

— Tu seras peut-être bien étonné un jour du rôle que jouera le bout d'acier de ce porte-monnaie.

Et Belle-Plume eut un éclair dans les yeux.

Pour moi, j'avoue que je me mis à rire du tour joué par Mal-Pavé, vieux *fagot*, malin et expérimenté, Nestor de la cage de tribord.

Je reviens à la descente de la chiourme, au sujet de cette affaire.

On nous dit :

— C'est pour la gale ! Vous allez montrer vos mains.

On nous plaça sur deux rangs et l'on nous dit de tendre les mains.

Puis un surveillant dit, d'une voix de tonnerre :

— Le martinet, vingt-cinq coups, à celui qui bouge !

On garda l'immobilité absolue.

Alors les surveillants passèrent devant nous, et, de temps à autre, ils faisaient sortir un homme de la cage.

Défense de baisser les mains.

Quand ils eurent ainsi une vingtaine d'individus, des suspects, dont le vieux *Mal-Pavé*, ils lièrent solidement à chacun les mains derrière le dos, sauf un qui fut envoyé à la visite ; une visite plus que minutieuse.

Les gardes-chiourme avaient l'espoir qu'ayant parlé d'une visite de santé, rien que pour la gale, une visite consistant seulement à regarder aux mains, le coupable n'avalerait point l'argent volé.

On ne trouva rien pourtant, absolument rien ; et l'on fouilla à fond.

Un surveillant dit à Mal-Pavé :

— C'est toi, *vieille rosso*, qui as l'argent; tu es seul ici assez *roublard* pour exécuter le tour du fil à la mie de pain. Car c'est comme ça que tu t'y es pris, n'est-ce pas *vieux chameau* ?

Mal-Pavé regarda le surveillant avec un air de profond étonnement.

— Le fil... La mie de pain... Connais pas ! Sais pas ! Pas moi ! Un autre... peut-être !

Le surveillant indigné dit au commissaire :

— Vous voyez comme il ment ! Il a reçu cinquante coups de fouet pour un vol au *fil et à la mie de pain* pendant la traversée de Cayenne.

Le vieux *fagot* ne broncha pas.
— Où est l'argent ? demanda le commissaire.
— Pas d'argent ! Rien...
On mit le bonhomme aux fers ; mais on n'en tira rien.
Il fallut le relâcher.
Et cependant il avait l'argent !
Où l'avait-il caché ?
Mystère !

XIII

Les gratifications du commandant. — Un coup de revolver. — La fausse révolte. — Triomphe de la chiourme. — Pêche et chasse.

J'ai à signaler un fait qui semblera invraisemblable.
Qui le niera, pourtant ?
Personne.
Il prouve que le commandant d'un navire n'est pas aussi maître à son bord qu'il le prétend.
On sait qu'il s'intitule emphatiquement :
Maître à mon bord après Dieu...
Eh bien, non !
Tout clérical, tout légitimiste qu'il fût, notre commandant était gentilhomme, c'est-à-dire incapable de certaines bassesses.
Je ne puis donc croire que, dans l'affaire dont il s'agit, il se soit comporté en pleutre, en homme qui promet et qui n'a pas envie de tenir.
Or, toutes les semaines, le commandant visite à fond le navire.
Point d'endroit où il ne pénètre, et il inspecte tous les coins minutieusement.
La moindre négligence dans la surveillance peut entraîner la perte du navire ; aussi la visite est-elle méticuleuse.
Je crois qu'un commandant ne découvre jamais rien.
Toutefois, à l'idée qu'*il* passera, chaque chef de service montre un zèle, une ardeur, une attention qu'il communique aux maîtres d'équipage par de rudes admonestations, lesquelles se traduisent à coups de corde sur le dos des marins.
Dans ces conditions, on arrive à de très jolis résultats.
Ainsi, les cercles de fer des affreux baquets dans lesquels on mange reluisent comme des lames de baïonnettes.

De tout ainsi.

Le commandant passait naturellement partout, même dans les cages à forçats ; ceux-ci, rangés en bataille, bonnet à la main, étaient immobiles et silencieux.

Le commandant ne manquait jamais de demander aux surveillants :

— Êtes-vous content de vos *chefs de cage* ?

Les surveillants auraient bien voulu répondre au commandant :

— Non.

Ils disaient : Oui.

Ils avaient une raison.

S'ils avaient montré du mécontentement, le commandant leur aurait dit :

— Cassez-les !

Or, il est difficile d'avoir un bon chef de cage.

Il faut un homme fort, brave, énergique, intelligent ; il ne faut pas que ce soit une *vache*, autrement dit un *mouchard* ; les autres forçats le tueraient pendant son sommeil ; il ne faut pas que ce soit un révolté, car il n'obéirait pas et ne ferait pas obéir les forçats.

Son rôle consiste à faire exécuter le règlement et les ordres.

Il est obligé de désigner et de commander toutes les corvées.

C'est lui qui nomme les *chefs de plat* ou chefs d'escouade.

Ceux-ci sont responsables vis-à-vis de lui, lui vis-à-vis de la chiourme.

Il est dans une situation délicate.

Si quelque complot se trame à bord, il doit avertir les surveillants.

S'il le fait, on le tue tôt ou tard.

Il s'arrange pour ignorer les complots, et ceux qui les combinent apportent une grande attention à ne pas le compromettre.

D'après ce qui précède, on comprend que les surveillants, ayant des chefs de cage à peu près convenables et n'en ayant pas d'autres meilleurs en vue, répondent qu'ils en sont satisfaits.

Le commandant demande alors aux chefs de cage.

— Êtes-vous contents de vos hommes ?

Et les chefs de dire :

— Oui, commandant.

Et lui de prononcer le sacramentel :

— Double ration !

Chaque fois nous eûmes la satisfaction d'entendre ordonner que l'on distribuât cette précieuse double ration ; jamais, jamais, jamais elle ne nous fut octroyée.

Un jour, un politique s'enhardit, et, s'adressant au commandant :
— Pardon ! dit-il, mon commandant.

Toute la chiourme darda des yeux terribles sur cet audacieux.

Il continua :
— Vous avez la bonté de nous accorder double ration, mon commandant ?
— Oui. Eh bien ?
— Nous n'aurons pas plus celle-là que les autres…
— Ah ! fit le commandant d'un ton dur. Vous n'avez rien reçu.
— Jamais.
— C'est bien ! j'aviserai

Il s'éloigna, évidemment furieux.

A peine était-il parti que la chiourme nous tombait dessus.

— Ah ! carcans, ah ! vermine, ah ! canailles de communards ! vous réclamez… On va vous en faire voir…

Un des surveillants, je le vois encore, saisit le réclamant à la gorge, et lui broya la figure à coups de poing.

Puis, le laissant tomber à terre, évanoui, il dit férocement :
— Compte à régler en arrivant à Nouméa ; on te fera taire avec ça.

Il montrait son revolver.

Le misérable tint parole.

Le malheureux fut de ceux, trop nombreux, hélas ! qui moururent assassinés par les gardes-chiourme, sous prétexte de rébellion ou de tentative d'évasion.

Tous les surveillants se mirent à frapper aussi à tort et à travers, ils firent un bruit infernal, terrifièrent les cages, puis s'en allèrent.

Eûmes-nous la gratification ?

Pas du tout.

Je sus plus tard que la chiourme était allée trouver le commandant et lui avait fait un rapport mensonger.

Selon elle, la réclamation du forçat politique avait été le signal d'une révolte qui n'avait été comprimée, dès le début, qu'à force d'énergie ; on l'avait étouffée dans l'œuf.

Puis on avait insinué que le commandant était trop bon pour les forçats, que cela les encourageait à l'insolence, etc., etc.

Et le commandant, sachant bien que si la chiourme le voulait il y aurait une vraie et terrible révolte, qu'elle était très capable de lui donner des embarras s'il la mécontentait ; le commandant, disons-nous, laissa tomber cette affaire.

C'était cependant un homme jaloux de son autorité.

Il fit mettre aux fers des passagers, même civils ; mais devant la chiourme il baissait pavillon, comme le firent toutes les autorités de Nouméa, même et surtout les gouverneurs, excepté l'excellent M. Olry ; il est vrai qu'on lui suscita la révolte des Canaques, œuvre des pères Maristes et de toute la séquelle cléricale.

Je ne puis raconter une traversée de quatre mois, sans parler pêche et chasse.

Oui, chasse, chasse au fusil, vous avez bien lu : chasse.

Naturellement, il ne s'agissait pas de *courre le cerf* ou de tirer le lapin ; mais les oiseaux, et quels oiseaux !

Des mouettes, des albatros, des rois et des reines de l'air.

En arrivant au sud, le navire en était continuellement entouré ; parfois, un coup de vent, un coup de roulis, ou de tangage, déplaçant les mâts, ces magnifiques oiseaux, dont le vol est prodigieusement rapide, ne pouvaient éviter les voiles, emportés qu'ils étaient par leur élan ; ils se heurtaient et tombaient sur le pont.

On s'en emparait, non sans peine.

Une fois sur le plancher, impossible à eux de se relever ; leurs pattes sont trop courtes ; les ailes battaient l'air inutilement.

Mais il fallait les assommer.

Je vis un marin recevoir une rude leçon d'un albatros ; celui-ci lui perça la main d'un coup de bec, et lui brisa le bras d'un coup d'aile.

Les officiers s'amusaient à tirer ces oiseaux à la carabine.

Pourquoi tant d'oiseaux autour des navires en marche?

Parce que le sillage fait surgir une foule de petits poissons, nourriture des mouettes et des albatros.

Souvent, j'ai vu de ces gracieux oiseaux reposés sur la crête d'une vague, et disparaissant tout à coup. Je les croyais noyés.

Mais un matelot me dit en riant :

— Ils sont gobés !

— Gobés !

— Oui, par les requins !

C'était vrai.

Nous pêchions aussi les albatros et les autres oiseaux avec des lignes traînantes à l'arrière ; ils avaient faim et mordaient à l'hameçon surnageant et amorcé avec un peu de lard.

Quant aux poissons, on n'en prend qu'une espèce ; c'est la *bonito*, qui n'est

Miss Harley et sa sœur, méditant le plan d'évasion du docteur Rastout.

pas très relevée dans ses goûts et à qui il faut des appâts d'une nature particulière, mais que le matelot affectionne malgré tout et qu'il mange avec délices.

J'aurai tout dit ou à peu près sur notre traversée, quand j'aurai raconté que nous pêchions aussi le requin.

On en prit plusieurs.

Je ne crois pas qu'il y ait au monde un plus stupide animal.

Il suit le navire, guidé non par l'instinct, comme on l'a dit, par une sorte d'espoir raisonné que l'on jettera des morts à l'eau; mais par deux motifs bien faciles à comprendre et que personne, à ma connaissance du moins, n'a expliqué jusqu'ici.

On remarque tout d'abord que les requins sont toujours dans le sillage du navire à l'endroit du remous où l'eau les pousse dans le sens de la marche.

Par conséquent, pas de fatigue.

D'autre part, tous les matins, pendant la toilette, au milieu des torrents d'eau qui coulent par les dalots, il tombe à la mer une incroyable quantité de débris sur lesquels le requin se jette indistinctement et avidement.

Il avale tout.

Dans la journée, aux heures de repas, on lance par-dessus le bord des détritus, des os, des biscuits moisis.

Le requin en fait ventre.

Voilà qui suffit pour justifier l'acharnement avec lequel il suit le navire qu'il a rencontré sur son chemin.

Il faut donc rejeter au rang des superstitions cette idée absurde que, quand un requin suit un navire, c'est « qu'il flaire la mort » et attend un cadavre.

J'ai vu cependant, non pas seulement des matelots, mais des officiers de marine, croire à ce préjugé.

Je puis, d'autre part, confirmer un point discuté d'histoire naturelle.

Le requin est bien réellement, je ne dis pas toujours (je ne saurais l'affirmer), mais souvent accompagné et guidé par deux petits poissons un mâle et une femelle, appelés *pilotes*.

Je dis guidé, mais je n'en suis pas absolument certain.

Le requin, presque aveugle, sans flair, est une brute inintelligente.

On voit les pilotes nager près de lui, se donner beaucoup de mouvement ; ils sont presque toujours devant les yeux myopes du requin.

Quel intérêt ont-ils à s'occuper ainsi du monstre ?

Il les nourrit.

Le requin a une gueule énorme, des crocs qui font ressembler sa mâchoire à une grille d'égout ; les petits pilotes entrent dans cette gueule gigantesque et se nourrissent des petits riens qui restent accrochés aux dents.

Un requin se payant deux dentistes, cela peut sembler paradoxal ; mais cela est ; un des requins que j'ai vu prendre avait l'un de ses deux pilotes dans sa bouche.

La bouche et l'aileron du requin sont le refuge des pilotes.

Dans l'expédition de Chine, le navire monté par le général Cousineau prit un requin ; on trouva sous l'aileron de celui-ci un petit *pilote* qui s'y était caché.

Le requin est-il donc si bon enfant qu'il aime les pilotes et les protège ?

Mystère !

Moi, j'en doute.

Je sais seulement que la gueule du requin est trop grosse et trop peu adhérente pour que le pilote n'y soit pas à l'aise : le squale voudrait le mordre qu'il ne le pourrait pas.

Sous l'aileron, il y a un creux où le pilote se blottit facilement sans que le requin puisse l'étouffer.

Des marins prétendent que le pilote procure des sensations agréables au monstre en le chatouillant délicatement.

Un requin chatouilleux, c'est un comble !

Pour pêcher un requin, on emploie un moyen bien simple :

1° Une corde énorme !

2° Un hameçon qui ressemble à une ancre et que l'on appâte avec du lard.

La bête mord, et les matelots hissent la prise.

Parfois, le requin mesure dix mètres de long.

Bel animal !

On trouve toujours des marins de bonne volonté pour pêcher le requin qui est, avec le gendarme de marine, l'ennemi particulier du *mathurin*.

Le requin, toujours en chasse derrière le navire, irrite les matelots qui savent que, en ce cas, un homme à la mer est un homme mort.

Les exemples en sont fréquents.

Aussi faut-il voir, comme je l'ai vu, un requin sur le pont.

L'équipage l'insulte, le frappe, le martyrise.

C'est une avalanche de coups, de reproches et d'injures.

Souvent aussi il arrive des accidents, parfois très graves.

Le requin se défend, s'élance et il mord.

La tête coupée mord encore.

Trois heures après avoir été arraché, le cœur bat.

J'ai vu, après une demi-heure, un matelot introduire un bout de câble dans la gueule mi-ouverte d'un requin ; les mâchoires se refermèrent et broyèrent le câble, pendant que les yeux s'animaient.

On me dut, sur le navire, quelque reconnaissance à propos des requins, car j'enseignai au maître-coq la manière de rendre la chair plus agréable et de l'utiliser par la marinade.

Messieurs les officiers mangèrent les ailerons préparés à la chinoise, d'après ma recette ; on me fit compliment.

Je crois avoir oublié de dire pourquoi, les oiseaux de mer étant exécrables, on les tuait néanmoins.

D'abord par distraction.

Puis je les empaillais.

Ces oiseaux, ainsi préparés, se vendent très bien en France.

Justice au docteur.

Il me fit tenir une somme très ronde, produit des albatros préparés par moi.

Merci, docteur!

Encore un mot du requin.

J'en ai préparé les peaux.

On sait que c'est avec ces peaux qu'on fait le vrai maroquin.

De ce côté, je fus aussi très heureux, et je réussis.

Vendues en France par un fidèle ami, les peaux me donnèrent bon profit.

Un mot des morts.

Pour bien marquer le mépris que l'on faisait de nous, quand un politique mourait, on le jetait à la mer par la coupée : c'est l'endroit par où les immondices sont lancées à l'eau.

Pour les autres, on leur donnait une place d'honneur.

Ils passaient par un sabord.

Rien de ridicule comme l'intolérance de MM. les aumôniers.

Ils veulent vous confesser à tout prix et vous oindre des saintes huiles.

Vous refusez.

Croyez-vous en être quitte?

Que non pas.

L'aumônier s'empare du corps du pauvre forçat politique, le bénit quand même, récite des oraisons et l'enterre catholiquement.

C'est odieux.

Voilà comment cela se passait à l'aller; au retour, c'était encore odieux, mais de la part des commandants (j'entends presque tous).

On était libre, en principe du moins.

On pouvait protester ; il est vrai que l'on vous mettait aux fers ; mais enfin, à force d'énergie, on parvenait à défendre ses droits.

Eh bien, au retour, un politique mort sans avoir voulu de prêtre faillit être enterré par l'aumônier malgré nous.

Le commandant objecta que le *mort* n'avait pas *écrit* sa volonté.

On batailla avec le commandant, qui nous traita du haut en bas, et dit que nous allions démoraliser ses marins.

Il fut obligé de céder.

Mais il nous dit que, « puisque nous voulions enterrer nos morts comme des charognes, nous les jetterions à l'eau par la coupée comme charognes et comme forçats ».

En ce moment, nous étions amnistiés, et nous jouissions de tous nos droits de citoyens français.

Voilà la marine!

Voilà son cléricalisme.

Voilà l'influence de l'aumônier.

Qu'il y ait un aumônier, soit!

Mais du moins que des règlements sévères le maintiennent dans des limites raisonnables et lui imposent la tolérance.

On n'imagine pas combien ces hommes noirs rendent durs les derniers moments d'un pauvre proscrit.

J'en avais un mourant à l'infirmerie.

C'était un jeune homme tout aussi intéressant que Marotteau.

Comme la plupart des phtisiques, il ne se voyait pas agonisant; il croyait que le climat de Nouméa le guérirait; il faisait des projets.

Je l'entretenais dans ses illusions.

Il me parlait de sa mère, de ses sœurs.

Tout à coup, l'aumônier parut et lui dit brutalement, je l'affirme :

— Mon enfant, je viens vous préparer...

Il n'acheva pas.

Le jeune homme se leva brusquement, poussa un cri sourd, mourut en repoussant de ses deux mains tendues l'aumônier qui insistait et lui parlait des tourments de l'enfer.

Atroce, n'est-ce pas?

J'ai vu cela et j'ai dû me taire.

Je parle aujourd'hui.

L'ILE NOU

UN ENFER

I

Après quatre mois de traversée.

Quatre mois s'étaient écoulés depuis notre départ.
La terre ne paraissait pas encore à l'horizon.
Et nous souhaitions tous de débarquer !
En vain les vieux fagots nous avaient-ils fait la peinture des souffrances qui nous attendaient à terre, en vain nous avaient-ils dépeint l'enfer des bagnes coloniaux; en vain nous avaient-ils raconté Cayenne.
Nous voulions la terre, la terre à tout prix, la terre quelle qu'elle fût.
Assez de cages puantes !
Assez de navire empesté !
Assez d'entassement !
Un sol ferme sous ses pieds et de l'air, de l'air !
Aussi, quand les yeux fixés à l'avant du navire, j'entendis la vigie signaler la terre, je me sentis fou de joie.
Joie bientôt envolée.
Un surveillant vint à moi et mit sa main sur mon épaule.
— Eh bien, me dit-il, ça te fait donc plaisir, de débarquer ?
Je le regardai, et je lui dis :
— Ne me tutoyez pas, je vous prie.
— Oh, fit-il en ricanant, c'est fini, ces petits airs-là ! A bord, tu t'es payé

du bon temps; tu as fait le fler; tu as pris des façons de prince avec nous. Le moment est venu de te faire payer ça.

Je haussai les épaules.

Il reprit :

— Tu as été protégé ici. Là-bas, pas de protection. Nous sommes les maîtres; le gouverneur est obligé de nous donner carte blanche; il n'est pas sur notre dos comme ici l'est le commandant. En arrivant, on te classera dans la dernière catégorie de la quatrième classe. Avant deux mois, tu en crèveras, mon garçon.

Et le surveillant se retira en ricanant.

Voilà comment il me payait *la réglisse* que je lui avais donnée pendant sa bronchite.

Je savais, par oui dire, ce que c'était que la quatrième catégorie de la quatrième classe; on y a double chaîne, c'est-à-dire un poids énorme à traîner; on y travaille à 5 ou 6 kilomètres de l'endroit où l'on stationne, et l'on est obligé néanmoins d'être rendu à l'heure réglementaire.

On y est astreint aux travaux les plus malsains et les plus durs.

Tantôt dans la boue jusqu'au ventre, tantôt sur le roc vif.

Toujours en plein air de fièvre.

Je ne me sentais pas fort, je me crus perdu comme le promettait le surveillant.

Cependant, j'étais curieux de savoir ce qui me valait, en somme, une si dangereuse inimitié.

Bien peu de chose.

Étant à l'infirmerie, dans une explication avec le docteur, je lui avais raconté comment ce surveillant avait la niaiserie de croire plus en moi, infirmier, qu'en lui, docteur.

Un malade, que j'étais loin de soupçonner d'être une *vache*, rapporta le propos au surveillant et à sa femme.

De là, haine à mort...

Je me gardai bien de rien dire à ma femme de tout ceci.

Elle le sut pourtant, car les surveillants ne parlaient entre eux que de la haine de leur camarade contre moi.

Ils en faisaient des gorges chaudes pour l'exciter.

Juliette se tut toutefois.

On arriva enfin.

Elle vint me trouver et m'expliqua que, pour rendre vraisemblable son déguisement, il fallait qu'elle descendît à terre avec ses prétendus maîtres avant moi.

Naturellement, je ne m'y opposai point, et elle me quitta.

Nous espérions tous être mis à terre quelques heures après l'arrivée ; on nous garda trois jours encore...

Jamais les heures ne me parurent plus longues.

Enfin, des chalands nous prirent et nous portèrent à quai.

Je touchais au sol de la Nouvelle-Calédonie, où je devais rester pendant sept ans et assister à tant d'événements.

II

L'île Nou. — A l'eau les bibelots. — Sous le bâton des Arabes. — Cet escogriffe de colonel Charrière. — Son premier speech. — A la guillotine !

Nous abordions à l'île Nou.

A peine avions-nous touché terre que les vexations commençaient.

On nous fouilla.

Tout ce que nous avions, en dehors de nos vêtements réglementaires, fut jeté à la mer.

J'avais des photographies, des notes, des papiers précieux.

Tout fut lancé à l'eau.

L'un de nous, qui protesta, fit immédiatement l'apprentissage de ce que valaient les forçats arabes, dont on avait fait nos gardiens et nos maîtres.

Car nous eûmes, nous Français, nous les vainqueurs, nous eûmes cette humiliation d'être mis sous le joug de ce qu'il y avait de pire dans la pire espèce des Arabes, dans la lie des tribus.

Le malheureux qui réclama fut à moitié assommé par ces contre-maîtres arabes.

Et ils riaient entre eux, criant en mauvais français :

— Moi li montrer à toi qu'est-ce qui c'est communard ! qu'est-ce qui c'est République !

Et brandissant leur bâton :

— Voilà République pour toi ! Toujours travailler sur ton dos, république.

Je dois rendre cette justice à deux surveillants qui se plaisaient en Nouvelle-Calédonie ; ils demandèrent à rentrer en France, malgré l'avancement qu'on leur offrait.

On les questionna.

LE POTEAU DE SATORY 115

Mme Vve Scepers, riche créole hollandaise, chassant M. Lidoire, émissaire chargé de l'évasion du docteur Bastoul, et l'ayant trahi.

— Nous sommes de vieux soldats d'Afrique, dirent-ils; nous ne pouvons supporter de voir la crapule arabe investie de commandement et persécuter les Français. Et ils partirent. Tant pis! C'étaient les meilleurs.

J'ai dit que l'on jetait à la mer tous les menus objets que nous possédions ; je rassure le lecteur. Rien n'est perdu.

Je rentrai en possession de mes notes, de mes photographies, de tout.

Comment!

Parce que les mêmes individus qui vous dépouillent, pour exécuter le règlement, plongent ensuite et repêchent tout à leurs moments perdus ; ils viennent vous offrir à haut prix ce qu'ils ont retrouvé.

Et comme tout le monde partage les bénéfices, on ne tracasse plus les forçats sur la possession des objets ainsi reconquis à prix d'argent ; car, si on les leur reprenait, ça se saurait de forçat à forçat, et la confiance s'envolerait. On ne rachèterait plus.

Après avoir été *barbottés*, c'est le mot technique, on nous conduisit dans une espèce de prison à part, où l'on nous enferma avec défense, sous peine de mort, de parler à qui que ce fût.

On nous fit manger une soupe infecte et l'on nous laissa à nos réflexions.

Le lendemain, visite du directeur général du pénitencier.

Ce fonctionnaire est un colonel retraité et se nomme Charrière.

Il me semble que si un homme est jugé trop vieux pour conduire un régiment, à plus forte raison n'est-il pas apte à mener des bandes de forçats réputés difficiles à manier.

Pourquoi donc recruter des vieilles ganaches militaires retraitées pour ces postes qui demanderaient l'âge viril, toutes les forces, toutes les énergies, toute la justice et tout le tact d'un galant homme, d'esprit libéral et de main très ferme, aussi bien contre les forçats que contre la chiourme ?

Pourquoi cette haute position dans une colonie à un homme muni déjà d'une très belle retraite ?

Parce qu'on voulait un docile instrument de vengeance contre les déportés politiques ; parce qu'il s'agissait de seconder activement les pères maristes et de convertir ces affreux communards ou de les faire crever de misère.

Le colonel Charrière était confit en cléricalisme ; homme d'entendement étroit, d'esprit obtus, ne connaissant que le règlement et l'appliquant brutalement, l'aggravant, le compliquant, ce colonel avait l'aspect le plus désagréable qu'il fût possible d'imaginer.

Qu'on s'imagine, sur un corps maigre et long, une tête de sacristain, rogue, blafarde ; une tête portée comme un saint-sacrement ; l'œil hagard et hors de paupière, était injecté de bile ; la bouche, mince, était pincée ; le geste à effet cherchait la solennité, et trouvait le ridicule ; la parole était bredouillante et embarrassée.

Le colonel parut, fit les grands bras, nous terrifia de ses regards apoplectiques, et prononça une harangue.

Imaginez-vous le maréchal Rrran se fendant d'une allocation.

Il répétait les mots avec fureur, sans avancer ; une demi-heure pour dix phrases !

« Forçats !
(Un silence.)
« Forçats !...
(Silence prolongé.)
« Tas de forçats que vous êtes !
(Silence et étonnement.)
« Je dis que vous êtes un tas de forçats et je ne fais pas de distinction. Voilà !...
« Pas... pas... de politique... ici... Je dis : ici ! Vous... vous entendez !... ici..., pas ailleurs... La marine ne me... ne me... regarde pas... Je suis militaire..., je dis : militaire..., pas marin... On vous a menés... je dis : menés... dans la traversée... comme... comme... on a voulu... Ici... ici... c'est autre chose... La marine, c'est des roses... On vous fera voir ici ce que c'est que... que... le rrrrèglement... Nous avons une guillotine !... Vous entendez... une guillotine haute comme ça...
(Il étendit le bras.)
« Et elle fonctionne toutes les semaines pour les communards récalcitrants !
« Tenez ça pour dit ! »
Tel était l'homme aux mains duquel on avait remis notre sort.

III

Comment nous étions dirigés. — Un interrogatoire intelligent. — Second *speech* du commandant. — Le classement. — Sauvé, mon Dieu !

Après avoir fait son *speech*, le directeur me demanda.
Je répondis :
— Présent !
Il se fâcha.
— Présent ! fit-il. Présent ! Ce sont les soldats qui répondent : présent. Vous êtes forçat, vous, vous n'êtes pas soldat.
Puis :
— Vous êtes recommandé au prône. C'est bien ! Je vous ai assez vu comme ça. Rentrez dans le rang et vivement.
J'étais recommandé.
Je pensai que ma famille avait écrit au gouverneur, qui aurait invité le directeur à se montrer doux pour moi.

C'était tout le contraire.

M. le directeur se met à grommeler entre ses dents :

— C'est du joli ! Un forçat qui blague les surveillants et leurs femmes ! Ça tranche du docteur ! On lui fera prendre une médecine de quatrième classe, double dose.

Je tombais du haut de mes espérances ; j'étais recommandé par le surveillant qui m'en voulait tant !

Le directeur interrogea d'autres politiques.

C'était chose cocasse de l'entendre... J'en ris...... aujourd'hui.

— Comment vous appelez-vous ?

— Un tel.

— Très bien, je le savais ! Votre numéro est connu. Qu'avez-vous fait ?

— J'ai fait partie de la Commune, et l'on m'a envoyé ici.

— On a eu tort. Il fallait vous décorer ! Ah ! vous étiez de la Commune ! Je le savais... mais je voulais vous le faire dire...

Puis d'un air terrible :

— Et vous n'avez pas honte ! Vous osez me regarder en face...

L'homme baissait les yeux pour ne pas irriter le tout-puissant directeur.

Il continuait :

— Combien d'années de travaux forcés avez-vous ?

— Dix ans !

— Je le savais... Vous crèverez ici !... N'espérez rien.

— J'espère mourir. (Historique.)

— Ah ! vous croyez ! Eh bien, vous ne crèverez pas. On vous empêchera de vous suicider.

Avec onction :

— Voilà ce que c'est que d'être sans religion ! On ne craint pas d'offenser Dieu en parlant de se suicider ! Mais on vous en donnera de la religion... à coups de martinet, au besoin.

Puis avec mépris :

— Levez-donc la tête ! Je n'aime pas les sournois, moi ! Franc militaire, moi ! Je veux qu'on me regarde en face, moi !

— Vous venez de me dire de baisser les yeux, Monsieur le directeur.

— Hein ! Des observations ! Qu'est-ce que c'est ! Répétez voir...

— Monsieur le di...

— Taisez-vous ! sacrebleu ! taisez-vous ! sinon le cachot !

Et il passait à un autre.

Après cette revue, nouveau speech plus bête que le premier.

« Il n'y a rien à tirer de vous, je le sais, je le sais ; vous êtes de la canaille incorrigible, les politiques surtout ; vous êtes pourris jusqu'aux os, jusqu'aux os, je dis jusqu'aux os. Il n'y a rien à faire, je le sais, je le dis. Mais j'entends qu'on s'amende, on s'amendera, ceux qui ne s'amenderont pas, gare au martinet ! Les politiques comptent sur la République ; je me f... de la République, il n'y a pas de République... c'est un gouvernement provisoire, en attendant un vrai gouvernement. Il n'y aura jamais d'amnistie, je vous le dis, sacrebleu ! jamais jamais, jamais ! Voilà ! Pas de République ! pas d'amnistie et... marchez droit. »

Là-dessus, M. le directeur se retira ; il était temps ; nous allions lui rire au nez.

Je ne charge pas.

J'ai sténographié ce speech-là ; Simon Mayer en a noté un autre ; on peut les comparer.

C'est de la même farine.

On nous laissa dans la cage encore quelque temps ; puis un beau jour, on nous fit faire la promenade.

Je croyais que c'était une mesure d'hygiène.

O naïf !

Il s'agissait de faire le tour de l'île Nou.

On nous promena d'éminence en éminence, et l'on nous dit :

— Vous voyez ! pas d'évasions possibles. Partout la mer !

Il n'y avait pas à en douter après avoir fait le tour de l'île, soit 20 kilomètres.

C'est un boyau de terre de 6 kilomètres de long et 1,500 mètres de large ; une portée de chassepot environ.

Il y a dans l'île une végétation puissante, des arbres superbes dont je reparlerai plus tard ; tous ces arbres, toute cette verdure ont des teintes sombres et semblent monotones.

Telle fut, du moins, mon impression.

Après cette promenade, on procéda à notre classement.

Il y a quatre classes.

En arrivant, on est ordinairement placé dans la troisième.

Les hommes notés dangereux et incorrigibles sont mis dans la quatrième ; j'ai dit ce qu'était cet enfer.

La troisième est un purgatoire ; mais quel purgatoire !

Je dirai ce que j'y ai souffert.

Après deux années sans punition, les forçats passent dans la seconde classe.

Mais, allez donc éviter les punitions avec les *vaches*, les surveillants arabes et français, avec une chiourme qui a les *politiques* en horreur et veut les martyriser.

Après deux années de deuxième classe, on passe à la première.

Sait-on quelle est la différence entre les trois classes ?

Immense…

Dans la troisième classe, on ne gagne rien.

Dans la seconde, on gagne dix centimes par jour.

Dans la première, on gagne vingt centimes.

On gagne…, mais on ne touche pas.

Je demande qui vole cet argent.

Si un forçat de deuxième ou de première classe a touché sa paie, je demande qu'il lève la main.

Personne ne bougera.

Comment voulez-vous qu'il en soit autrement, étant donné que personne ne peut réclamer sans s'exposer à la mort ; c'est si facile de faire périr un forçat !

Que doivent penser les voleurs qui sont au bagne, quand ils voient qu'on les vole ainsi !

Un mot encore sur la quatrième classe pour laquelle j'étais désigné.

Jamais les forçats n'y ont une minute de liberté.

Le travail fini, on les enferme à double tour.

Dans ce climat, par cette chaleur, c'est un supplice intolérable.

Et bien ! c'est là que furent classés Humbert, aujourd'hui conseiller municipal de Paris; Roques de Fillol, l'honorable maire de Puteaux, Trinquet, et tant d'autres.

Motifs ?

Aucun autre que d'être des politiques marquants et bons à torturer.

Et moi ?

Moi, je l'échappai belle, grâce aux démarches qui furent faites et auxquelles ma femme imprima une grande activité et beaucoup de ténacité.

Ni moi, ni Antoine, nous ne fûmes désignés pour cette terrible classe.

Je ne sais si le lecteur s'intéresse à ce pauvre Belle-Plume qui n'était pas, en somme, un grand coupable, étant donné l'entraînement qu'il avait subi ; en tous cas je constate qu'il fut mis à la troisième classe comme nous.

J'en fus bien aise.

Dans la troisième classe, en dehors des heures du travail, on est libre dans l'enceinte du camp, jusqu'au moment où la retraite sonne.

On peut donc causer entre soi, se consoler et s'entr'aider.

Je fus bien heureux de retrouver Antoine et de pouvoir m'entretenir de Juliette avec lui.

Je croyais être quitte ou à peu près des tortures de la quatrième classe.

Je me trompais.

Je le vis bien à la première journée de travail.

On sait que mon éducation m'avait peu préparé aux travaux de terrassier ; tel était pourtant le métier qu'on m'imposa.

Je dis métier.

Manier la pioche est un métier, manier la pelle en est un autre.

Il faut un minimun de six mois, non pour y exceller, tant s'en faut, mais pour se tirer d'affaire.

Tout le monde sait cela ; la chiourme seule feint de l'ignorer.

Elle vous donne une tâche, sur un sol ingrat qui découragerait un *piocheur* auvergnat ou un *pelleur* belge, et elle exige que vous vous tiriez d'affaire.

Sinon les punitions marchent.

Or, j'avais été recommandé au prône, on le sait.

Aussi le surveillant qui m'en voulait tant me dit le matin du premier jour, au départ :

— J'en veux voir un sur le flanc ce soir et crevé dans huit jours. Oui, je verrai ça.

Et les forçats de droit commun se mirent à rire.

Voir crever un politique leur plaisait.

Bons forçats !

Doux camarades !

IV

Le contre-maître arabe Ali-Mouffock, dit Abdallah. — Chien de chrétien. — Neveu du général. — Changement à vue. — Encore un speech.

Le tour que le surveillant me jouait était d'autant plus cruel que rien ne l'obligeait, je dirai même ne l'invitait, à m'envoyer à la terre.

En effet, les *chantiers* avaient été formés par professions, d'après les notes ; on avait composé des ateliers de cordonniers, de tailleurs, etc., etc.

Mais ceux qui n'étaient pas aptes à la terrasse, les malingres, les chétifs, quoique sans profession, avaient été distribués dans ces ateliers, comme hommes de peine.

D'autres avaient été chargés de confectionner de la sparterie, ce qui s'apprend très vite.

On aurait pu me caser là.

Grâce au surveillant, il n'en fut rien, comme je l'ai dit.

Pour nous donner du cœur à l'ouvrage, on nous rassemblait devant la guillotine, sur le chemin qui y conduit.

Les allusions ne manquaient jamais.

Mon surveillant me dit :

— Voilà la veuve, celle qui se marie pour deux secondes ; un baiser sur la nuque, et c'est fini.

Puis en manière d'avis :

— Elle aime à épouser, la veuve! Elle s'est mariée la semaine dernière, elle s'ennuie ; elle attend un prétendant cette semaine. Ce sera peut-être vous.

Il me toisait d'un air narquois.

Je fus assez surpris quand les *pelotons* furent formés, quand chaque atelier fut complet, de voir que l'on nous mettait sur deux rangs, comme des soldats ; que l'on nous faisait l'appel, comme aux soldats ; qu'il fallait répondre : présent! comme les soldats.

Et le directeur qui m'avait rudoyé pour avoir répondu : présent!

Drôle d'homme, ce directeur.

L'appel terminé, chaque surveillant reçut les *ordres*.

Il les communiqua aux contre-maîtres qui nous commandaient.

Le tambour roula, puis battit la marche, et chacun se mit en route *militairrrrement*, comme disait le colonel directeur.

Mon contre-maître était un Arabe de la pire sorte.

Il se faisait appeler Abdallah.

Pourquoi?

Parce que, m'a-t-on dit, il appartenait à une famille illustre, et que l'on voulait lui ménager un retour honorable parmi les siens en Algérie.

Il aurait été condamné sous un faux nom et serait sous ce nom au bagne.

Ce bandit avait été pris sur les frontières, où il faisait métier d'assassiner les colons et de piller les concessions.

Il était avéré qu'il avait enlevé un garçon de 10 ans, puis lui avait scié le cou pour qu'il ne le dénonçât point.

Un colon de Nouméa et sa fille, fuyant devant l'insurrection.

C'est à la suite de ce forfait qu'il avait passé la frontière pour se lier avec les bandes de brigands Béni-Smassenn, qui font continuellement des incursions chez nous.

Tombé dans une embuscade, il aurait été fusillé sans pitié, comme l'exigeait la loi de la guerre ; mais il avait révélé son nom véritable à un officier de bureau arabe.

Celui-ci, largement payé par la famille, riche, très influente dans la province d'Oran, avait réussi à faire traîner les choses en longueur.

On inventa un moyen de faire juger ce scélérat par un conseil de guerre éloigné du théâtre de ses crimes ; on écarta les plus monstrueux, et il ne fut pas décapité.

A peine arrivé au bagne, il était nommé contre-maître.

Rien n'égalait son insolence.

Il se sentait protégé, et parlait aux surveillants eux-mêmes avec hauteur.

Il nous traitait avec le dernier mépris et la dernière brutalité :

« Chiens de chrétiens *alouf el rabaa* (cochons de la forêt), lièvres français, pourriture d'infidèles, etc., etc. »

Et les coups pleuvaient.

Les forçats de droit commun eux-mêmes n'ont pas pu supporter cette morgue ; l'un d'eux a froidement résolu de donner sa vie pour châtier un de ces contre-maîtres arabes.

Il l'a tué raide, d'un coup de couteau bien placé.

Devant le conseil, il déclara qu'il lui était impossible d'entendre un étranger, « un Bédouin », nous traiter de lâches Français, de porcs français, se sauvant devant les lions prussiens.

Le conseil parut fort peu se soucier de cette susceptibilité patriotique, et il prononça la peine de mort.

Le malheureux fut exécuté.

A ce sujet, je dois constater que les forçats conservent très vif le sentiment de la nationalité ; je dirai même plus : ils ont le patriotisme du clocher.

Ils se prétendent très au-dessus des forçats des autres nations, comme adresse, comme audace et comme intelligence.

Ceci, je le crois.

Puis ils se divisent en forçats du nord et du midi ; deux classes ennemies, rivales, se disputant toujours.

Au milieu d'eux, le forçat parisien, né natif de Paris, forme clan à part ; c'est un type très curieux à étudier.

A vrai dire, c'est le plus original, le moins et le plus corrompu ; c'est lui qui mêle tous les fils des complots, qui mène le bagne et le domino par la rouerie.

Tout ce monde-là est Français, bon Français ; tout ce monde-là voulait se battre contre les Canaques, lors de l'insurrection, et se serait bien et loyalement battu.

On conçoit que, pour tous, il était extrêmement pénible d'être sous le *matraque* (bâton) des contre-maîtres arabes.

Pourquoi cette faveur de nommer ces gens-là chefs d'ateliers ?

Ils ne valent pas mieux, ils valent moins sous tous les rapports, que nos forçats.

J'étais donc, je le répète, sous la coupe de cet Abdallah.

Nous arrivâmes sur le terrain, et l'on distribua les tâches ; je vis bien que je ne terminerais jamais la mienne.

Le soleil ardent me dévorait, la soif me tuait, je maniais maladroitement l'outil qui ne mordait pas sur le sol calciné et pierreux ; au bout d'une heure, j'étais rendu, exténué, mourant.

Je m'arrêtai.

Le surveillant me guettait.

Il détacha vers moi Abdallah et vint lentement sur ses talons.

L'Arabe commença par me lancer une bordée d'injures.

Je saisis, au milieu de son baragouin, une vantardise dont je compris le sens.

Il répétait : moi, *fils de grande tente*, moi, fils de chérif ; moi, pas chien comme toi.

La colère m'inspira une réponse qui partit malgré moi.

— Eh bien, moi, lui dis-je neveu du général X... ; général X... aller en Afrique ; quand toi y retourner, toi avoir cou coupé par chaouch du général ; moi, gracié bientôt et moi dénoncer toi au général X... Voilà.

Abdallah connaissait mon parent, qui n'était pas plus tendre pour les Arabes que pour les Parisiens.

Il fut altéré.

Voyant l'effet produit, moi qui évitais de parler jamais de cette parenté, je ne pus m'empêcher d'appuyer sur la chanterelle.

Abdallah tourna les talons, et il alla trouver le surveillant.

Celui-ci bondit vers moi.

— C'est toi qui te vantes d'être le neveu du général X... ? s'écria-t-il.

— Je me vante de ce qui est, répondis-je froidement. Du reste, c'est la première fois que j'en parle, pour rabaisser l'orgueil de cet Arabe.

— Est-ce vrai ?

Je haussai les épaules.

Le surveillant me prit le bras, et avec un mélange de colère, de respect, d'impatience et surtout de défiance :

— Je vous engage à réfléchir (il ne me tutoyait plus), me dit-il ; si vous me blaguez, je vous fais donner cent coups de fouet.

J'affirmais froidement mes dires.

— Mais alors, me demanda-t-il, pourquoi donc êtes-vous ici ?

— J'étais condamné à mort ? C'était beaucoup de commuer ma peine ? Vous avez bien vu, du reste, que vous n'avez pu arriver à me faire mettre à la quatrième classe. J'aurai ma commutation avant peu ; je l'ai déjà peut-être...

Mon assurance convainquit le surveillant, qui était dévoré d'un rêve : être décoré ?

Il se dit que s'il pouvait gagner ma bienveillance, se targuer de bons soins pour moi, le général X... lui ferait donner la croix.

Il changea immédiatement de ton et de manières.

— Quand on est fils de famille, on prévient son monde ? dit-il. Nous ne sommes pas des Turcs ? On a des égards ? Ne vous *esquintez pas* ; faites semblant de travailler, je fermerai les yeux.

Puis à l'Arabe :

— Tu as compris, toi ?

Abdallah secoua la tête et cligna de l'œil en souriant.

C'était une plate canaille.

On ignorait ma position au pénitencier, le surveillant en répandit le bruit.

Grosse affaire.

Les gros bonnets me traitèrent en personnage important.

L'un d'eux me fit un accueil charmant et un speech tout empreint d'une grande éloquence militaire.

— Vous êtes neveu du général X...; connais le général ! Rude soldat, le gén'rrralll ! Il sait pousser une charge, le gén'rrrraallll ! En avant et rrrran ! Ça y est ! J'aurai soin de vous autant que le service l'perm'tra ! M'avez compris. Le service avant tout ! Pas de passe-droit ! Le rrrèglement, rien que le rrrèglement ! Vous n'irez plus au travail. Absurde le travail ! Idiot faire remuer des pierres au n'veu du gén'ral ! Pas de passe-droit, je vous dis, nom de D... ! Jamais... Seulement, vous défends d'aller au travail ! Toujours malade, hein ! C'est malin, ça ! Rompez !...

Et je ne retournai pas à la terre.

Je n'en étais pas fâché.

Point de passe-droit, nom d'un chien !

V

Une occupation. — Le cadran solaire. — Bons conseils.

Je ne pouvais naturellement demeurer à rien faire du soir au matin.

— Toujours malade... m'avait dit mon supérieur ; pas de travail...

Je trouvais cela absurde.

Il me vint une idée.

Je la communiquai à mon supérieur avec tout le respect dû à sa haute intelligence et à ses capacités.

Je demandai une audience qui me fut accordée avec empressement.

— Ah ! c'est vous ! Très bien ! Vous venez me voir ! Très bien ! J'ai reçu une lettre du gén'ral ! Il m'a chargé de m'occuper de vous, le gén'ral ! Vous lui écrirez au gén'ral ! Je n'avais pas attendu sa lettre pour vous exempter du travail ! Absurde, le travail pour vous ! Bon pour les brutes ! Pas de passe-droit ; des égards, voilà tout. Qué s' que vous voulez ? Me remercier ! Très bien ! Reconnaissant ! Bien élevé ! Je l' savais ! Merci ! Vous direz au gén'ral que j'ai eu soin de vous. Rompez !

Cette fois, je ne rompis point, et je dis respectueusement :

— Pardon ! je puis peut-être rendre un service à la colonie.

Il comprit de travers et me dit :

— Un service ? deux services ? trois si vous voulez ! Enchanté ! Qué s'qué vous voulez ? Pas de passe-droit, mais tous les services possibles.

— Je ne demande rien pour moi ; j'offre de rendre un service.

— Ah ! vous ! Pas moi ! Trrrès bien ! Allez-y ! Je v' z'écoute !

— Avez-vous pensé, demandai-je, à ce qui arriverait, si toutes les montres et les horloges de la colonie s'arrêtaient ?

— Hein ! v'dites ? Les montres, oui ! ça s'rait drôle ! La mienne bat la *berloque !* Va trop vite ; s'arrête souvent.

— On n'est jamais sûr de l'heure, ici. On règle sa montre, à peu près, sur le soleil. C'est ridicule.

— C'est vrai, sacrebleu. Vous êtes intelligent ! Très intelligent !

— Il y aurait un moyen d'avoir l'heure exacte.

— Ah ! V' savez un chronomètre ?

— Non ! Mais je sais faire les cadrans solaires.

Ah ! C'dran solaire ! Ça me va ! Pas de blagues ! Va toujours bien ! Le soleil ne s' d'range jamais ! J'avais pensé au c'dran solaire ! J'sais les faire... mieux que vous ! Mais... pas le temps !

— Eh bien, si l'on veut me donner Belle-Plume pour dessiner, je ferai des cadrans solaires pour toute la colonie.

— Une belle plume ! allons donc ! Cent plumes ! mille plumes ! de tout ce qu'il faut pour dessiner !

J'avais bien envie de rire, mais je me retins.

Ce vieil imbécile aurait pu se fâcher ; je détournai un peu la conversation, puis je revins à Belle-Plume, et lui fis comprendre que c'était un forçat.

— Ah ! très bien. Prenez-le, me dit-il.

Et c'est ainsi que je créai à ce pauvre garçon une occupation agréable.

Je fus congédié par un mot superbe dans la bouche de ce crétin omnipotent :

— V' viendrez me montrer l'tr'vail ! Vous donnerai des conseils. J'connais l'astronomie, j'ai beaucoup étudié les astres, la nuit, quand je m'embêtais. En Afrique, j'n'dormais jamais, à cause des puces ! Sale pays !

Naturellement, je fis semblant de croire à la science de mon supérieur ; mais je me gardai de l'embarrasser en lui présentant mon travail avant qu'il ne fût fini.

Et ce que Belle-Plume et moi nous mîmes de temps à fabriquer ce cadran solaire, je n'ose l'avouer.

Il est vrai que nous fîmes beaucoup d'autres écritures.

C'est là que je vis comment se pratiquait en grand la dilapidation dans les colonies.

C'est effrayant.

L'huile destinée aux phares se transforme en huile de table par des échanges intelligents ; le vin des forçats devient du bordeaux par le même procédé ; l'étoffe pour vêtements est échangée contre des tissus de la plus mauvaise qualité, avec retour en argent.

C'est un pillage éhonté.

Il faudrait organiser une inspection non permanente, une commission dont les membres seraient souvent changés.

Alors, on en apprendrait de belles !...

Si la France veut savoir pourquoi ses colonies réussissent si mal, il suffit de lui dire :

— On y est voleur et volé !

Je terminai cependant ce fameux cadran solaire, et il fut installé.

Alors, toutes les stations en demandèrent et j'en fis plusieurs.

Plus tard, après mon départ, Belle-Plume hérita de la spécialité. J'avais fait son éducation.

VI

La musique. — Les musiciens. — Le martinet. — Le piment. — Assez...

Je n'ai jamais compris comment les abus du bagne pouvaient se perpétuer dans un pays de liberté.

C'est pour moi une chose inexplicable.

Comment ! un ministre a pu monter à la tribune et nier les tortures des forçats !

Comment ! aucun de ses collègues ne lui a crié :

— Vous mentez, amiral !

Racontons ce que j'ai vu.

Un matin on nous avertit de nous tenir prêts pour aller à la musique.

Qu'est-ce que la musique ?

C'est le concert.

Qu'est-ce que le concert ?

Vous allez voir.

Avant la soupe de 10 heures, roulement de tambour extraordinaire, ouverture du concert qui doit être vocal, me dit un vieux fagot ; deux seuls instruments d'accompagnement : le tambour et le clairon !

On nous forme en rangs et l'on nous mène à la guillotine.

Pour escorte, un fort détachement d'infanterie de marine, avec officiers.

Les fantassins forment sur leur ligne de bataille deux bras de potence, c'est-à-dire que leurs rangs dessinent trois faces d'un rectangle ; nous formons le quatrième.

Un correcteur apporta un banc qui fut placé devant nous ; puis on amena les musiciens ; c'étaient des condamnés.

Un autre correcteur vint, armé du martinet.

Les choses se passent comme pour le supplice de la corde ; mais l'instrument est plus terrible ; chaque lanière de l'énorme martinet a un nœud ou toron.

Ce nœud, très serré, est dur et lourd ; il arme le martinet d'une boule équivalant à une balle de plomb.

Chaque toron mord et entame ; vingt-cinq coups de martinet équivalent donc à plus de cent coups de corde.

C'est un raffinement de cruauté.

On commença par la petite musique, c'est-à-dire par ceux qui n'avaient à recevoir que peu de coups. On finit par la grande musique : le complet, vingt-cinq coups !

Je ne ferai pas de phrases, je ne chercherai pas à détailler l'horreur du supplice.

En quelques mots, voici la scène.

En face de nous, forçats, les soldats, pâles, impassibles, contenus par la discipline, mais émus, indignés, comme l'ont prouvé tant de lettres écrites par eux.

Devant nous, les bourreaux et les victimes se tordant sur ce banc rougi du sang frais qui coule, noir du sang caillé et figé sur le bois.

Dans l'air, les cris épouvantables du patient, protestation de la nature humaine contre cette torture abominable ; des cris qui s'entendent au loin en mer, sur les navires ; des cris qui fouillent toute poitrine d'homme jusqu'au cœur.

Ça et là un soldat qui faiblit devant ce spectacle, et que la voix sombre et rude d'un sous-officier redresse.

Quand c'est un forçat qui s'évanouit, le contre-maître ou le surveillant le relèvent... à coups de soulier dans les côtes.

Et cela se passe en France, en face de troupes françaises, sous la protection armée d'officiers français, sur des Français, les uns criminels et déshonorés, c'est vrai ; les autres innocents, comme nous.

Cela dure ainsi depuis Louis XIV ; cela dure depuis que les jésuites et les lazaristes se sont emparés des bagnes, après les *dragonnades*, pour y torturer les protestants.

Pouvons-nous laisser subsister ces châtiments, qui sont la honte d'une nation ?

Sommes-nous la France, oui ou non ?

Moi, j'espère que oui.

Si l'on savait ce que c'est qu'un correcteur !

Le nôtre trempait son martinet dans des acides, il le saupoudrait de piment, et il frappait avec rage.

Il se doutait bien que, tôt ou tard, un forçat de l'association le tuerait ou l'empoisonnerait ; de là sa rage.

Que de fois, assistant à ces scènes, je songeai à la révolte !

Mais les baïonnettes étincellent au-dessus des rangs de l'infanterie de marine.

On serait écrasé en un instant.

Puis, plus haut encore, brille sur la guillotine, qui domine le plateau, le couperet sinistre.

Et l'on se tait.

Mais les surveillants parlent.

Hein ! disent-ils ; comme ça coupe, le martinet ! Ça vous donne idée de *passer au banc* ? Chacun son tour, vous irez tous...

Et ils ricanent, blasphèment, vous menacent, vous insultent.

L'Eucalyptus (Nouméa).

Comment veut-on, avec de pareils procédés, ramener des forçats au bien?

Comment peupler, coloniser, avec des hommes qui ont amassé tant de haine?

Voilà pourtant les abus tant de fois signalés, toujours défendus par le ministère de la marine, qui ne sait que nier et mentir au pays du haut de la tribune.

Mais je ne me lasserai jamais de protester.

VII

Les maristes. — Les influences cléricales. — La messe forcée. — De la piété, nom de D... Les sermons au bagne.

Dans nos colonies, tous nos embarras, tous nos insuccès, ont pour point de départ l'influence cléricale et la fatale ingérance des missionnaires. Ceux-ci, voulant convertir de force les indigènes, emploient les plus dangereux moyens, se font appuyer par les baïonnettes, intriguent, complotent et finissent toujours par nous mettre sur les bras ou des révoltes ou même des guerres.

En Nouvelle-Calédonie, les maristes sont maîtres de tout, disposent de tout et entravent tout.

On leur a donné les meilleures terres, les meilleures mines.

On requiert pour eux, dans les tribus canaques, des travailleurs; au bagne, également; le tout, gratis.

Ils sont fabricants, agriculteurs, trafiquants, mineurs et omnipotents.

Ils ne paient ni impôts, ni droits, ni patentes.

Dans ces conditions, ils consomment à bon marché et produisent de même.

Comment les colons pourraient-ils lutter contre eux?

Les uns sont écrasés par les impôts, paralysés par les règlements.

Les autres échappent à toute surveillance et ne paient rien à l'État.

Depuis qu'un gouverneur moins dévoué à leurs intérêts, M. Olry, a succédé au trop fameux Pritzbuer, les maristes n'osent plus se faire franchement détaillants comme autrefois, mais ils détaillent tout autant.

Ils vous *cèdent* le trop plein de leurs magasins.

Ils vous font le plaisir de vous échanger leurs petites provisions contre votre argent, uniquement pour vous venir en aide.

Mais ils ne vendent plus.

Et de tout ainsi.

Ils tournent les difficultés.

On verra plus tard ce qu'ils feront de la Nouvelle-Calédonie.

Leur but est clairement indiqué; on le voit réalisé en partie.

On sait dans quel état misérable se trouve le Canaque, au point de vue intellectuel et moral ; c'est une brute.

Rien de plus facile aux maristes que de le convertir.

Toute tribu voisine des maristes devient catholique, serve, esclave des bons pères, do par la grâce de Dieu et des baïonnettes.

Voici comment.

La tribu est forcée de fournir des travailleurs aux bons pères; ceux-ci offrent aux Canaques, hommes ou femmes, de s'engager à leur service et de les payer, au lieu de fournir des corvées gratis; le Canaque accepte.

Il contracte un engagement, il est perdu; il devient la chose des bons pères, lui, sa femme et ses enfants.

Dès lors, il faut bien qu'ils se convertisse, le pauvre sauvage.

Les bons pères élèvent les petits et les petites dans la crainte de Dieu et dans le respect des maristes.

Tout ce petit monde travaille, grandit et s'instruit dans le giron de l'Église.

Pauvres petits Canaques.

Les filles deviennent habiles à la couture; elles habillent tout le monde et s'habillent elles-mêmes; il y en a de très gentilles.

Pauvres petites Canaques!

Peu à peu la domination mariste fait tache d'huile, s'étend, s'affirme, s'enracine; dans un certain nombre d'années, les bons pères auront toutes les terres, toutes les tribus, tout.

Alors ils exploiteront en grand la colonie; ils en feront ce que les jésuites avaient fait du Paraguay.

Tout ce que nous faisons là-bas, dépensé, sang versé, défrichement, ne profite qu'aux maristes; nous ne travaillons que pour eux.

Le colon libre ne peut lutter.

Quand on a voulu réagir contre les bons pères, quand on a envoyé M. Olry, ils ont tout tranquillement organisé la révolte des Canaques pour rendre M. Olry impossible. Et ils ont dit:

— Voyez! tout était tranquille avec les autres directeurs. Mais voilà une espèce de libre-penseur brouillon qui arrive; il a tout bouleversé, et la population se révolte.

Sait-on comment et pourquoi le colonel d'infanterie de marine, M. Galli-Passebosc est mort?

Comment?

Assassiné.

Pourquoi?

Il avait surpris de trop gros secrets.

Ce n'était pas, comme l'ont présenté les feuilles cléricales qui avaient reçu un mot d'ordre, ce n'était pas une de ces têtes ardentes et folles qui se précipitent à l'aveuglette dans de téméraires expéditions.

Le colonel tenait les fils d'une intrigue savamment ourdie; il s'était mis à la tête d'un détachement suffisant pour opérer vite et à longue distance certaines saisies, certaines arrestations.

Il voulait savoir et prouver d'où venaient aux Canaques leurs armes à feu et leurs munitions. Il y aurait réussi

Son escorte était suffisante, puis...   se tira d'affaire après la mort de son chef.

Il fut frappé de la plus étrange f...   ais qu'aucun de ses soldats européens, tous fidèles et dévoués, ait pu savoir d'où partait le coup; jamais ce triste mystère ne fut éclairci.

Il est bien tard; mais si le gouvernement voulait, voulait bien, voulait absolument, il finirait par tout savoir.

Seulement, la marine est maîtresse aux colonies, la marine est cléricale; même dirigée par un protestant, la marine ne fera rien pour connaître la vérité.

Mais si quelque jour un Schœlcher, ou un tout autre bon républicain, devient enfin ministre de la marine, nous obtiendrons une enquête sur les bagnes, sur la Nouvelle-Calédonie, sur les maristes.

On apprendra de curieuses choses.

Ainsi, ces bons maristes se sont emparés de certaines tribus par des procédés bien amusants.

Le Canaque est anthropophage; il mange de l'homme; c'est vrai.

Mais c'est la seule viande qu'il consent à manger, et il faut que l'homme soit son ennemi tué à la guerre.

C'est un sacrifice religieux, c'est un rite, une cérémonie.

Je prie le lecteur de croire que ce que je lui dis là est absolument vrai.

En dehors de cette chair humaine, le Canaque ne vit que de végétaux et de poissons; nous lui faisons horreur quand il nous voit dévorer des beefteaks saignants et des côtelettes juteuses.

Il est assez singulier d'entendre le Canaque parler de notre amour féroce pour la chair saignante, et de le voir repoussant celle que nous lui offrons, chaude ou froide.

Je vais plus loin.

Je suis convaincu que la constitution physique du Canaque est contraire à cette nourriture, tellement que, depuis qu'elle s'est civilisée, depuis qu'elle vit de viande, la population des îles Havaï va diminuant dans des proportions effrayantes ; les Havaïens sont de race canaque.

Qu'ont fait les maristes ?

Ils ont profité de cette tendance des Canaques ; ils leur ont dit que quand la viande nous manquait, nous faisions la chasse à l'homme ; que le seul moyen de nous échapper était de se convertir, parce que nous ne mangions jamais du chrétien.

Et les Canaques, qui nous voyaient avec terreur dévorer des quantités énormes de viandes, croyaient à ces bourdes et se faisaient baptiser.

Ainsi s'expliquent les étranges réponses que font à leurs maîtres les domestiques canaques ; réponses stupéfiantes.

— Pourquoi t'es-tu fait chrétien ? demanda-t-on à un Canaque.
— Moi croire vous manger moi !
— Qui te l'a dit ?
— Père mariste.

Interrogez-en dix, cent, tous vous feront la même réponse.

Le Canaque une fois converti, le père mariste lui fait une peur atroce de l'enfer et il le tient par là ; la naïveté du Canaque, sous ce rapport, n'a d'égale que celle des paysans bretons.

Le père mariste enseigne au Canaque qu'il doit s'habiller.

Le Canaque s'habille, et c'est le mariste qui lui vend ses vêtements.

Il le nourrit de riz et lui donne deux, trois, cinq sous, au plus six sous par jour ; mais ce maigre salaire revient toujours aux maristes par les achats forcés.

Encore, si le Canaque libre était misérable ! Mais non.

Il a d'immenses terres où il cultive le taro et toutes les plantes, toutes les racines qu'il aime ; toutes les fleurs qu'il vénère et qu'il adore ; tous les fruits qui sont la base de son alimentation ; il a du poisson en surabondance. Il vit heureux, dans une aisance relative. Dès que le mariste s'est emparé de lui, c'est un homme perdu.

Aussi, les Canaques libres appellent-ils les maristes des sauterelles noires.

On sait que les sauterelles sont un des fléaux du pays.

Rien n'aurait été plus facile que de civiliser les Canaques, la preuve de leurs aptitudes a été donnée par les populations de même race des autres îles.

Mais avec les maristes, le Canaque devient, d'une brute libre, une brute esclave, absolument avilie, dégradée, hébétée, perdue.

Tant qu'il y aura des maristes dans l'île, rien ne prospérera.

Veut-on savoir pourquoi les Anglais réussissent ?

Leur devise est liberté, *self government*, tolérance religieuse, commerce et libre échange.

La nôtre est : missionnaires, tyrannie administrative, intolérance, militarisme.

Avec cela on ne fait rien; tout est stérilisé.

Qu'on se souvienne du proverbe de l'extrême orient:

— Que pousse-t-il dans les colonies françaises ?
— Des robes noires.

Ces bons maristes ne se contentent pas d'exercer leur influence sur les Canaques ; ils cherchent à s'emparer des forçats qu'on transforme en colons. Grâce à eux, ce bon forçat est condamné à la prière forcée.

Tous les dimanches, on nous conduisait à l'église par troupes.

Le premier dimanche, grand speech avant de se rendre à la chapelle.

— Il s'agit d'aller à la messe; c'est beaucoup d'honneur pour de la canaille comme vous. Dieu est bon. Je dis bon, très bon, trop bon ! Pénétrez-vous de ça ! Quand je pense que Jésus-Christ est mort pour tout le monde, même pour les forçats, je dis que c'est humiliant pour lui, et qu'il lui a fallu du cœur pour se laisser mettre en croix. Parole d'honneur, je n'en ferais pas autant. Vous serez sous l'œil, à l'église, sous l'œil de Dieu et de vos surveillants ! Si vous bronchez, gare le martinet ! Celui qui dormira recevra cinq coups; celui qui n'exécutera pas au signal les exercices de piété, cinq coups; celui qui affectera de rire pendant le sermon, pour se moquer du père Vigouroux, dix coups! Vingt coups à ceux qui essaieraient de parler aux jeunes filles canaques, élevées par les bons pères; ce n'est pas du gibier pour vous.

Et maintenant, allez-y de bon cœur; si je suis content, vous vous en apercevrez. De l'onction surtout, sacrebleu! De la piété, nom de D...! ou le martinet.

Mais j'étais curieux de voir les petites Canaques.

J'avouerai que je n'en raffole pas ; mais tout le monde n'est pas de mon avis, témoin les enfants du Saint-Esprit.

Qu'est-ce que c'est ça ?

Questionnez respectueusement, je vous prie; ces enfants sont sacrés.

Un jour, je vis une femme canaque entourée de trois petits; elle était femme d'un domestique canaque au service d'un colon.

Elle avait deux de ses enfants, les plus jeunes, déguenillés et dégoûtants de malpropreté, de crasse et de nudité.

Mais l'aîné était bien vêtu et couvert de chapelets et de scapulaires.

Je demandai à la Canaque pourquoi cette différence ?

Elle me dit fièrement qu'elle avait servi au couvent étant jeune fille, que le Saint-Esprit l'avait visitée, qu'on l'avait mariée à un domestique indigène chrétien et que l'enfant était venu à cinq mois..., preuve que c'était le Saint-Esprit.

Un bon père en avait soin et lui donnait des habits et des objets de piété.

Il y a par centaines des petits Saint-Esprit dans la colonie.

C'est drôle tout de même.

Honni soit qui mal y pense !

Je suis quelque peu musicien, et quand j'entrai dans la chapelle, les petites Canaques se mirent à chanter l'évocation au Saint-Esprit en langue indigène :

Esprit Saint, descendez en nous !

J'aurais bien ri en dedans, car on m'avait conté déjà l'histoire des moutards sacrés; mais je souffrais trop comme mélomane.

Quelle infernale musique !

Je suis sûr que vingt chats, autant de chiens, des moutons et des ânes, assemblés et battus à outrance, ne déchireraient pas les oreilles par un pareil charivari.

C'est inouï, effroyable.

Ah ! ces petites Canaques, quelles voix pour chanter les louanges du Seigneur !

Les pères maristes avaient l'air de trouver cela charmant.

Leur grand orateur était le père Vigouroux ; je l'attendais à l'œuvre.

Un Cicéron.

Chaque fois qu'il prêcha, il insulta la République, son gouvernement, ses principes et ses partisans en bloc ; M. Thiers lui-même ne trouvait pas grâce devant lui ; il le comparait à l'Ante-Christ et Mac-Mahon à l'archange qui terrasse le démon.

Je n'ai jamais rien entendu de plus grotesque, de plus bouffon, de plus ridicule et de plus monotone.

L'orateur sacré me prit directement à partie.

Cette brusque attaque me déconcerta.

Me montrant à tous, il dit :

— Voilà une brebis égarée qui revient au bercail. Il est bien coupable, ce jeune homme ! Il a été communard et il se dit protestant ! Il renie ses erreurs, et je le confesserai aujourd'hui même.

Je me jurai qu'il n'en serait rien, dussé-je y laisser ma peau.

En effet, la messe finie, le père Vigouroux voulut me confesser.

— Monsieur, lui dis-je, je suis venu ici par force. C'est une violence que l'on m'a faite. Mais soyez sûr que le Consistoire de Paris protestera. On mettra le nez dans vos affaires ; il vous en cuira. Et maintenant, dénoncez-moi, requérez pour moi une punition, faites comme bon vous semblera ! Je suis sûr d'être soutenu et au besoin vengé.

Le bonhomme Vigouroux se le tint pour dit et bien dit.

Le dimanche suivant, je fus dispensé de la messe, comme les Arabes.

J'étais le seul !

Je me demande ce que ces missionnaires, aumôniers et autres, peuvent gagner à forcer des forçats incrédules et des prisonniers à entendre la messe.

De quel droit, d'abord ?

La loi vous condamne aux travaux forcés, mais non au momeries de l'hypocrisie.

Tout cela ne produit pas un atome de bien et engendre le mal, car un certain nombre de forçats singent la piété et il en résulte de scandaleuses faveurs.

Ces individus sont toujours graciés aux lieu et place des plus méritants.

Pour entretenir cette ferveur... d'hypocrisie parmi les forçats, les maristes ont soin de faire de la propagande, à l'aide des surveillants ; ceux-ci s'adressent surtout à ceux dont la grâce doit prochainement arriver.

Ils représentent les bons pères comme très influents et comme ayant sollicité ou fait solliciter cette grâce en France et auprès des autorités locales.

Puis ils inféodent le libéré à leur puissance et à leur globe.

Et, chose bizarre, tout forçat qui, devenu relativement libre et pouvant s'établir, s'est rallié à eux, réussit.

Les autres jamais.

On donne au forçat fidèle :

1° La meilleure terre ;

2° Des avances en argent ;

3° Des corvées de Canaques ;

4° Une Canaque très active et très jolie (si jolie est possible ; tout est relatif) ; on lui garantit qu'elle n'a pas été visitée par le Saint-Esprit ; en tout cas, la visite n'a pas eu de conséquence ;

5° On lui ouvre des débouchés commerciaux et on le soutient envers et contre tous.

Voilà ce qui se passe.

Le canot d'alarme pendant la tempête qui passa sur Nouméa. (Navire en détresse.)

Un libéré a été assassiné par les Canaques ; il avait une femme, ou plutôt une concubine indigène.

Comment a-t-on osé écrire que ce malheureux avait enlevé sa Canaque à main armée, dans une tribu ? Rien de plus faux.

Il avait reçu sa Canaque des bons petits pères.

Mais c'était un homme devenu dangereux et compromettant.

N'avait-il pas menacé les bons pères de révélations ?

Aussi les Canaques révoltés commencèrent-ils par l'assassiner.

Pauvre garçon !

Veut-on savoir si les maristes sont, oui ou non, comme autrefois les moines, des espèces de seigneurs féodaux, dominant tout un peuple asservi autour du couvent ?

Je n'ai qu'à donner la description de leur mission de Saint-Louis.

Je ne veux pas moi-même faire cette description ; je la prends telle que je la trouve dans un auteur qui parle *de visu*.

On y verra... la vérité !...

L'établissement est construit en planches avec soubassement en pierre. Il est long d'une centaine de mètres sur cinq ou six mètres de largeur. Il est borné par une grande barrière à claire-voie en bois, fermée par une large porte à deux battants, également à claire-voie. Tout autour du bâtiment règne une verandah.

A l'intérieur se trouvent :

Les magasins.

Un magasin est réservé aux vêtements, articles de nouveauté, mercerie et tabac.

Sur la gauche sont les logements des libérés, des civils et des Canaques attachés à l'établissement.

Derrière sont des écuries, des étables et des poulaillers fort bien garnis. Les maristes ne se privent de rien et mettent tous les jours la poule au pot, tandis que ceux qui les enrichissent se nourrissent de riz et de racines.

A droite se trouve une raffinerie à sucre.

En face de cet établissement commercial s'en trouve un autre : l'église. Mais j'en ai déjà parlé.

Si on laisse l'église à sa gauche et qu'on descende par un petit chemin couvert qui serpente le long de la colline, on arrive à un gigantesque pont rustique jeté à dix mètres environ au-dessus d'une charmante rivière aux eaux limpides et remplies de poissons. On les voit grouiller et faire des sauts de carpe.

A quelques mètres du pont tombe de la montagne une superbe cascade.

Dans ce paysage enchanteur, tout se revêt des teintes de la robuste verdure et des couleurs de l'arc-en-ciel. Les fruits et les fleurs poussent sans culture et, pénétrés de soleil et d'eau, prennent de colossales dimensions.

Les maristes ont bien choisi leur site ; je crois qu'on n'en trouverait pas un pareil dans le reste de l'île.

VIII

On passe notre argent dans les colonies. — Détails sur Nouméa. — Les popinées. — L'amour à Nouméa. — J'aime les militaires. — Une esquisse de la population. — Pauvre colon!

Je vais rendre un service à mon pays en lui expliquant pourquoi nous ne réussissons jamais, dans les colonies, qu'à engloutir notre or sans arriver à rien.

La direction des colonies, à la marine, est aux mains des cléricaux; les pires traditions s'y perpétuent.

Naturellement, les cléricaux n'envoient dans les colonies, autant que possible, que leurs créatures.

Or, tout en respectant infiniment un chrétien sincère, je demande à tout homme de bonne foi quel honneur, quelle probité, quel dévouement à la patrie peut avoir une créature des jésuites, point convaincue du tout, affectant les dehors de la piété, uniquement pour arriver, rivée aux intérêts de sa camarilla, ne pensant qu'à faire les affaires de son parti et les siennes propres.

Le fond de leur politique est celui-ci :

1° Les missionnaires et leurs intérêts avant tout;

2° Le moins de colons possible, ceux-ci étant gênants et concurrents;

Voilà pourquoi nous ne faisons rien nulle part.

Et nous dépensons des sommes folles; mais à quoi ?

On fait des églises et des casernes; puis c'est tout.

Et quand, par hasard, l'administration veut faire quelque chose pour le commerce, elle le fait mal, à grands frais, à grand renfort d'ingénieurs qui voient les choses au point de vue théorique, jamais au point de vue pratique.

Veut-on savoir ce qui s'est passé pour l'affreuse petite baraque qui sert d'église à l'île Nou?

C'est une bicoque de rien du tout, en planches, sur soubassement de pierre; l'autel est une table de bois recouverte d'un tapis à un franc le mètre.

Sur les murs, des tableaux de sainteté, qui sont tout simplement des gravures coloriées à cinq sous.

La France n'avait qu'à payer les clous pour clouer les planches, car le pays fournit tout le reste et *gratis*, puisqu'on a le travail des forçats.

Eh bien, cette église a coûté déjà cinquante mille francs au pays.

Je jure qu'elle ne vaut pas quinze cents francs.

Voilà où et comment nous dépensons notre argent.

Un méchant moine se met en tête d'avoir son église ; il intrigue, il se remue, il se fait donner de la terre, des corvées de soldats, d'indigènes ou de forçats, et cinquante mille francs, cent mille, plus encore... Avec ça, on construit une église de rien du tout, et l'on enrichit sa communauté avec les économies, disons les vols réalisés.

Il y a eu récemment des scandales qui ont prouvé à quel point on pille l'État dans les colonies.

Je n'ai qu'un mot à dire.

Comparez la situation de fortune du fonctionnaire qui revient avec celle qu'il avait en partant...

Je tiens à mettre mes concitoyens en garde contre une manœuvre qui a été employée par les réactionnaires pour endormir la sollicitude de la France, inquiète du sort des déportés ; on a voulu lui faire croire qu'ils étaient heureux là-bas comme coqs en pâte.

On a fait à la Nouvelle-Calédonie une réclame insensée.

Climat enchanteur.

Terre extraordinairement fertile.

Mines d'une richesse inouïe.

En réalité, la terre ne vaut pas la nôtre, excepté dans les bons coins, tous dévolus aux maristes; le café qu'elle produit a une odeur de poulrette très désagréable; il ne faut pas espérer grand'chose de l'agriculture en l'état actuel.

Les mines ont été rapidement épuisées, et ne rendent plus rien.

En somme, pour tirer parti de la colonie, il faudrait des routes.

Après avoir fait tant de dépenses inutiles, sait-on combien de kilomètres de routes on a livré au commerce et à l'industrie?

Cinquante kilomètres!

C'est absurde.

Tant que ce sera un ministre de la marine qui administrera les colonies, ce sera la même chose.

Nos amiraux sont de tristes colonisateurs ; ils ne comprennent rien aux besoins du commerce et de l'industrie.

Il faut créer un ministère des colonies ou donner les colonies au ministère du commerce.

En attendant, un bon conseil : n'allez pas vous établir à Nouméa tant que les choses iront comme elles vont.

Si quelqu'un veut crever d'ennui, il n'a qu'à s'en aller à Nouméa.

Oh ! la laide ville !

Et mal peuplée !

On n'y voit que des fonctionnaires rogues, gourmés, guindés, insolents ; des employés de la chiourme et des forçats libérés. Aussi les bons colons, les vrais colons, les honnêtes colons, sont-ils mal à l'aise avec tous ces gens-là.

On vous dira que Nouméa possède quatre mille maisons.

Haussez les épaules.

Ce sont des baraques en planches, du plus sale aspect.

La rade est vaste, immense, excellente ; mais nous avons tant dépensé pour les églises, qu'en fait de quai il y a un méchant débarcadère en bois, absolument ridicule et insuffisant.

Un détail à ne pas oublier :

Le fonctionnaire et le militaire méprisent profondément le colon, qu'ils affectent d'assimiler au libéré.

Le dernier garde-chiourme dit à un colon :

— Va donc, graine de bagne !

Et il en dit :

— J'ai gardé ça à la double chaîne.

Voilà des propos peu agréables.

Parmi les agréments de Nouméa, j'allais oublier la présence des femmes canaques. C'est d'un gai...

Imaginez-vous un être noir, sale, malpropre, hideux, qui va par les rues d'un pas traînant, avec un enfant sur le dos, et qu'elle allaite par-dessus ses épaules, ce qui donne une crâne idée de ses facultés comme nourrice.

Je crois qu'une femelle d'orang-outang, bien dressée, porterait le peignoir d'indienne tout aussi bien que la femme canaque.

Car, notez ce détail : ces malheureuses qui, autrefois, avaient un pagne fabriqué par elles-mêmes, sont, par décret, forcées de s'habiller à l'européenne.

Ce décret a été rendu au nom de la pudeur, sur les sollicitations des révérends pères maristes, qui avaient des confections à vendre.

Le Canaque est souvent grand, fort et bien proportionné.

La femme n'est bien partagée ni moralement, ni physiquement ; c'est une esclave, une ilote, une sacrifiée.

Jeune, elle n'a rien de féminin ; elle manque de grâce et n'a pas la vigueur.

Mariée, elle est vouée aux plus rudes fatigues, battue et écrasée sous les fardeaux.

Si, après la peinture que j'ai faite de la *popinée*, c'est ainsi que l'on appelle la femme canaque, le lecteur juge que les colons célibataires ont de l'agrément là-bas, il n'est pas difficile.

Et c'est là tout ce que l'on peut espérer en fait de bonnes fortunes.

Les rares Européennes qui sont à Nouméa sont mariées, et, si elles ne sont pas vertueuses, ce n'est pas sur un colon qu'elles jetteront les yeux.

Le refrain galant des belles est :

J'aime le militaire...

comme dans la *Grande-Duchesse*.

Ce qui semble condamner les procédés de l'administration des bagnes, c'est que, parmi les *libérés*, il y a des hommes qui se conduisent admirablement bien.

Plus d'un, je n'oserais dire beaucoup, passent pour honnêtes et sûrs ; on traite avec eux en toute sécurité.

La preuve qu'un forçat peut redevenir un bon citoyen est faite.

Des *libérés* se sont montrés excellents volontaires pendant la révolte des Canaques ; ils ont mérité les très vifs et très francs remerciements du commandant Rivière.

Conséquence à tirer :

Ne pas traiter aussi inhumainement qu'on le fait le forçat au bagne ; ne pas voir en lui un misérable à torturer, mais un homme égaré à ramener au bien.

Malheureusement l'idéal catholique s'est imposé au bagne.

Punir la chair, châtier la chair, dompter l'esprit ; c'est absurde.

La vieille idée haineuse du catholicisme prédomine, l'idée de l'enfer.

Tu as fauté, l'enfer.

Et l'on fait du bagne un enfer.

Tout ceci est à réformer de fond en comble.

Ah ! que les Anglais sont autrement humains, pratiques et intelligents que nous !

Nous devrions les imiter et réussir comme eux.

On sait ce qu'ils ont fait de l'Australie.

Nous avons cet exemple magnifique sous les yeux.

Mais nos amiraux sont aveugles.

IX

Les fourmis. — Comment les médecins obtiennent de beaux squelettes. — L'Anglais ivre et ce qu'on en retrouva. — Les araignées. — Le nickel. — Drôle d'idée d'un officier.

Je m'aperçois que je n'ai rien dit du plus grand fléau de Nouméa : les fourmis !

Elles sont un danger permanent, la plaie saignante au flanc du colon, l'ennemi sans cesse renaissant.

Innombrables comme les grains de sable au bord de la mer, elles sont aussi redoutables à l'homme isolé que le phylloxera à la vigne.

Elle sont partout et dans tout.

Ce n'est que par un travail acharné que l'on parvient à sauver les campements; on invente des moyens de défense puissants : l'eau, le feu, l'écrasement en masse; mais elles reviennent toujours; jamais le combat ne finit.

Veut-on se faire une idée de la quantité effroyable de fourmis en Nouvelle-Calédonie ?

Nous avons vu le ciel noir de mâles ailés; on aurait juré que c'était un grain qui passait sur l'île, un orage qui se formait.

Et les mâles sont en infime minorité.

Ces fourmis calédoniennes sont d'une force et d'une férocité dont nous n'avons pas idée; leurs pinces entament le bois le plus dur; il y en a d'une taille énorme.

Elles s'emparent des maisons, attaquent les poutres, les solives, les planches.

Un beau matin tout craque, tout se brise, tout s'émiette; la maison s'effrite et se réduit en poudre.

Le vent l'emporte.

Ma femme était sur le point d'acheter une petite baraque pour s'y établir blanchisseuse; fort heureusement, au moment de conclure, elle fut avertie.

La maison, un peu éloignée, était abandonnée depuis quelque temps.

Un obligeant colon dit à Juliette :

— J'ai idée que vous allez faire une mauvaise affaire. Allons voir ça.

Il sonda les poutres... elles étaient rongées au cœur.

Au premier orage, la maison disparut.

En une seule nuit, ces fourmis dévorent un cheval.

Les médecins qui désirent emporter des squelettes de Canaques ne font pas bouillir les corps comme nos étudiants à Clamart ; ils les font porter aux fourmis.

Celles-ci vous nettoient un cadavre le temps d'en parler et ne laissent que des os polis, brillants, dans un état admirable pour être montés en squelette.

On s'est demandé comment les Canaques se préservaient des fourmis.

Par le feu d'abord.

Puis ils savent le secret de certaines plantes dont les fourmis ont horreur, et ils s'en frottent le corps.

Quand les forçats connaîtront ces plantes, ils s'évaderont à l'intérieur.

On sait que les évasions à l'intérieur sont rares, toutes ou presque toutes se font par mer ; on attribue cela à la crainte des fourmis et des Canaques. Si un forçat isolé redoute ces sauvages, une bande ne les craindrait pas.

Mais cette bande périrait dans les forêts de l'intérieur, sous les mandibules des milliards de fourmis qu'elles renferment.

Il faut dormir, et le sommeil est mortel avec de pareils ennemis.

Combien de fois nos détachements n'ont-ils pas été attaqués par des troupes de fourmis si nombreuses, que l'on était obligé d'allumer des traînées de poudre !

Et ce qui m'a le plus frappé, c'est que ces pygmées ont conscience de leur lutte contre les hommes, ces géants !

On voit toutes ces petites bêtes, combattues par l'homme, se dresser sur leurs pattes de derrière et le menacer ; puis elles manœuvrent très intelligemment pour le tourner.

En moins de rien on en est couvert ; elles piquent, et leur venin, qui produit une aussi vive douleur qu'une piqûre d'abeille, donne la fièvre et abat celui qui s'y est exposé.

Il arriva une terrible aventure à un négociant anglais.

Il s'était grisé.

Il voulut quitter une station, ivre comme il l'était, et en rejoindre une autre ; il se perdit et s'endormit.

Le malheureux fut retrouvé le surlendemain à l'état de squelette ; une seule main n'était pas touchée.

Probablement cette main avait touché à l'une de ces plantes dont les fourmis ont horreur, et qui sont pour elles un poison.

Après la fourmi, l'araignée.

Quand je fis connaissance avec l'espèce géante de la Nouvelle-Calédonie, je fus très confus de la méprise que je commis, parce que je la pris pour un crabe.

Je voyais un insecte horrible, gros comme un corneau, velu, couvert d'écailles, hideux et armé d'une foule de pattes ; il allait à droite, à gauche, en arrière, et regardait avec des yeux noirs étranges.

— Qu'est-ce donc que ce crabe ? demandai-je à un vieux *fagot*.

— Ça, mon garçon, me dit-il, c'est une *araignée*, et ça vous suce le sang la nuit.

Plus tard je rencontrai, dans une autre forêt, l'araignée-crapaud, aussi grosse que le crapaud et semblable à lui ; elle avait un ventre flasque, mou, qui se gonflait et se dégonflait à volonté.

Je puis assurer que la griffe de celle-ci est venimeuse ; placée sur la peau nue d'un chien, l'une d'elles y marqua ses huit pattes et il poussa huit abcès (1).

Je suis certain que ces animaux, domestiqués, donneraient beaucoup de soie ; un libéré a fait, sur ces insectes, des études remarquables et très concluantes au point de vue de leur utilisation.

Leur nourriture ne coûterait pas cher, et leur soie est admirable.

Je dois dire ici un mot d'un arbre qui est une plante de salut en Nouvelle-Calédonie.

Sans lui, les plaines y seraient intenables, et la fièvre y tuerait.

Grâce à lui, les voisinages mêmes des marais putrides sont salubres.

On sait que ce sont les émanations des bas lieux, les pourritures de marécages, la décomposition des matières végétales par l'eau, qui engendrent la fièvre intermittente.

Or, partout où l'eucalyptus est planté, la fièvre est inconnue.

C'est à ce point que l'hôpital de l'île Nou est situé en plein marécage, et que cependant l'air y est très sain.

Mais ce n'est pas tout.

Les infusions d'eucalyptus guérissent de la dysenterie ; les inhalations guérissent de la bronchite et des coryzas ; les applications guérissent du rhumatisme.

Je n'exagère rien ; j'ai vu les prodigieux effets de cette plante.

De plus, l'arbre grandit avec une rapidité inconcevable, et fournit un bois excellent dans beaucoup d'applications.

On a réussi à acclimater l'arbre en Algérie, et l'on en attend de merveilleux résultats.

Parmi les autres plantes de marais, il y a un arbuste très épineux, dont les piqûres sont très douloureuses.

C'est avec les feuilles de cet arbuste que l'on fabrique la tresse pour chapeaux de paille.

Naturellement, ce sont les forçats que l'on emploie pour aller chercher ces arbustes ; il faut en rapporter quatre par homme ; lourde charge, mais surtout embarrassante et dangereuse ; on se met les épaules, le dos, les mains, le visage en sang.

(1) L'auteur, en ce moment en voyage, commet ici une petite erreur. Cette araignée est venimeuse, mais sa griffe ne distille pas le venin ; cette griffe marque son empreinte et perce la peau ; l'insecte se dégonfle alors et laisse échapper, par les voies naturelles, un liquide corrosif qui pénètre dans les plaies.

Il serait si simple, si peu coûteux d'organiser un transport intelligent et économique ; j'en fis la proposition.

Repoussée avec mépris.

Un communard avoir une bonne idée, une idée ayant le sens commun ! Jamais de la vie !

Où donc prenez-vous qu'un homme qui a pétrolé Paris puisse être bon à autre chose qu'à faire métier de forçat ?

Et l'on continue à gaspiller le travail et la santé des forçats.

Je reviens aux fourmis, à propos des plantes et de l'agriculture.

Là-bas, deux cultures seulement sont possibles : la canne à sucre et le maïs.

Nos légumes sont dévorés par les insectes à mesure qu'ils poussent ; pas d'herbe pour les bœufs et les chevaux ; pas de blé, pas de graine pour la volaille.

Celle-ci s'élève péniblement ; elle est rouge et coriace.

Aussi cette malheureuse colonie tire-t-elle tout de l'Australie ; nous enrichissons les Anglais à nos dépens.

J'ai dit ce que sentait le café calédonien ; le tabac est imprégné de la même odeur ; il est infumable.

Quel Eldorado que cette Nouvelle-Calédonie !

Et dire que, pour faire affluer l'argent à sa fameuse banque, les gouvernements réactionnaires qui ont précédé celui-ci n'ont pas craint de vanter officiellement cette île au sol ingrat comme un paradis.

En somme, pourrait-on y faire quelque chose et en tirer parti ?

Oui.

Mais il faudrait là un élément civil, libre d'agir à sa guise.

Il faudrait laisser le colon trouver des cultures possibles, lucratives, telles que celles de la canne et du maïs.

Il faudrait laisser l'initiative individuelle découvrir les bonnes mines de nickel, les exploiter en grand et par des procédés intelligents.

Il faudrait donner des ports sûrs comme débouchés à ces mines, et créer des routes allant du port à la mine.

Des civils comprendraient cela.

Le militaire n'a qu'une réponse :

— Je m'en... moque.

Je me rappelle cet officier auquel je disais que l'on avait tort de ne pas exploiter une belle mine de nickel, découverte à l'intérieur.

— Mais, me dit-il, il faudrait un poste très exposé, pour défendre la mine contre les Canaques.

— Eh bien, dis-je, les militaires sont là pour cela.

Il me regarda furieux.

— Ah ! fit-il, vous croyez qu'on va exposer des soldats pour faire gagner de l'argent à des bourgeois...

— Mais à quoi servent donc les troupes, sinon à protéger le commerce, la terre, l'industrie ?

— Monsieur, nous nous battons pour l'honneur et pas pour les vils intérêts des colons.

Et voilà comment ils comprennent la colonisation, messieurs les militaires... Absurde ! absurde !

X

L'absinthe et le sang ! — Complot et férocité. — La mort sous les balles. — Drôle de galoupette. — Le chevalier du Manteau-Rouge.

Veut-on savoir ce que c'est qu'un garde-chiourme ?

Voici une scène qui a eu des témoins nombreux.

Voici une scène qui a déjà été racontée, mais sur laquelle je suis à même de donner des détails effrayants.

Je demande à mon pays si nous sommes, oui ou non, des sauvages.

Il faut que cela finisse, que cela ne se renouvelle plus jamais.

Lisez.

Il était un certain Charpiat qui avait eu l'idée d'entrer dans la chiourme, sentant bien qu'il ne pouvait être bon à autre chose ; puis il demanda à s'en aller à la Nouvelle-Calédonie, où le temps compte double et où l'on gagne la croix d'honneur sur le dos des forçats.

Car il est bon de faire remarquer que l'on décore les gardes-chiourme, voire même les pires d'entre eux.

Charpiat était un alcoolique ; il avait l'œil bilieux, la lèvre pendante, le regard halluciné, la parole balbutiante de ceux qui *s'absinthent*.

Et il s'absinthait... il s'absinthait... au point qu'on le sentait arriver de cinq cents mètres, quand il était au vent.

Nous l'avons vu, entendu, titubant, gesticulant, bramant, toujours menaçant, ivre et déraisonnant des mille et milliers de fois.

J'en appelle à Humbert, à Mayer, à cent autres, à tout le monde, pour attester que c'était un ivrogne incorrigible et sans pareil.

J'ai recueilli une jolie appréciation sur son compte, un jour que je représentais à son supérieur le danger de confier de pareilles fonctions à une telle brute.

Ce digne supérieur, qui ne se grisait qu'à huis-clos et qui savait sauver le décorum, me répondit :

— Que voulez-vous ? On s'em... bête ici à crever. Il faut bien faire quelque chose pour se distraire. Alors, on boit. Mais ce Charpiat n'a aucun respect humain, sacrebleu ! Il se met dans des états impossibles. Toujours saoul, cet animal-là.

— Et s'il vous tuait un homme, lui qui menace toujours...

— N'osera pas.

— Mais cependant, hier encore, il a mis le canon de son revolver sur la tempe d'un forçat politique.

— J' sais, j' sais. Comprenais pas. V' disiez un homme... Grave, ça, tuer un homme. Mais un forçat... rien du tout. Bon exemple. Fait peur aux autres.

J'étais tellement abasourdi que je tournai les talons.

Je m'étais risqué à faire cette démarche, parce que l'on me montrait de plus en plus combien la protection du *général*, mon parent, me donnait d'influence ; les Arabes, si insolents pour les autres, étaient plats comme des couleuvres devant moi, et les surveillants me faisaient des signes de main et des sourires en me rencontrant.

Si j'avais signalé le danger d'une catastrophe, c'est que j'étais au courant de la petite et féroce conjuration dont Charpiat était victime.

Je dis victime, quoiqu'il fût bourreau.

On va voir pourquoi.

Ce malheureux Charpiat était exécré par ses camarades.

Il avait reproché à celui-ci de se prêter aux fantaisies lucratives que son épouse avait pour les officiers, voire même pour les militaires.

A un autre, il avait jeté à la figure sa trop démonstrative affection pour un forçat, genre Abadie.

A un troisième, il avait rappelé sa couardise au régiment.

Bref, il était exécré.

L'absinthe le rendait querelleur et audacieux.

Il disait tout, étant ivre.

On pensa au moyen de s'en débarrasser.

On trouva que si, étant sous l'hallucination de l'absinthe, il tuait un forçat politique, cela ferait du bruit, il y aurait enquête ; les bons petits camarades témoigneraient contre lui, et... il serait condamné.

On le poussa.

Un jour, à la cantine, on parla énergie, vigueur, courage, fermeté d'âme, et l'un des gardes-chiourme dit :

— Si les condamnés se f...ichaient de moi comme de Charpiat, je ne ferais ni une, ni deusse ; j'en tuerais un. Ça ferait taire les autres.

— Hein ! fit Charpiat, déjà, toujours ivre ; les condamnés se fichent de moi ! Tu as menti ! Ce n'est pas vrai !

Tous les surveillants se turent et haussèrent les épaules, affectant les airs les plus méprisants.

Charpiat s'en inquiéta.

Il demanda :

— Qu'est-ce qu'ils disent donc, les forçats ? Je veux le savoir !

— Ils disent que tu es fou à lier, que tu te grises, que tu bafouilles toujours. Et ils te font la nique et se fichent de toi par derrière. Si on m'en faisait autant, je jouerais du revolver.

Ils montèrent ainsi ce misérable Charpiat à outrance.

En même temps, l'absinthe pleuvait dans son verre.

Quand il fut à point, on cessa de verser, et on lui dit :

— C'est égal, tu n'oserais pas en tuer un.

— Si !

— Non !

— Vous allez voir !

— Allons donc !

Il sortit furieux.

Chacun comprit ce qui allait se passer et se retira dans un coin quelconque, mais à portée pour voir.

Charpiat allait de la cantine vers la guillotine.

C'est sur ce chemin qu'il rencontra sa victime.

Il mit le revolver au poing et coucha en joue un forçat qui venait à lui ; comme ce geste lui était favori, le forçat se contenta d'ôter son calot et de saluer profondément ce fantoche.

Jusqu'alors, cette soumission l'avait toujours désarmé.

Cette fois, il dit :

— Canaille, c'est pour de bon ! Tu y passeras.

Et il tira.

Le forçat fut atteint au bras et prit peur. Il tomba à genoux :

— Grâce ! grâce, Monsieur Charpiat, criait ce malheureux.

Et il tomba sur ses genoux, les mains jointes, se traînant aux pieds de ce gredin ivre et féroce.

Charpiat lui mit son revolver sur le corps, et, le brûlant de la décharge, le jeta renversé en arrière et sanglant sur le chemin.

A genoux, comme il l'était, le malheureux forçat fit un saut bizarre.

Charpiat se mit à rire.

Il dit à la première personne qui accourut :

— Ah! ah! Je lui ai fait faire une drôle de galoupette...

Or, ce digne M. Charpiat reçut la juste récompense de ce trait d'héroïque bravoure; le complot de ses bons amis fut manqué, absolument manqué.

Signalé comme un brave, comme un zélé, comme le chevalier sans peur et sans reproches de la chiourme, comme le Bayard de l'île Nou, il fut nommé surveillant-chef !

A qui doit-on cette scandaleuse nomination ?

A l'excellent colonel Charrière, l'homme des jésuites.

Quand il partit enfin, les forçats politiques se vengèrent.

Ils avaient vu cet homme jeter tant de malheureux sous le couperet, qu'ils appelèrent la guillotine :

Madame veuve Charrière.

Ils parvinrent une nuit à écrire des billets de faire-part et à les déposer dans différents endroits, notamment chez les lazaristes.

Ces billets annonçaient, au nom de Mᵐᵉ veuve Charrière, née Guillotine, la mort de son époux regretté, le colonel Charrière de Manteau-Rouge.

Pauvre vengeance, mais douce à savourer.

XI

Mourir à petit feu, ou, pour mieux dire, à grande pluie. — Les marches au café. — La soupe lavée. — Cinq lieues de brouette. — La mer de boue. — Le lit de camp. — Au travail. — Juliette blanchisseuse. — Évasion d'Antoine.

J'ai peu parlé d'Antoine, il était à la quatrième classe.

J'ai dit ce que c'était.

Jamais une heure, une minute, une seconde de liberté.

Les travaux les plus dangereux, les plus malsains, les plus pénibles.

Invitation aux surveillants de se montrer féroces.

La nuit, un sommeil lourd dans un dortoir semblable à ces cages de navires que j'ai décrites ; pas de sommeil ; une lutte acharnée contre les fourmis.

Le jour, dès l'aube, on marche pour aller au travail ; marche interminable; pour manger l'affreuse soupe du déjeuner, marche ; pour retourner au travail, marche ; pour revenir au gîte, marche... Des marches d'une heure, de deux parfois ; douze heures d'éreintement sur des labeurs impossibles et... double chaîne aux pieds.

C'est effrayant, et cela dure deux ans...

Antoine, je l'ai dit, fils de Tzigano, n'était pas de notre sang.

Pour lui, le premier des biens était la liberté.

Il maudissait la France, je le sais ; il méprisait les Français, je l'avoue.

Il disait souvent :

— Une nation qui laisse se commettre de pareilles horreurs ne mérite que la révolte ; une marâtre n'est plus une mère ; une patrie qui torture ses enfants n'est plus une patrie.

Il résolut de fuir.

Dès lors il affecta le calme, le silence et la résignation.

Il n'en menait pas moins l'*association*.

Ce qu'il souffrit, je vais essayer d'en donner une idée.

Comme je l'ai expliqué, l'administration a la haine du forçat ; elle ne songe pas à le faire revenir au bien, à l'encourager, à le transformer, à le ramener.

Elle veut qu'il souffre.

Elle veut qu'il meure.

Il arriva un jour des instructions à propos de la quatrième et de la troisième classe, instructions secrètes en ce sens qu'elles durent être anéanties ; mais instructions que j'ai connues, parce que l'on s'est targué de m'avoir rendu service, en m'exceptant d'une certaine liste destinée à subir une épreuve effrayante.

En effet, ces ordres portaient :

1° Que l'on remarquait, dans les rapports journaliers, beaucoup trop de forçats, des politiques surtout, qui étaient malades, partant exemptés de travail, partant nourris à rien faire.

2° Qu'il fallait former des détachements, par des temps de pluie, et les envoyer à des établissements divers, en leur imposant des marches épuisantes qui feraient reconnaître les vrais malades des faux.

3° Qu'il fallait mettre la plus grande rigueur dans l'exécution de ces ordres.

Autrement dit, il s'agissait tout simplement de faire mourir, ou tout au moins d'amener au plus bas les anémiques, afin qu'ils crevassent de bronchite ou de diarrhée.

Coups de vent du sud en Nouvelle-Calédonie.

Ce moyen d'économiser la nourriture des forçats invalides est l'assassinat.

On forma donc des colonnes.

Les unes furent envoyées à la baie du Sud où l'on est dans l'eau toute la journée pour former des trains de bois, et où l'on manie des pièces de charpente énormes ; il faut faire là un métier auprès duquel celui de débardeur est un enfantillage.

L'eau étant ferrugineuse laisse sur le corps une teinte indélébile, qui fait de vous un Indien Peau-Rouge.

De plus, on y crève littéralement de faim, car les surveillants, non surveillés, y sont maîtres absolus et font tout ce que bon leur semble ; naturellement ils volent à outrance les forçats.

Ces surveillants sont les plus atroces canailles de toute la chiourme.

D'autres colonnes furent dirigées sur Saint-Louis, dans la grande terre.

Hélas ! je vis là de pauvres camarades qui se désolaient en quittant la ferme du Nord.

Il y avait là un contre-maître humain, chose rare, et un chef de camp juste, qui se contentait de faire exécuter le règlement sans l'aggraver.

Il se nommait Argentier.

Je lui paie ici le témoignage de ma reconnaissance pour nous tous.

Je tiens à dire qu'il mérite une mention très honorable au milieu de tant de bandits qui déshonorent le corps des gardes-chiourme, premier régiment de France.

Humbert, Mayer, Marotteau, dans des lettres ou dans des articles, ont raconté certaines marches destinées à l'épreuve qualifiée : *J'y laisse ma peau !*

Voici une de ces marches.

La colonne partit de l'île, en canots, par un temps exécrable, avec un mauvais café dans le ventre, reçut à bord, les pieds dans l'eau, les paquets de mer et la pluie glaciale.

A terre, la boue était si épaisse, que l'on y enfonçait jusqu'aux genoux.

Les contre-maîtres et les surveillants, bien couverts, bien chauffés à l'intérieur, bien chaussés, n'en trouvaient pas moins la corvée mauvaise et se montraient exécrables.

Ils conduisirent les forçats au chantier prendre des brouettes, des pelles et des pioches ; chacun eut sa brouette et sa paire d'outils.

Il fallut pousser ces brouettes dans la boue ; et elles s'enfonçaient si profondément, que la planche d'arrière refoulait la boue, comme la racloire d'un de nos balayeurs.

On ne voyait pas la roue.

La pluie tombait toujours à flots.

On fit cinq lieues dans ces conditions, et c'était certes une scène de l'enfer du Dante, que, ces ombres d'hommes poussant leur brouette à travers la fange, sous un ciel noir comme l'encre. De temps à autre, l'un d'eux s'affaissait, et il était relevé par le bâton d'un contre-maître.

Il fallut onze heures pour faire ces cinq lieues.

Et rien à manger!

Un café (quel café!) dans le ventre.

Arrivée au camp très tard, la colonne fut parquée dans des gourbis ouverts à tous les vents, et où la boue était plus épaisse que dehors, faute d'écoulement.

— Bonsoir! dit un contre-maître, dans son baragouin arabe. Couchez-vous et dormez! Demain le travail.

— Et la soupe?

— On l'apporte!

On donna des gamelles remplies d'un brouet glacial et délayé; on avait laissé la pluie laver cette soupe déjà si peu réconfortante.

Se coucher, impossible; on aurait été noyé.

Au jour, le contre-maître cria:

— Au travail!

Et, sous la pluie implacable, il fallut fournir sa journée et les journées suivantes; toutes les nuits, pour lit, la boue.

Naturellement, il en creva de ces forçats, et beaucoup.

L'économie fut réalisée.

Point de non-valeurs!

Quels hommes, ces administrateurs du bagne!

Franchement, j'aime encore mieux Charpiat, l'ivrogne, qui nous tuait à bons coups de revolver; ça durait moins longtemps.

Bon Charpiat!

J'insiste sur les souffrances des autres, car je leur dois bien cela, ayant eu cette heureuse fortune, comme neveu du général, de trouver une bonne sinécure.

J'eus très souvent le bonheur de voir ma femme, dont l'établissement prospérait, car elle était très active, très adroite et très bien accueillie par toutes les dames.

Elle avait pris pour apprenties des petites Canaques auxquelles elle avait appris l'ouvrage fin, et pour le gros elle avait des femmes indigènes.

Elle réussissait à merveille et elle fixait ses prix à son gré pour la clientèle riche, étant la seule capable de tuyauter la dentelle.

Elle blanchissait les *dames* de l'île Nou, et venait tous les huit jours apporter et remporter le linge.

Une dame que je ne nommerai pas, connaissait notre secret et nos malheurs ; elle facilitait nos rencontres.

Un jour Juliette me dit :

— Je puis disposer d'une forte somme. L'argent de ta famille est intact. La somme dont je te parle est le fruit de mon travail ; en toute autre circonstance je la considérerais comme ma dot ! Mais je te demande permission d'en disposer.

Je la regardais stupéfait.

— Mais, lui dis-je, tu es folle. Prends ton argent, prends celui de ma famille, et fais comme tu voudras. De quoi donc s'agit-il ?

— De sauver Antoine.

— Vite alors, car il souffre le martyre.

— Eh bien, je vais agir...

— Ton plan ?

— Antoine ne m'a rien dit ; il m'a fait demander de l'argent, voilà tout.

— Va, et réussis.

Elle partit.

Huit jours après, nous vîmes arriver des bandes de Canaques avec leurs armes ; ils allaient donner la chasse à mon beau-frère, échappé depuis vingt-quatre heures.

Jamais je n'avais vu tant de Canaques lancés à la poursuite d'un évadé.

L'administration tenait extraordinairement à reprendre Antoine.

J'attendis avec une profonde anxiété le résultat de la battue ; je savais que, repris vivant, Antoine recevrait cinquante coups de martinet ; mais les Canaques avaient ordre de ne pas le ménager.

Il était probable qu'ils le tueraient.

XII

La haine d'un surveillant. — Les poucettes. — La crapaudine. — Le meilleur levier, c'est l'argent. — Antoine s'évade. — L'herbe de fer-lampier. — Le ressort-scie. — Antoine Canaque. — Évasion réussie.

Si j'avais su le fond des choses, j'aurais été moins inquiet.

Voici les détails que je puis donner sur cette évasion, la seule, je crois, qui ait complètement réussi à l'île Nou.

Mon beau-frère était tout particulièrement persécuté par un surveillant qui lui faisait subir une torture de chaque instant : cachot, crapaudine, poucettes, tous les moyens étaient bons.

Le ministre de la marine, M. Jauréguiberry, protestant fanatique, a nié que les châtiments corporels existassent et fussent appliqués.

Alphonse Humbert, M. Roche, Simon Mayer, deux mille proscrits, dix mille soldats ou marins se sont dressés pour crier :

— Monsieur le ministre de la marine, vous avez apporté à la tribune une assertion mensongère ; la crapaudine, les poucettes et beaucoup d'autres supplices atroces existent et sont d'une application fréquente dans les bagnes.

Un journal ministériel a même enregistré des centaines d'attestations, signées des noms les plus honorables et donnant les détails les plus douloureux.

M. le ministre ne s'est pas incliné devant cette protestation imposante, et il a nommé une commission d'enquête.

Quand elle parlera, si jamais elle parle, vous verrez que ce sera pour donner raison au ministre et tort à des milliers de témoins.

C'est qu'aussi M. Jauréguiberry est du bois dont était fait le fameux maréchal Randon qui, protestant de religion, protégea toute sa vie les jésuites, trappistes et cléricaux en Algérie et au ministère de la guerre.

Vint l'heure de mourir !

O surprise !

La France apprit que le digne maréchal était mort bon catholique.

La farce était jouée.

Je ne sais si l'amiral Jauréguiberry se convertira *in extremis*, mais ce dont je suis sûr, c'est que ce protestant est, comme Guizot, un zélé protecteur des cléricaux et un religiosâtre à outrance.

Ceci dit, pour ceux de mes lecteurs qui s'étonneraient que je parle du supplice des poucettes, après les dénégations d'un amiral, je reviens à ce qui se passa au sujet de l'évasion d'Antoine.

Celui-ci n'hésitait jamais à relever une insulte ; il était indomptable.

Un jour, le surveillant le traita de canaille et de voleur.

Antoine lui répondit qu'aux termes de sa condamnation on pouvait peut-être l'appeler assassin, mais personne n'avait le droit de dire qu'il était un voleur.

Sur ce, le surveillant, indigné de cette résistance, ordonna les poucettes jusqu'à ce qu'Antoine lui eût fait des excuses.

Des excuses pour avoir été appelé voleur !

Puisque M. l'amiral Jaurèguiberry nie les poucettes, il faut supposer qu'il ne les a point vues; Alphonse Humbert ayant pu les exhiber en pleine séance publique, l'amiral aurait pu aller les voir; en attendant je vais les lui décrire.

Il appartenait à notre belle garde-chiourme française (premier régiment de de France) de perfectionner les poucettes de l'Inquisition, connues sous le nom de *pater noster*.

Que l'on s'imagine un étau portatif, à main et à poignée, comme en ont les horlogers; on pince les deux pouces du patient dans l'étau et l'on serre jusqu'à ce que l'on obtienne de lui ce que l'on veut.

Les poucettes sont appliquées à tous ceux qui ont adressé une plainte à l'administration supérieure par des moyens détournés, à ceux que l'on soupçonne d'un vol ou d'un complot d'évasion.

Ce que la chiourme pardonne le moins, ce sont les révélations que les forçats parviennent à faire arriver aux journaux.

Un fait est signalé à la presse.

Qui a pu le faire connaître ?

Un tel ou tel autre !

Aux poucettes...

Il y a pire.

Un forçat ose profiter de ce qu'un gouverneur passe pour lui adresser une plainte; à peine le gouverneur a-t-il disparu que le forçat passe aux poucettes.

Le lecteur se figure-t-il l'atroce douleur de la victime.

Les deux pinces de l'étau écrasent lentement les chairs, puis les os; les moelles se mêlent au sang, la douleur lente et horrible monte jusqu'au cœur en tordant les nerfs.

Tel fut le premier supplice d'Antoine.

Il l'endura sans crier, et il eut le courage de dire au surveillant :

— Écrase bien mes pouces, mutile-les ; je m'évaderai et je pourrai ainsi donner la preuve que j'ai passé aux poucettes.

Le surveillant n'osa pas donner le dernier tour de vis.

Pourquoi ne tuait-il pas Antoine?

Je l'ai expliqué.

Aucun surveillant n'ignore que tout membre de l'*association* tué est vengé; un contre-maître arabe et un correcteur venaient d'être exécutés précisément par cette *association*.

Les surveillants tenaient à leur peau.

Celui qui persécutait Antoine n'aurait osé pousser les choses jusqu'au bout, et même, s'il n'avait pas été fouetté par l'ivresse, il n'aurait jamais eu l'audace de le mettre aux fers...

Par malheur, il s'alcoolisait avec acharnement.

Antoine eut et a toujours les pouces déformés; on dirait d'énormes spatules; on voulait lui amputer la première phalange.

Il s'y refusa et guérit, même assez rapidement. Tous les hommes de sa race ont de la vitalité; tout leur sang est pur.

Mais à peine pouvait-il reprendre son travail que le surveillant, inquiet, vint le trouver et lui proposa la paix aux meilleures conditions.

Cet homme avait peur.

Antoine lui répondit froidement :

— Vous pouvez me tirer un coup de revolver; si je meurs, je serai vengé par d'autres; vous m'avez mis les poucettes, je me vengerai moi-même.

Alors, le surveillant alla s'enivrer et but coup sur coup des verres d'eau-de-vie pour se donner du cœur, puis il revint :

— Ah! brigand, ah! bandit, tu m'as menacé! Tu complotes ma mort! Tu vas tout avouer! Tu vas passer à la *crapaudine*.

Et Antoine, saisi par les correcteurs, fut entraîné à l'anneau.

On lui attacha les poignets et les chevilles et on le suspendit par une corde, les quatre membres retournés; on le hissait très haut par la poulie de l'anneau, puis, le relâchant, on arrêtait brusquement sa chute près du plancher.

A chaque coup, le surveillant demandait :

— Veux-tu céder, canaille? Veux-tu renoncer à ton complot, brigand? Veux-tu jurer obéissance et soumission!...

Chose bizarre!

Ce surveillant croyait à l'honneur et au serment d'un forçat; il est vrai qu'Antoine était un politique; il est vrai que, le serment fait, il l'eût tenu; mais il ne céda point.

Au cinquième coup, un correcteur dit au surveillant :

— Attention! Si nous continuons, les quatre membres vont se détacher.

Le surveillant hésita, d'autant plus qu'un autre correcteur lui dit tout bas :

— Je suis sûr que, s'il en meurt, la *chouette* chantera pour nous tous.

— Emportez-le! dit le surveillant.

Il eut bien tort de ne pas en finir, car, de ce jour, dans l'esprit d'Antoine, c'était un homme mort, et il mourut de sa main.

La crapaudine fut plus désastreuse pour Antoine que les poucettes.

Il eut à souffrir de lésions graves, de désordres internes qui firent craindre pour sa vie; mais il fut sauvé par sa robuste constitution.

Dès lors Antoine n'eut plus qu'une pensée : la vengeance.

Il conçut l'audacieuse pensée d'une évasion à l'aide des Canaques mêmes, chargés de la poursuite des condamnés en fuite.

Ces indigènes recevaient une prime pour ramener les forçats.

Antoine pensa avec raison que, l'argent étant leur mobile, il pouvait tout obtenir d'eux avec une somme suffisante.

Il parvint à faire connaître son plan à Juliette.

Celle-ci me le cacha.

Ce n'était pas son secret; je ne pus donc lui en vouloir de me l'avoir caché; elle eut raison de se taire.

Elle se servit d'une de ses ouvrières canaques, une popinée des tribus soumises.

Celle-ci entra en relations avec les chefs; il fut convenu que la bande chargée de ramener Antoine serait celle qui le mènerait dans la *grande terre* et lui donnerait la liberté.

Restait l'évasion même dans l'île Nou, évasion relativement facile.

Tout consistait en ceci : se débarrasser des chaînes de fer.

Au bagne, on en sait les moyens.

J'ai entendu parler de l'herbe à fer-lampier, qui scie le fer.

C'est une de ces herbes qui coupent la chair jusqu'à l'os.

On y croit.

Mais je n'y crois pas.

Le moyen est absurde, et chacun peut l'expérimenter.

Personne ne réussira à entamer un métal, si tendre qu'il soit.

En réalité, le forçat scie le fer avec un ressort de montre taillé en scie; je me souviens d'avoir lu, dans un roman de Ponson du Terrail, qu'un individu arrêté, mis en prison, se servit du ressort de sa montre pour couper les barreaux de son cachot.

Impossible, avec un ressort lisse.

Antoine, par un intermédiaire payé très cher, reçut dans un barillet de montre un ressort-scie, et entama ses fers aux trois quarts.

Antoine quitta habilement le travail, protégé par les manœuvres de ses camarades d'association, et il fit saut : ses fers très entamés.

Débarrassé, il gagna la brousse et se cacha au plus épais.

Il attendit la poursuite, qui devait être pour lui la délivrance.

Le chef canaque et ses hommes tinrent les promesses faites.

Antoine, découvert, fut teint en Canaque, frisé en Canaque, habillé en Canaque, et il se mêla à la bande.

Les volontaires de l'île Nou (scènes d'embuscades).

On lui donna des armes, des vêtements. On le grima habilement.

Après trois jours de chasse, la bande déclara renoncer à cette poursuite, qu'elle prétendit inutile, et l'on supposa qu'une embarcation avait enlevé Antoine, lequel gagna la *grande terre* sans difficulté, à la barbe de la chiourme, et transporté par ses canots.

Je crois que c'est la plus habile évasion qui ait été exécutée.

XIII

Antoine chez le grand-chef Ataï. — Portrait à la plume de ce Canaque. — Sa politique. — Mariage d'Antoine. — Un pacte. — Pourquoi le chef Ataï devait mourir. — Ataï et certains généraux français !…

Antoine, pour se défigurer et se donner le nez un peu camard des Canaques, avait employé son fameux moyen : il s'était introduit deux gros cailloux ronds dans les narines; il était du reste expert à se rendre méconnaissable, et, curieux de connaître le résultat des courses de la bande canaque, m'étant approché d'elle à son retour au camp, je me trouvai devant Antoine sans m'en douter.

Dès qu'il fut arrivé sur la grande terre, on le dirigea vers la tribu du fameux grand-chef Ataï.

Ce chef était en relations amicales avec les maristes; il était au mieux avec eux dans toutes leurs stations.

Il pénétrait dans tous leurs établissements et y était le bien reçu.

Il avait fini par se persuader que les maristes étaient les véritables maîtres de l'île et que tout leur obéissait.

Il les saluait et ne saluait qu'eux.

Il commandait la grande tribu des Ilouis, dans l'arrondissement d'Uraïl; mais il exerça son autorité sur l'île entière au moment de l'insurrection.

On vit bien, un certain jour, à quel point Ataï avait raison de regarder les maristes comme les maîtres.

Un gouverneur, M. Pritzbuer, passait des revues d'inspection dans les différentes sections; il avait reçu beaucoup de plaintes sur l'insolence d'Ataï, qui n'admettait de relations avec nous que sur le pied d'égalité.

M. Pritzbuer, pressé par les indignations des officiers et des fonctionnaires, voulut avoir l'air de faire quelque chose, et, lors de son passage à Uraïl, il fit demander le chef Ataï.

Celui-ci, se regardant comme l'allié et l'ami des maristes, non comme leur serviteur, avait refusé de se convertir et de s'habiller; mais, ayant remarqué que le signe d'autorité des grades était marqué sur les képis d'officiers, il en avait acheté un.

Sauf le képi, il allait nu.

C'était un homme superbe, intelligent, admirablement fait, d'une force, d'une audace, d'une intrépidité inouïes.

Il fut le héros de la révolte, et tant qu'il fut debout, elle dura.

M. Pritzbuer vit arriver Ataï nu comme toujours, armé comme toujours, et le képi sur la tête.

Il lui fit un speech sur son indiscipline, l'invitant à se modérer, sinon les Français sévirajent contre lui sévèrement.

Ataï écouta attentivement, ne comprenant que vaguement les grandes phrases du gouverneur, mais fronçant le sourcil.

Par malheur, M. Pritzbuer montrant du doigt le képi du Canaque, lui dit :

— Découvrez-vous ; devant le gouverneur on ôte sa casquette.

Ataï regarda M. Pritzbuer et lui dit avec une impertinence très marquée :

— Moi chef, toi chef. Moi pas forçat. Toi garder casquette, moi garder casquette.

Et il regarda bien en face le gouverneur, qui fut déconcerté et ne souffla mot.

Pourquoi donc M. Pritzbuer supporta-t-il tant d'arrogance?

Parce qu'il était l'homme des maristes, et qu'Ataï était leur protégé; parce qu'il était impossible de châtier ce chef canaque sans froisser les bons pères; et que ceux-ci étaient alors assez puissants pour renverser un gouverneur.

Je tiens à constater que, dans la révolte, les Canaques de toutes les tribus massacrèrent indistinctement colons, gendarmes, chiourmes, fonctionnaires et soldats, hommes, femmes et enfants.

Je constate, avec étonnement, que pas un établissement mariste ne fut insulté, que pas un bon père ne fut molesté.

C'est auprès d'Ataï que fut conduit Antoine, et le chef, bien payé, lui fit le meilleur accueil; d'autant plus qu'Antoine avait été assez prévoyant pour stipuler qu'on paierait tant par lune, tant que le chef se conduirait bien avec lui.

Mais mon beau-frère reconnut plus tard que cette précaution était inutile.

Ataï était un terrible mais loyal homme et il n'aurait jamais consenti à commettre une trahison; il se prit, du reste, d'une très grande amitié pour Antoine.

Celui-ci, adroit à tous les exercices du corps, plus fort qu'aucun guerrier indigène, leur parut en outre prodigieusement savant; il leur apprit mille choses qui, pour eux, étaient des secrets.

La forge de campagne, trouvée dans une battue, appartenait à Antoine, qui avait commencé à former des élèves.

Il fut prodigieusement utile aux Canaques, surtout comme médecin.

Il les soigna dans leurs maladies, et il en guérit beaucoup.

Antoine aurait pu parfaitement saisir une occasion de s'embarquer, comme il le fit plus tard, pour Sydney.

Une fois à bord d'un navire anglais ou américain, il était sauvé.

Il resta.

Il voulait se venger.

Un jour Ataï lui demanda :

— Pourquoi ne vas-tu pas à Sydney, dans la grande terre anglaise, où s'enfuient tous les forçats qui se sont révoltés contre le dieu des maristes?

(Il est à remarquer que les bons pères font croire aux Canaques que les forçats sont tous des hommes punis pour crime religieux; la Commune est une insurrection religieuse.)

Antoine répondit :

— Je veux me venger.

— De qui?

— De ceux qui m'ont fait du mal.

— Y a-t-il des maristes parmi ceux-là?

— Non.

Le visage d'Ataï s'illumina.

Antoine reprit :

— Quand tu te révolteras, j'irai avec tes bandes et je tuerai ceux que je veux tuer.

Ataï ne releva pas ce jour-là cette insinuation.

Plus tard, il fut plus confiant.

Il amena la plus jolie jeune fille canaque que l'on pût trouver.

Entre nous, je la crois demi-sang; un bon père, un soldat peut-être ou un Européen quelconque avait dû contribuer à sa naissance.

— Veux-tu épouser cette jeune fille? demanda Ataï.

Antoine accepta.

Je crois qu'il n'était pas tout à fait libre de refuser.

Cette jeune fille canaque fut très flattée d'épouser un grand et beau guerrier qui avait la confiance d'Ataï et qui inspirait de l'admiration à toute la tribu.

Elle fut une femme modèle.

On sait quelles admirables créatures la civilisation a faites des Canaques popinées des îles Hawaï; il ne manque aux filles de cette race que de la culture et une vie moins abrutissante pour que leurs charmes se développent.

Antoine apprit à sa femme à manger à l'européenne et à se conduire en personne bien élevée; il en fit d'abord un petit chef-d'œuvre de sauvage, puis une femme distinguée.

Il lui enseigna d'abord à lire, à écrire, à compter, à coudre, à blanchir.

Plus tard, il lui fit compléter cette éducation, ébauchée en forêt.

Le voyant marié, Ataï prit confiance et lui demanda un jour :

— Si je parle, te tairas-tu?

— Tu as pu me juger, dit Antoine. Parle, et je me tairai.

Alors Ataï lui développa ses plans.

Au fond, le chef n'aimait pas plus les maristes que les autres blancs; mais il croyait devoir les ménager d'abord, obtenir leur appui.

Plus tard, il comptait les détruire sans pitié, jusqu'au dernier.

Il savait à quoi s'en tenir sur leur compte et les exécrait.

— Pourquoi ne les attaques-tu pas tout de suite, eux aussi? demanda Antoine.

— Parce qu'ils feraient marcher contre moi les villages chrétiens.

Le chef dévoila ainsi tous les ressorts de sa politique.

Antoine lui dit alors :

— Quoique la patrie soit une mauvaise mère pour moi, je ne veux t'aider en rien; je guéris ton peuple, je lui apprends mille secrets utiles, je lui suis nécessaire. Tu te révolteras quand tu voudras, tu te battras comme tu l'entendras; je me mêlerai aux guerriers pour me venger; vengé, je me retirerai. Je ne trahirai jamais.

En parlant ainsi, Antoine jouait certainement sa tête.

Ataï apprécia son caractère.

— Soit! dit-il.

Et le traité fut ainsi conclu entre ces deux hommes.

Antoine vit donc arriver les armes, il assista aux préparatifs; il se tut.

Était-ce son devoir?

Je n'en jugerai pas.

Reçu chez les Canaques, Antoine devait-il les trahir?

Ses vengeances furent-elles légitimes?

Je m'abstiens de toute réflexion.

Mais je sais pourtant qu'il donna un bon conseil à Ataï.

— Prends garde! lui dit-il. Vaincu, tu es mort! Vainqueur, tu es mort.
— Pourquoi?
— Vaincu, fait prisonnier, tu seras fusillé. Vainqueur, tu seras trop fort et tu gêneras des gens qui te feront assassiner.
— Vaincu, on ne me prendra pas.
— Tu seras livré par un de tes guerriers chrétiens.

Ataï n'écouta pas assez cette prédiction; il fut trahi, livré, tué, et on lui scia la tête.

Cette tête est ici en France; je suis Français, mais je déclare que ce sauvage, tant féroce qu'il ait été, s'est montré héroïque.

Il défendait son pays, ses croyances et sa liberté.

Je le salue.

Si tous les chefs français avaient fait leur devoir en 1870-71, comme Ataï fit le sien, notre territoire serait intact.

Qui méprise Bazaine, estime Ataï.

XIV

Comment on dresse une meute à manger du blanc. — Les griefs des Canaques. — La révolte.

Selon moi, ce qui donna le plus d'espérance et de courage au Canaque, lorsqu'il s'agit de se révolter, ce fut la conviction bien justifiée que l'Européen, le Français, lui était inférieur comme force physique.

Le Canaque en était venu à se dire :

— Cet homme n'est mon maître que par le fusil; si j'avais les mêmes armes que lui, je serais son maître à mon tour, car je suis plus sobre, plus patient, plus brave, plus rusé, plus fort et beaucoup plus adroit que lui.

Qui avait fait naître cette conviction dans les cerveaux des Canaques?

L'administration, cette bonne administration du bagne.

L'Européen avait un prestige immense aux yeux du Canaque; dans son idée de sauvage vaincu et d'ignorant, son conquérant était un homme d'une race supérieure, une sorte de demi-dieu.

Un Canaque n'aurait jamais osé mettre la main sur un blanc.

Que fit cette stupide administration?

Elle tua le prestige.

Elle montra d'abord aux Canaques des noirs arabes, battant les forçats.

Le Canaque, qui est curieux et qui s'informe de tout, sans avoir l'air de rien, finit par apprendre des choses qui l'étonnèrent.

Les Français avaient pris la grande terre des Arabes, parce que les Arabes n'avaient pas de bons fusils, pas de canons ; mais les Arabes se révoltaient souvent et tuaient beaucoup de Français ; un jour ou l'autre, les Arabes, bien armés, seraient vainqueurs.

Voilà ce que racontaient les contre-maîtres arabes aux Canaques ; voilà ce qu'un Canaque, Ataï, redit à Antoine.

Celui-ci lui apprit, à son tour, la merveilleuse légende d'Abd-el-Kader.

L'administration, en haine des forçats, inspirée par la stupidité qui l'a toujours caractérisée, l'administration, dis-je, commit donc une première faute en humiliant le forçat blanc devant le forçat arabe, passé contre-maître.

Elle fit plus bête encore.

La sottise de l'administration française est sans limites...

Elle employa les Canaques à la chasse du forçat évadé.

C'était aiguiser les dents d'une meute pour lui apprendre à mordre le blanc.

Les Canaques, après avoir traqué l'évadé, l'avoir saisi, garrotté, transporté comme un veau, par les quatre membres liés, un bâton passé entre mains et pieds, les Canaques s'accoutumèrent à l'idée que le blanc n'était pas invincible.

Les forçats anémiques, sans armes et sans dignité, n'étaient pas gens à produire une impression morale sur des brutes ; le mépris pour l'Européen grandit et s'enracina.

Je me souviens d'une dispute entre un soldat d'infanterie de marine et un chef canaque, à propos d'une popinée.

Le Canaque dit :

— Moi chef, moi officier ; toi soldat, toi petit guerrier. Moi commander, toi obéir !

— Toi, Canaque, lui dit le troupier, toi peau d'acajou, toi moins qu'un singe.

Et le chef de riposter :

— Toi plus bête que moi. Forçat se sauver, jamais l'attraper ; moi le prendre ! Moi prendre aussi un jour soldat blanc comme forçat blanc, et... le manger comme *toro*.

Je sténographiai ce dialogue et je me dis, j'écrivis même :

— La révolte est faite !

Elle devait bientôt éclater en effet.

Je dois ajouter que, si jamais rébellion fut légitime, ce fut celle-là.

Les Canaques avaient la terre, nous sommes venus la leur prendre ; une pareille iniquité ne pouvait se justifier que par une civilisation fécondante.

Nous n'avons rien civilisé du tout, et nous avons placé ces malheureux sauvages sous le triple joug des maristes, des soldats et de l'administration la plus tracassière, la plus niaise, la plus autocrate qui soit au monde.

On a prétexté les mœurs horribles des Canaques qui se nourrissent de chair humaine. C'est faux. Le Canaque mange de la chair humaine et ne s'en nourrit pas ; ceci a l'air d'un paradoxe, et c'est la vérité.

Le Canaque, qui a horreur de toute viande, excepté le poisson, ne fait des festins anthropophagiques qu'à la suite d'une bataille.

Alors, par tradition religieuse, en grande cérémonie, il mange son ennemi fait prisonnier ; c'est un culte.

Mais, à part cette coutume horrible, le Canaque est de mœurs douces, d'habitudes sobres, et il vivait dans une abondance relative à notre arrivée.

Nous n'avons cessé de le persécuter.

Ordre de s'habiller.

Ordre de se cantonner.

Défenses sur défenses !

Puis, vols de terre !

Cette excellente administration, cléricale pourtant, instituée pour protéger l'ordre, la famille, la propriété, a tout simplement commis des crimes monstrueux contre la propriété.

Un village canaque avait une terre défrichée et en plein rapport ; l'administration voulait faire plaisir à un de ses protégés ; elle lui donnait cette terre.

Et les Canaques ?

Ils décampaient !

Les voilà défrichant ailleurs.

Survenait un quémandeur nouveau.

L'administration dépossédait encore les Canaques.

Ceux-ci décampaient à nouveau.

Et certains villages ont été spoliés ainsi dix, quinze, l'un d'eux même vingt fois.

Aussi quand l'administration vient me parler d'ordre, de famille, de religion et de propriété, j'ai toujours envie de lui répondre brutalement :

— Tais-toi donc, vieille hypocrite ! C'est toi qui troubles les consciences et les opprimes en ne protégeant que l'unique religion catholique ; c'est toi

Le raz de marée à Nouméa. Mademoiselle Bedfort, fille d'un négociant, surprise par la mer.

qui troubles l'ordre, en fomentant des insurrections par ta sottise et tes exactions ; c'est toi qui attentes à la propriété en entravant tout par tes règlements absurdes, ton insupportable ingérence en toutes choses et tes confiscations brutales.

Certes, je plains de tout mon cœur les malheureuses victimes de cette révolte qui eût été victorieuse si le bagne s'était révolté, si la transportation n'avait pas fourni des corps de volontaires, parmi lesquels Amouroux se conduisit si brillamment.

Il est vrai qu'en récompense, on le bannit de France, de cette France qu'il a si bien défendue là-bas.

Mais les victimes de cette levée de boucliers canaques n'en sont pas moins mortes par la faute de cette administration que l'Europe ne nous a jamais enviée.

Cependant, il faut reconnaître que tout homme impartial ne saurait qu'approuver un peuple opprimé à ce point et prenant les armes.

Il a été cruel, féroce, assassin...

Mais il ne nous juge pas tendres, et il en dit ses raisons.

Je disais un jour à un Canaque :

— Vous, Canaques, féroces !

Il me répondit :

— Vous, blancs, féroces ! Guillotiner toujours, couper le cou à pauvres esclaves forçats, pour faute grosse comme un grain de maïs ; vous, fouetter forçat et casser côtes à lui avec martinet, pour petite faute grosse comme un grain de millet ; vous, taper forçats avec bâton, pour toute petite faute grosse comme semence qui vole dans l'air.

Je me tus, n'ayant rien à répondre.

Je voudrais savoir ce que j'aurais pu opposer à la logique de ce sauvage.

Donc un jour vint où Ataï donna le signal de la révolte.

Chose singulière, souvent mise en évidence, cette révolte coïncide avec un changement de gouverneur ; avec le maréchal Mac-Mahon tombant, l'influence cléricale tomba, non pas à plat, mais de quelques crans.

On fit quelques concessions à l'opinion publique ; le gouverneur ultra-clérical fut rappelé et remplacé par M. Olry.

Les difficultés ne devaient pas lui manquer et on lui en suscite tous les jours.

Remarquez que, chose très curieuse, les journaux cléricaux de France avaient vent de quelque chose, puisqu'ils prédisaient des déboires à M. Olry avant même qu'il fût arrivé...

Tout gouverneur qui prendra le pouvoir et ne sera pas clérical trouvera dans toute nos colonies une intrigue cléricale toute préparée contre lui ; il aura à compter avec les missionnaires, leur séquelle, leurs créatures, leur immense influence et leur habileté diplomatique incontestable.

Je ne dois, dans cette étude sur l'insurrection, négliger aucun détail.

Il faut donc que je dévoile toutes les iniquités, toutes les avanies qui furent faites à ces malheureux Canaques.

Non seulement on les dépouillait de leurs champs, non seulement on pratiquait avec cynisme à leur égard le fameux principe administratif : *Ôte-toi de là que je m'y mette*, mais on leur imposait la corvée.

Le Canaque, par sa façon de vivre, regarde le dur travail comme la pire des souffrances ; avec un peu de soins, en grattant légèrement la terre, il obtient ses récoltes ; le reste de son temps est consacré à la pêche, qui est très peu fatigante ; le poisson est extrêmement abondant, et on le tue à coups de flèches.

On a forcé ce sauvage libre à fournir huit et dix heures de travail par jour à l'administration qui est censée le payer.

Mais comme elle a mis la dilapidation à l'ordre du jour, cette honnête administration a des employés qui mettent en poche l'argent des Canaques, si bien que ceux-ci sont doublement indignés.

Indignés d'être condamnés à un labeur ingrat, indignés d'être volés.

Je demande comment, nous Français, qui criions contre le khédive d'Égypte, parce qu'il force ses sujets à la corvée, nous imposons cette corvée à nos sujets canaques ?

C'est inique !

Voilà pourtant ce que nous supportons.

Puis, quand une révolte éclate, qui fait de nombreuses victimes, nous nous étonnons, nous nous récrions.

Il est bien temps.

XV

La révolte. — L'affaire de Pouébo. — Massacre d'une escouade. — Une belle défense par une poignée d'hommes. — L'affaire Chêne. — Les gendarmes du poste de Foa. — Organisation des bandes. — L'affaire de Bouloupari. — Assassinat de la famille Léca au camp de la transportation. — L'affaire Galli-Passeboc. — Les morts.

L'affaire du poste de Pouébo fut le signal de l'insurrection ; elle a été racontée par le sergent-major Gagnère, qui confia son récit à M. Mayer.

Comme toujours, pour la construction de ce poste, l'administration eut recours aux corvées des Canaques.

Comme souvent, ces malheureux ne furent pas payés.

Ce poste était très en l'air, très exposé, très éloigné de tout secours, et situé à quarante-six lieues de Nouméa.

Les Canaques, lassés de travailler sans recevoir la moindre paie, s'enfuirent ; le commandant du poste (M. Pons, capitaine d'infanterie de marine) envoya une escouade commandée par un caporal dans la tribu des Canaques récalcitrants, avec ordre de les ramener.

Un interprète accompagnait ce petit détachement.

Cette tribu était installée à deux étapes du poste.

Le caporal Weysser ne prit pas assez de précautions ; il croyait les Canaques timides, inoffensifs.

Arrivé sur le territoire de la tribu, il fit former les faisceaux et envoya l'ordre au chef de tribu de lui amener les indigènes en fuite.

Vers midi, les Canaques, armés comme toujours, arrivèrent.

Jusqu'alors, pas apparence de résistance.

Un soldat, nommé Humbert, mit les Canaques en rang ; malheureusement il voulut forcer le chef qui les avait conduits à prendre rang parmi les travailleurs.

Celui-ci protesta.

Le soldat s'entêta.

Un jeune indigène l'assomma d'un coup de casse-tête.

A ce signal, les Canaques se jetèrent sur les faisceaux, assaillirent le détachement et le massacrèrent.

Chose remarquable !

L'interprète Jacoteau fut seul épargné ; il prit la fuite, il est vrai ; mais personne ne saurait échapper à la poursuite des Canaques, qui sont d'une agilité inouïe.

L'opinion unanime est que cet interprète, protégé des maristes, a trahi.

Le sergent-major Gagneré a déclaré textuellement ceci :

« L'interprète Jacoteau, seul, échappa à l'ignoble trahison, et trouva son salut dans la fuite. Les circonstances ont démontré depuis qu'il était coupable.

« Il revint au camp de Pouebo, pour nous apprendre cette affreuse nouvelle. »

En face de cette accusation formelle, non contestée, il faut admettre la trahison.

Une petite colonne, envoyée sur le lieu du massacre, et toujours guidée par l'interprète non soupçonné encore, ne trouva pas un seul Canaque, mais les cadavres des morts, mutilés et privés de leurs membres.

On les enterra, et la colonne revint au poste.

A mi-chemin, 400 Canaques, munis d'armes à feu, assaillirent le détachement, qui fut très compromis, mais qui finit par repousser l'ennemi et par rejoindre le poste.

Le commandant prit ses mesures pour défendre les colons épars autour du poste, et il envoya M. Gagneré, avec vingt hommes, occuper la position d'Oulbache, à trois lieues de Pouébo.

Le 7 octobre 1878, les Canaques, très nombreux, et *armés de fusils*, firent une attaque et furent repoussés avec pertes.

Le 9, ils reçurent des renforts; ils se ruèrent, au nombre de sept cents, sur le poste; ils avaient tant de fusils et de munitions que le sergent-major Gagneré avoue qu'ils auraient vaincu, sans les effets foudroyants d'une caronade provenant d'un navire marchand et appartenant à un colon.

Enfin, après six semaines de blocus, des renforts dégagèrent le poste.

Trois colonnes soumirent la tribu, qui livra 80 prisonniers.

Le sergent-major Gagneré, qui s'est si bien battu; qui, vaincu, eût été exterminé; qui avait des motifs pour haïr les Canaques et se montrer partial dans son jugement sur leur révolte, la juge ainsi :

Tout d'abord, dans un élan de patriotisme, il s'écrie :

« Sans la caronade qu'un colon avait mise à notre disposition, nous eussions infailliblement succombé sous le nombre. Quelques coups de canon mirent les sauvages en déroute. Mes hommes, profitant de ce désarroi, ont redoublé de courage, et tous ont fait voir que, quoique bien éloignés de la patrie (6,500 lieues), nous avons su faire respecter le drapeau français. Enfin, après quatre heures de combat, *nous possédions deux têtes des plus criminels.* »

On le voit, M. Gagneré est un soldat, un chauvin même ; il a l'esprit militaire, le sentiment de l'honneur du corps.

Cependant il conclut ainsi :

« Bien des faits se sont passés, pendant les quatre années que j'ai résidé dans cette colonie, et, si des révoltes ont eu lieu, *la plupart proviennent de notre mauvaise manière de coloniser. J'ai vu frapper des indigènes, violer leur territoire, piller leurs biens, pour des motifs futiles.* De là des haines, des vengeances, et je me résume en affirmant que c'est par le respect de soi-même que l'on peut arriver à se faire respecter. Est-ce trop que de réclamer la justice pour le noir comme pour le blanc, de demander que la loyauté préside aux ordres donnés ?

« C'est par ces moyens, me semble-t-il, qu'un gouvernement libre peut faire une colonie libre et prospère. »

Telle fut la première affaire !

On voit que le signal même de la révolte, sur ce point, a eu pour cause déterminante :
1° Les corvées abusives.
2° Un acte d'injustice et de violence contre un chef.
Que faut-il donc penser ?
Je comprends que les journaux français, ignorant les faits, aient demandé l'extermination en masse des Canaques.
On croyait à des agressions sauvages et sans motifs.
Mais on connaît la vérité.
Sommes-nous donc si loin de l'invasion pour que quelqu'un, en France, ose encore demander aujourd'hui l'anéantissement de ces malheureux indigènes ?
Civilisons-les, puisque c'est possible et que leurs frères des autres îles sont aujourd'hui arrivés à se montrer les égaux des Européens sous tant de rapports, et supérieurs à eux en moralité.
Ce qui semble étonnant, c'est que l'on ait eu tant de confiance dans les Canaques, que l'on ait pris si peu de précautions alors que déjà, sur divers points, dès le mois de juin, il y avait eu des massacres.
Le 26 juin, le *Journal officiel* de la Nouvelle-Calédonie en signalait un.

« Le mercredi 19 juin, on apprenait à Nouméa qu'un crime avait été commis à la Uaméni, sur la propriété de M. Desarnoulds, située sur la route de Bouloupari à Uarail. On disait que le gardien de cette station, le nommé Chêne, une femme indigène qui habitait avec lui, et deux enfants étaient assassinés.

« Des ordres ont été immédiatement donnés, et M. le médecin de la marine Boyer s'est transporté sur les lieux pour les constatations médico-légales. M. Boyer est rentré à Nouméa par *la Dépêche* de dimanche matin. »

On a prétendu que la femme de Chêne avait été enlevée à une tribu ; de là une vengeance.

C'est une erreur.

Les Canaques le prouvèrent en massacrant les gendarmes du poste de Foa, le 25 juin suivant.

Ils tuaient tout indistinctement, excepté les maristes ; ainsi, à Foa, il y eut plus de vingt victimes ; outre les gendarmes, MM. Millet et Roussel furent assassinés ; aussi M. Duval, fonctionnaire du pénitencier, et Mme Langlois ; aussi la famille Boizat.

A Bouloupari, les Canaques tuèrent de même, sans distinction de position, d'âge, ni de sexe ; mais pas un mariste ne fut touché, ni insulté.

Pourquoi tant de férocité ?

Pourquoi nulle pitié?

Il faut bien le dire, les plus enragés parmi les Canaques étaient ceux qui avaient servi les Européens.

D'où venait leur haine?

D'une déplorable pratique que l'on maintient aux colonies.

La marine défend, protège l'esclavage tant qu'elle peut, sous des formes diverses.

Au Sénégal, le ministre de la marine, l'amiral Jauréguiberry, l'a avoué, on maintient l'esclavage sur des territoires soumis à nos armes; sur les territoires même déclarés français, on rend l'esclave fugitif. Au lieu de nous faire d'innombrables partisans en nous déclarant libérateurs, nous nous montrons amis de l'oppression. On prétend que c'est d'une excellente politique; c'est d'une morale impie et d'une politique déplorable.

A Nouméa, comme dans beaucoup d'autres colonies, nous déguisons l'esclavage sous le nom de domesticité.

Le gouvernement prend les Canaques, les garde et... les nourrit... mal, du reste.

Le Canaque s'achète et se vend 200 francs en moyenne à un maître, colon, fonctionnaire ou autre.

Il est battu comme plâtre, nourri de rien, traité comme un chien, et toute tentative de fuite est châtiée avec la dernière rigueur.

Vienne une occasion de révolte, et ces sauvages sont féroces.

On s'en étonne...

Moi, pas.

Je n'approuve pas leurs cruautés, leur perfidies, leurs vengeances.

Je n'approuve pas non plus les cruautés et les vengeances de leurs patrons.

Me blâme qui veut, point ne m'en soucie.

Le meurtre le plus savamment médité fut celui des surveillants dont M. Leca était le chef.

C'était, de toute la chiourme, l'homme le plus dur pour les malheureux *politiques*.

Il était exécré au delà de tout ce que l'on peut imaginer.

Le malheur voulut qu'on tuât ses deux enfants et sa femme, parfaitement innocents des persécutions que Leca faisait subir aux transportés; car, pour lui, personne ne l'eût plaint.

Il était grand ami de tout ce qui n'était point Français.

Ami des Anglais!

Ami des Arabes!

Ami surtout des Canaques !

Oh! les Canaques, il les aimait, les choyait, les protégeait.

Il avait surtout une grande affection pour le chef d'une tribu qui le flattait et lui rendait mille services.

Echange de bons procédés.

Ce chef ne se montrait si dévoué et si chaleureux que pour égorger le surveillant, contre lequel il nourrissait une haine profonde.

Le jour de la révolte venu, le chef envoya son fils, un certain Païta, chez M. Leca, à l'heure du repas.

Le Canaque entrait, sortait, allait, venait sans qu'on lui fit jamais une observation ; il put donc se comporter cette fois, comme les autres, tout à son aise.

Toutefois, un colon, qui partageait le repas de M. Leca, lui dit :

— C'est drôle, Païta a tout l'air d'un chien enragé!

M. Leca interrogea le Canaque et lui demanda pourquoi il paraissait faire l'inventaire de la maison.

Païta ne donna aucune réponse satisfaisante.

M. Leca conçut des soupçons, sortit et examina le camp.

Il était rempli de Canaques que l'on n'avait appelés pour aucune corvée.

Là éclatait encore l'imprudence de l'administration.

Elle avait fait des Canaques ses auxiliaires, ses alliés pour la garde et la poursuite des transportés ; elle leur avait trop souvent permis des familiarités ; ils avaient l'accès partout.

Voilà qu'ils étaient dans le camp, et armés et en nombre !

M. Leca comprit qu'il fallait à tout prix prévenir les autres surveillants, qui déjeunaient tous ensemble, sauf deux, dans un gourbi, sur la face opposée du camp.

Avec beaucoup de décision, M. Leca (il faut être juste avec tous) dissimula devant Païta et sans avoir l'air de se presser, il se dirigea vers le gourbi, mais en faisant le tour du camp.

M. Leca espérait qu'il aurait le temps de sauver ses surveillants en les prévenant.

On remarquera qu'à ce moment M. Leca ne pouvait encore être sûr qu'il avait en face de lui des révoltés, car alors il aurait tué Païta immédiatement.

M. Leca ayant averti ses camarades, revint à la maison.

Mais deux malheureux, parmi les surveillants, n'étant pas à table, n'avaient pas reçu d'avis et ils furent tués.

Marcello, surnommé *le toqué*, libéré.

M. Leca ne réussit pas à gagner sa maison avant le massacre; en chemin, un Canaque voulut l'assommer; le surveillant lui fit sauter la cervelle d'un coup de revolver et il courut au secours des siens, après avoir pris un fusil dans le magasin d'armes.

Il arriva trop tard chez lui ; sa femme, ses deux enfants et le colon, M. Henderson, étaient massacrés.

Alors M. Leca s'enferma au milieu des cadavres, se barricada et fit une défense superbe contre plus de deux cents Canaques ; il en tua ou blessa une cinquantaine ; les indigènes, désespérant d'en venir à bout, mirent le feu à sa maison pour se venger ; M. Leca sauta dehors, fit feu de son fusil, puis de ses revolvers, et mit ses adversaires en fuite.

Il était maître du champ de bataille.

Mais les Canaques avaient massacré, dans l'intérieur du camp, outre les deux surveillants, vingt-cinq transportés !

Un seul blessé survivait, et M. Leca, humain après cette terrible épreuve, se dévoua et lui aida à gagner un poste voisin.

Pour son courage et pour cet acte de pitié, que sa dureté impitoyable des mauvais jours lui soit pardonnée !

Le chiffre total des morts tombés dans ces massacres fut de 300 et quelques.

Parmi eux, 6 gendarmes et 4 surveillants dont un ne fut pas mutilé, mais sur les joues duquel on trouva un signe bizarre qui donna beaucoup à penser aux forçats.

Arrivons maintenant au tragique épisode de la mort du colonel Galli-Passeboc.

Voici un récit exact, d'après le journal *la Nouvelle-Calédonie* :

« Le jeudi 3 juillet, au moment où un certain nombre de personnes se rendaient sur les quais pour apprendre les nouvelles apportées par le transport *la Vire*, un bruit aussi triste qu'inattendu se répandit dans la ville.

« Le colonel Galli-Passeboc, disait-on, venait d'être tué par les Canaques révoltés.

« Le sentiment général a été tout d'abord une incrédulité absolue ; il a fallu bientôt perdre toute illusion devant l'authenticité des renseignements mis en circulation ; il était malheureusement bien vrai que M. le colonel commandant militaire Galli-Passeboc était mort à Ourail, le jeudi 3 juillet, à 5 heures du matin, des suites de blessures reçues la veille dans les circonstances suivantes :

« On avait signalé au colonel la présence de révoltés aux environs d'Ourail ; il partit avec une petite colonne de volontaires à cheval, pensant les rencontrer sur la route d'Ourail à Bouloupari.

« A environ deux kilomètres de la Foa et de l'ancienne route d'Ouraïl à Bouloupari, il existe des mamelons boisés connus sous le nom de « montagnes rouges »; la route qui traverse ces fourrés, on ne peut pas plus favorables à une embuscade, ressemble à une allée, et les abords en sont presque impénétrables. Aux environs se trouvent les villages qui reconnaissent le révolté Naïna pour chef.

« Bien que la veille on eût rétabli sur ce même point la ligne télégraphique, de nouvelles dégradations avaient été commises dans la nuit.

« On fit halte pour réparer encore, et, afin d'assurer la sécurité de l'opération, le colonel envoya en avant un libéré et des Canaques qui se trouvaient avec lui.

« Mais ceux-ci revinrent aussitôt sur leurs pas prévenir que des bandes de Canaques rebelles étaient au bas de la crête.

« Voulant s'assurer par lui-même de l'exactitude du fait et de la position occupée par l'ennemi, le colonel se disposa à monter le mamelon; mais, *au premier pas de son cheval, des coups de feu partirent sur la droite de la route.*

« Le colonel avait la cuisse droite et le ventre traversés de part en part.

« — Bien touché ! a-t-il dit. Ce sont les seuls mots qu'il ait prononcés, et il s'est affaissé sur son cheval.

« Pendant que les uns lui portaient secours, *les autres fouillaient inutilement la brousse.*

« *Chose étrange! on n'a pu voir personne, et cependant, c'est à quelques mètres seulement de la route que les coups de feu ont été tirés.*

« La troupe à la tête de laquelle, quelques instants auparavant, marchait son vaillant chef, reprit tristement le chemin du pénitencier. Personne ne conservait d'espoir, et, bien que le blessé eût encore toute sa connaissance, il était évident qu'il succomberait aux blessures qu'il avait reçues.

« Le convoi, c'est le nom qu'on pouvait donner à cette colonne partie pleine d'entrain quelques heures avant, revint lentement à la Fonwari; le blessé était porté sur un lit abandonné par les pillards. A chaque instant, il fallait s'arrêter; le colonel souffrait horriblement.

« Le lendemain, à 5 heures, c'est-à-dire onze heures après le moment où il avait été frappé à mort, le colonel commandant expirait. »

Nous avons souligné les passages importants de ce récit.

Comme l'auteur, nous disons : chose étrange !

L'attitude du bagne et des camps de la transportation fut admirable pendant la révolte des Canaques.

Si le gouvernement avait eu à craindre un complot d'évasion, un soulèvement des forçats et des transportés, il aurait eu toutes les peines du monde à comprimer les insurgés.

Il faut s'imaginer la situation de Nouméa pour comprendre le danger.

La ville était pleine de Canaques domestiques, disons vrai, *esclaves à temps;* ils commençaient déjà à se montrer très insolents et ils avaient des allures très inquiétantes.

D'autre part, certaines rues ne sont peuplées que de libérés ou de matelots déserteurs des nationalités les plus disparates : c'est la lie de la marine universelle.

Il était à craindre que l'appât du désordre et du pillage ne poussât ces éléments énergiques à la révolte.

Il y avait chez les libérés de justes sujets de mécontentement.

D'abord les souvenirs du bagne, puis la dureté stupide avec laquelle on leur rappelle sans cesse le passé.

Après les avoir lâchés, la chiourme semble regretter sa proie; elle la guette; elle paraît la convoiter passionnément.

Un libéré n'est pas libre; il ne recommence pas une vie nouvelle.

C'est absurde, mais c'est ainsi.

Si vous voulez qu'un forçat redevienne un honnête homme, ne l'assommez pas, faites luire à ses yeux l'espérance, moralisez-le par le travail intelligent.

Si vous voulez que le libéré devienne un bon citoyen, rendez-lui la dignité en effaçant le passé sous lequel, au contraire, vous le courbez et vous l'humiliez.

Mais, pour comprendre ces choses, il faudrait que ce fût le génie du commerce, de l'industrie et de l'agriculture qui dirigeât l'essor de la colonie; malheureusement, c'est le génie militaire qui l'entrave.

Un industriel, un commerçant, auront l'esprit assez large pour comprendre qu'il faut se servir intelligemment des éléments qu'on a sous la main et les améliorer; ils sauront se créer, parmi les libérés, un personnel honnête et dévoué.

Le militaire de terre et de mer ne sait rien, ne veut rien savoir de ces méthodes qui ont réuni les classes, pacifié les haines, soudé les efforts dans les colonies anglaises ou américaines; le militaire a de l'honneur, un certain honneur, un honneur à lui; le point d'honneur, qui s'affirme la main sur la garde de l'épée; on peut être un voleur comme Saint-Arnaud, un traître comme Bazaine, un imbécile comme de Failly, un assassin même comme n'importe quel général de Décembre ; on a de l'honneur, c'est-à-dire qu'on est prêt à couper la gorge à n'importe qui en douterait.

Ça ne fait aller ni le commerce, ni l'industrie, ni la colonisation ; mais l'honneur avant tout ; ce qui n'empêche pas de voler et de tuer, comme Doineau, de dilapider les fonds de l'État, comme X… qui vient d'être arrêté et que l'on va juger.

A des hommes de tant d'honneur, allez donc parler de réhabilitation pour les libérés, de ménagements pour des hommes placés dans une situation si délicate !

Ah ! vous serez bien reçus.

J'en causais hier encore avec un militaire, fils de militaire.

Son père a trahi la Restauration une fois, et l'empereur une fois ; son père a également trahi Charles X ; son oncle s'est trouvé compromis dans de très mauvaises affaires et n'a été sauvé que par une très haute intervention ; lui-même, il a été fort peu brillant pendant l'invasion et il a fait un mariage qu'on lui reproche.

Eh bien, il se frappait la poitrine et me disait tranquillement :

— Quand on a un nom sans tache comme le mien, quand on sort d'une famille de soldats, on ne peut comprendre vos théories.

J'ai répondu :

— Tant mieux pour mes théories !

En somme, pour le gouverneur militaire, tant bon qu'il soit, tout se réduit à : commander et obéir !

L'un d'eux formulait le système devant moi, laconiquement, en style militaire.

— Gouverner une colonie ! disait-il, c'est bien simple. Comprends pas votre embarras. Gouverneur reçoit des ordres, les fait exécuter militairement. Si l'on bronche, au bloc. Et ça marche.

Je répondis :

— Eh bien ! non, ça ne marche pas du tout. Voyez nos colonies, et voyez les colonies anglaises.

— Pas la même chose ! Les Anglais peuplent leurs colonies ; les Français ne veulent pas venir peupler la Nouvelle-Calédonie.

— Il n'y a rien d'étonnant à ça.

— Pourquoi ?

— Parce qu'un Français, libre ou à peu près en France, ne veut pas venir ici pour y être commandé par un militaire, mis au bloc par un militaire, et méprisé par un militaire.

Je laissai mon homme abruti par cette idée scandaleuse, révoltante, qu'un civil avait la prétention de ne pas se trouver heureux et honoré d'être commandé par un officier.

Si quelque chose avait dû changer l'opinion et la manière de faire de MM. les marins et soldats, c'est la façon loyale, crâne, enthousiaste et chevaleresque dont se sont comportés les déportés et les libérés.

Je dirai même les forçats.

Un seul, Antoine, plus Tsigano que Français, a eu des relations avec les insurgés ; il s'est vengé, non pas avec le concours des Canaques en révolte, mais, en quelque sorte, parallèlement à eux.

Une fois vengé, il a quitté la Nouvelle-Calédonie.

Pas un forçat n'a bougé, n'a comploté, n'a souhaité le triomphe des Canaques pendant l'insurrection.

Quant aux transportés et aux libérés, ils ont fourni des corps de cavaliers volontaires qui ont montré beaucoup de courage, de discipline et de bonne volonté.

Leur chef, le commandant Rivière, un officier de marine, leur a témoigné et son estime et son affection.

Eh bien, malgré le zèle de cet officier, malgré son énergique intervention, on a réintégré les volontaires déportés dans les camps, et il a fallu une longue lutte pour obtenir qu'ils en sortissent.

J'ai déjà dit ce qui s'est passé il y a quelques mois à peine.

Le gouvernement de la métropole avait ordonné, en raison de la bonne attitude des camps de la transportation et du bagne :

1° Que les forçats politiques fussent transférés de l'île Nou à la presqu'île Ducos, où ils seraient considérés comme transportés dans une enceinte fortifiée ;

2° Que les volontaires seraient assimilés aux transportés simples.

Ces ordres ne furent pas exécutés.

La surprise du commandant Rivière, un écrivain distingué et généreux, pas républicain du tout, cependant, fut grande dernièrement, lorsqu'il retrouva de ses anciens et braves soldats volontaires parmi les déportés dans une enceinte fortifiée.

Il eut l'énergie de se fâcher, de protester et d'exiger que les instructions du gouvernement fussent exécutées.

A lui merci.

D'autre part, les forçats politiques prirent une résolution intrépide, héroïque.

Un ami se dévoua pour leur apprendre que le gouvernement avait ordonné que, du bagne, ils passeraient à la transportation.

On les maintenait à l'île Nou, contre tous droits et tous devoirs.

Ils prirent la résolution de mourir ou d'obtenir justice.

En conséquence, malgré le danger qu'ils couraient de se faire mitrailler, ils refusèrent en masse de travailler et restèrent un matin dans les cases, quitte à recevoir des décharges.

La garde prit les armes, on les tint sous les fusils et sous les revolvers.

Rien n'y fit.

— Tuez-nous si vous voulez…

La question fut agitée, l'occasion était tentante.

On pouvait prétexter d'une révolte et coucher bas tout ce monde-là.

On remarquera qu'il s'agissait des plus énergiques, de ceux qui pourrissaient, indomptables, à la 4ᵉ classe.

Mais on n'était plus au 16 Mai.

Mais la presse protesterait.

La chiourme eut peur.

La chiourme recula.

Les forçats obtinrent gain de cause et furent conduits dans l'enceinte fortifiée.

Je demande à mes concitoyens ce qu'il faut penser de ces misérables (je parle de ces gardes-chiourme et autres fonctionnaires), qui ont eu l'infamie de violer la loi et les ordres du gouvernement, qui ont tyrannisé ces malheureux, qui ont prolongé haineusement leur supplice.

On a condamné des citoyens qui, mourant de faim en 1871, ont accepté des fonctions — inoffensives, du reste — dans l'administration de la Commune ; on les a envoyés à Nouméa.

Qu'avaient-ils fait ?

Presque rien.

Mais ces fonctionnaires qui ont, pendant des mois et des mois, retenu nos concitoyens au bagne, malgré des ordres formels, ces cléricaux enragés qui se vengent encore en torturant des hommes que nous connaissons tous, quelle sera leur punition ?

De l'avancement !

J'en donnerai des preuves avant six mois.

Je ne voudrais point passer pour partial à l'égard des officiers de marine.

Il en est qui sont des hommes.

L'un d'eux, fils d'une des plus honorables familles de la bourgeoisie parisienne, avait rencontré Alphonse Humbert dans le monde.

Il ne savait comment protester contre le traitement affreux qu'on lui faisait subir à la quatrième classe du bagne.

Il demanda du service à bord d'un transport pour Nouméa ; arrivé là, il se rendit à l'île Nou et il commanda à la cantine du bagne un déjeuner pour deux, recommandant que l'on fît bien les choses.

C'était un dimanche.

Le déjeuner prêt (ayant grande autorité et prestige comme lieutenant de vaisseau), il fit demander le forçat Alphonse Humbert.

On le lui amena.

Il l'embrassa comme un vieil ami, à la stupéfaction de la chiourme, et l'invita à déjeuner.

On juge du bruit, des rumeurs, du scandale.

Mais aucun fonctionnaire n'osa faire d'observations.

Le dernier cigare fumé, le lieutenant de vaisseau, après avoir dit adieu à Humbert, le remit aux mains des surveillants.

Et il partit...

Inutile de vous dire combien cette courageuse et muette protestation fit de tort à cet officier qui, cependant, est loin d'être communard, mais qui trouvait infâme que l'on mît à la quatrième classe du bagne un écrivain coupable d'avoir rédigé quelques articles du *Père Duchêne*.

Lorsque l'amiral Jauréguiberry sera remplacé par Schœlcher ou tout autre non clérical, je dirai le nom de cet officier, pour que les gens d'honneur, en France, lui paient leur tribut d'estime et d'admiration.

Les caractères de cette trempe sont rares.

XVI

Les gouverneurs. — Ce bon M. Alleyron. — Le bourreau des fleurs. — La complainte du canard-manchot. — Cet excellent M. Pritzbuer. — Un gouverneur à confesse et à la sainte table. — Son sermon aux politiques. — Morts ou vifs.

J'ai parlé des gouverneurs !

J'en ai dit, en courant, quelques mots.

Aujourd'hui, je veux en clouer deux au pilori.

Ce que ces deux hommes ont été cruels, atroces, je veux le dire.

Commençons par établir que, tant que M. Thiers dura, on prit au moins quelques semblants de ménagements.

Les colons libres mettent leurs troupeaux en sûreté contre les Canaques

On exécutait à peu près le règlement; M. Sorton nous volait déjà, mais sans cynisme; il se cachait; il trichait sur les distributions; mais il ne procédait pas à ciel ouvert. Excellent Sorton ! Digne surveillant !

Il avait une qualité précieuse : la pudeur.

Malheureusement, il la perdit à la chute de M. Thiers.

Lorsque Mac-Mahon arriva au pouvoir, comme prête-nom du parti clérical, la joie et l'audace des maristes ne connut plus de bornes; leur influence s'accrut dans des proportions inouïes.

Le gouverneur ne leur sembla point assez dévoué.

A bas le gouverneur !

On fit jouer des influences.

Ce gouverneur n'attendit point l'arrivée de son remplaçant.

A bord le gouverneur !

Dehors le gouverneur !

Pourquoi tant de hâte ?

On voulait faire faire le gros de la mauvaise besogne par un intérimaire que l'on avait sous la main et qui, endossant l'impopularité de mesures arbitraires, donnerait le pli à tout le monde et partirait exécré, mais sans rester longtemps sous le poids de la malédiction publique.

Le gouverneur en titre, arrivant, trouverait le système fonctionnant.

A toutes les observations, il pourrait répondre hardiment :

— J'ai trouvé les choses ainsi en arrivant, je n'y puis rien changer.

On sait que c'est là le grand cheval de bataille de notre administration, le grand dada, la routine absurde.

Donc on appela M. Alleyron à exercer l'intérim.

Je l'ai vu au bagne.

Non, de ma vie, je n'oublierai ni sa tête, ni ses gestes, ni ses paroles.

Il reprocha, avec une dureté incroyable, aux gardes-chiourme d'être mous, tolérants et trop bons pour ces canailles de communards.

Il fit passer l'inspection de chaque homme devant lui et celle de son sac (car les forçats ont un sac).

Tout ce qui rappelait la patrie absente, tout objet qui nous était cher, fut banni. Au feu, les photographies. Au feu, les souvenirs.

Dans nos cases, nous avions fabriqué quelques meubles et ustensiles.

Au feu ! au feu !

Il vit un forçat malade, dormant avec un oreiller fait d'une vieille guenille rembourrée de paille sèche. Au feu l'oreiller.

Ordre aux surveillants de nous faire dormir la tête sur la planche.

Que lui importait pourtant, à cet homme, que nous puissions plier un vêtement en quatre sous notre tête endolorie.

Cela le gênait.

« On ne crevait pas assez vite au bagne.

« Un jour ou l'autre, le roy va remonter sur son trône ; il faudra qu'il se donne le luxe d'une amnistie ; mais il importe que le plus grand nombre des forçats civils soit sous terre.

« Alors, on dira :

« — Voyez ! La République vous a torturés, décimés ; le roy vous a graciés. »

Tel était le plan.

Et l'on mit le règlement de côté.

On voulait obtenir de nous des travaux un peu sérieux.

Il y avait des intérêts particuliers engagés ; on prêtait les forçats aux maristes et à d'autres, pour empocher des gratifications.

On nous donnait de la viande.

Supprimée, la viande.

On nous donnait du café, du vin, de l'huile, du vinaigre, des légumes frais.

Supprimé tout cela.

Que restait-il ?

Le haricot et le riz !

Combien de haricots ?

Quarante-cinq en moyenne...

Combien de grains de riz ?

Cent vingt, cent cinquante.

Belle-Plume, et moi, et tant d'autres, nous avons compté cent fois la ration, par manière de distraction.

Rien ne trouva grâce devant M. Alleyron, rien, pas même les fleurs.

Nous avions, tout exténués que nous étions, organisé des petits jardins, planté des légumes, semé des fleurettes.

Confisqués, nos petits défrichements.

Bouleversés, nos semis, et donnés aux surveillants qui en voulurent.

On appela M. Alleyron *le bourreau des fleurs*.

Tout ce qu'un génie malfaisant peut imaginer pour le mal, il le fit ; il ordonna que l'on nous fît travailler onze, douze, quinze heures.

Pour lui, tout se résumait dans cette ligne de conduite :

— Épuisez-les vite.

Les maristes avaient stylé ce bon M. Alleyron.

Ils étaient et il était en rage.

La prédiction de ces papelards ne mordait pas sur nous.

Les transportés surtout, plus libres de leurs allures que nous, résistaient avec énergie ; de là une colère ardente.

La persécution fut tellement atroce, qu'il arriva que bagne et transportation furent décimés par une de ces épidémies morales qui s'emparent souvent des esclaves noirs d'une plantation où on les martyrise.

En trois mois, il y eut soixante-sept suicides dans les camps.

On conçoit qu'avec un gouverneur intérimaire de cette trempe, les surveillants eurent beau jeu et se permirent tout.

L'illustre Sorton nous disait :

— J'étais trop bon, tas de canailles! Le gouverneur l'a dit, vous l'avez entendu. Il faut que vous creviez tous ici.

Et pour nous faire crever, il volait notre pain et nourrissait sa volaille des haricots et du riz de notre soupe.

Quand un homme était reconnu malade, Sorton le mettait à la diète forcée.

Or, c'était l'anémie qui nous tuait.

On réclamait.

— Mais, Monsieur Sorton, c'est la faim et la fatigue qui m'ont rendu malade.

— Qu'est-ce que ça me fait?

— Mais je vais mourir !

— C'est ce qu'il faut... un de moins.

Et cette bête féroce, digne interprète du gouverneur intérimaire, nous tombait dessus à coups de bâton, quand nous cueillions des racines et des fruits sauvages, amers pourtant au delà de toute idée.

Ce bon M. Sorton.

Que je souhaiterais le rencontrer pour lui offrir un plantureux dîner chez Escoffier ; je le présenterais avec un plaisir ineffable aux habitués, et je leur dirais :

— Voilà l'homme excellent qui nous empêchait de manger des baies sauvages, par excès de zèle pour notre santé.

En présence de la terrible épidémie de suicide qui s'était emparée des camps, un officier, chef de bataillon d'infanterie de marine, eut l'énergie de prendre sur lui de redonner l'espérance à ces désespérés.

M. Barthélemy fit rassembler des déportés influents, et il leur dit de bonnes paroles. Il est absurde de se pendre, dit-il, quand une amnistie est sur le point d'être votée.

L'épidémie cessa.

Mais survint le gouverneur définitif, M. Pritzbuer, qui était plus clérical encore que l'illustre Alleyron.

Celui-ci avait appris que les transportés, à cause de sa démarche de canard auquel on a coupé une aile, avaient composé la fameuse complainte du *Canard sauvage*, dit manchot, parce qu'il n'avait qu'un *aileron*.

Ce mauvais calembourg mit M. Alleyron de si mauvaise humeur qu'il redoubla de méchanceté.

Il avait fait des rapports qui mirent le gouverneur définitif dans un joli déchaînement de fureur contre nous.

Aussitôt débarqué chez nous, M. le gouverneur Pritzbuer se rendit à l'église mariste, écouta pieusement la messe et communia.

On dit que la religion du Christ est une religion de paix et d'amour.

On dit que Jésus prêchait l'oubli et le pardon.

On dit que le Bon Pasteur consolait les affligés.

Voici la consolation que nos donna le dévot gouverneur.

Attention! ceci se passait en 1876!

M. Pritzbuer nous fit masser et, après avoir pris une attitude menaçante, il dit, très insolemment pour M. Barthélemy :

« On vous a annoncé une amnistie !...

« Moi, je vous déclare qu'il n'y en aura pas ; je connais la ferme résolution du gouvernement à ce sujet.

« Ceux qui vous ont dit ou qui vous diraient le contraire, vous trompent... »

Il fit une pause, et reprit en frappant le sol du pied :

— Ici vous mourrez! Ceci sera votre tombeau! Ni morts, ni vifs, vous ne sortirez de la Nouvelle-Calédonie.

Il fit encore une pause :

— Je sais, s'écria-t-il hardiment, que vous comptez sur la République ; elle ne durera pas un an...

Pas un fonctionnaire, pas un officier payé par la République, ne protesta.

Je n'ai sténographié de ce discours que le début ; mais le gouverneur nous ordonna de respecter notre aumônier, l'homme le plus despote, le plus détestable que j'aie connu ; il nous *ordonna* de nous confesser, et il interdit tout enterrement civil.

Enfin il termina, et la phrase est textuelle, par cette péroraison :

— De gré ou de force (et j'ai la force en mains) vous serez catholiques.

On prétend parfois que si les jésuites l'emportaient, ils ne rétabliraient jamais l'intolérance et respecteraient la liberté de conscience.

Eh bien! partout où ils dominent, par eux-mêmes ou par les maristes, c'est comme à Nouméa.

On vous mène de force à l'église.

Si vous résistez, on vous frappe.

Que la France le sache et soit avertie.

XVII

Encore le meurtre d'un forçat. — Condamnation à mort. — Meurtre d'un correcteur arabe.

On peut imaginer facilement, d'après ce que le gouverneur avait dit, quelle autorité arbitraire les surveillants s'arrogèrent sur nous.

Nous comptions, pour eux, moins que des chiens.

Je puis affirmer qu'un paysan, même dans les coins les plus sauvages de la France, hésite plus à tuer le chien qui lui déplait, qu'un garde-chiourme à brûler la cervelle à un forçat.

Citons un fait atroce.

Certains ouvriers du bagne, très habiles, deviennent si utiles, souvent si indispensables, qu'on leur accorde certaines libertés réclamées par l'exercice de leur état.

On leur donne alors un permis de circulation, pour qu'ils puissent se rendre où leur travail spécial les appelle.

De ce nombre était un ouvrier charpentier d'une rare intelligence, et qui était seul capable de bien choisir, abattre, équarrir un arbre; aussi allait-il seul, sous couvert de son permis, par les bois.

Il avait eu le malheur de déplaire à un surveillant à cheval; voici dans quelles circonstances:

Détaché pour la construction d'une case destinée à un officier, il était en train de la monter, quand le surveillant qui passait par là eut la prétention ridicule de blâmer la façon dont le charpentier opérait.

Ce surveillant appartenait à cette classe de vaniteux susceptibles, qui veulent tout connaître, tout savoir, tout faire, et surtout critiquer tout et tous.

Il y a beaucoup d'imbéciles de ce calibre-là dans la chiourme.

Le forçat-charpentier avait employé pour le gros de la charpente un arbre d'une essence particulière; il avait reconnu qu'il fallait le travailler d'une certaine façon; cela choqua le surveillant. La routine, toujours la routine!

Comme le surveillant pérorait et forçait le charpentier à changer de méthode, survint l'officier, auquel le forçat avait expliqué son procédé.

Devant un officier, un surveillant est un petit garçon ; de plus, cet officier était fort bien appuyé et apparenté.

Il ne se gêna pas pour envoyer le surveillant au diable, en lui disant des choses fort désagréables.

On juge de l'effet sur un homme vaniteux et susceptible.

Se venger de l'officier, ce n'était pas facile, il y arriva toutefois, dit-on.

Se venger du forçat, c'était facile.

Le surveillant attendit un an ; l'officier était parti.

Le garde-chiourme n'était pas étranger paraît-il, à ce départ qui était une disgrâce.

Maître du terrain, n'ayant plus en face de lui le témoignage gênant de l'officier, le garde-chiourme fit son coup.

Il s'arrangea pour rencontrer le forçat-charpentier en route pour sa besogne, et il lui demanda brutalement :

— Où vas-tu ?

— Mais... au travail.

— Seul ?

— Oui. J'ai un permis. Vous me connaissez bien ?

— Moi ?... Pas du tout. Ton permis ?

Le forçat commença à se défier ; il montra son permis, mais ne le lâcha pas, parce que le surveillant caressait déjà la crosse de son revolver.

Le forçat comprit que, s'il lâchait le permis, le surveillant le brûlerait, tirerait ensuite sur lui et le tuerait.

Il donnerait pour excuse :

— Je l'ai pris pour un forçat évadé. Il n'avait pas de permis.

Le forçat tint donc bon et refusa de se dessaisir de cette pièce.

— Si je vous la donnais, disait-il, comment me tirerais-je d'affaire, au cas où un autre surveillant me rencontrerait ?

Le garde-chiourme était irritable ; son plan allait manquer.

Il ne voulut pas rester sous le coup d'une humiliation ; car, pour lui, cette fermeté du forçat, évitant le piège, était un échec insupportable.

Il s'emporta, et, s'exaltant au son même de ses paroles, il fit feu.

Le forçat, blessé au bras, voulut reprendre son permis ; il saisit le cheval à la bride et dit énergiquement :

— Vous êtes un assassin ! Vous vous vengez ! Mais je veux mon permis.

Le surveillant lui tira un second coup qui lui troua le col.

Cette fois le charpentier, après un effort pour désarmer son bourreau, chancela, épuisé par le sang qu'il perdait.

Alors le surveillant hésita, se demandant s'il l'achèverait; mais il réfléchit et trouva plus simple de faire guillotiner son homme.

Il le garrotta, l'attacha à son cheval et le traîna sanglant vers un poste, où des gendarmes reçurent ce malheureux de ses mains.

On guérit l'homme à l'infirmerie, puis il passa au conseil de guerre... du bagno.

Là, toujours on est condamné.

Le malheureux eut beau protester, raconter la vérité; un arrêt de mort fut rendu contre lui.

Je l'ai vu exécuter.

Jamais un homme n'est mort avec plus de courage que celui-là.

Et le surveillant?

Il était là.

Parmi les forçats, il y avait des assassins; je ne les haïssais pas autant que ce meurtrier galonné qui satisfaisait si lâchement ses rancunes.

Le charpentier n'était pas de l'association, sans quoi il eût été vengé certainement par la mort du surveillant.

Voilà pourtant quelles étaient les conséquences des instructions données par les dévots gouverneurs dont on dotait la Nouvelle-Calédonie.

On se demandera comment des hommes comme nous ont pu si longtemps supporter les insolences des surveillants et des correcteurs arabes; à ceci, je répondrai que nous espérions l'amnistie, quoique l'odieux M. Pritzbuer nous en eût dit à son arrivée.

Pourtant un condamné fit un exemple terrible sur un Arabe.

Ce condamné était un petit Parisien, pâle, chétif et frêle.

Un jour, nous causions entre nous des infamies que l'on nous faisait endurer, quand vint à passer le plus féroce des correcteurs arabes.

C'était une sorte de géant; il avait près de deux mètres de haut; à vrai dire, ce n'était ni un Arabe, ni un Kabyle; il appartenait à cette peuplade des Chaïouas qui est peut-être la véritable race autochtone de l'Algérie et qui couvre, encore intacte, certains territoires de la province de Constantine.

Les Chaïouas sont des êtres primitifs, sauvages, qui semblent, comme charpente et comme tête, avoir été découpés à coups de hache dans quelque tronc noueux.

Ce correcteur avait les traits durs, grossiers; on eût dit une de ces

Une troupe de bandits, *convicts* australiens (districts miniers).

figures que les enfants taillent d'une main inexpérimentée dans un marron ; ce visage n'était qu'une ébauche informe. J'ai vu des gorilles vivants ; ils m'ont semblé plus intelligents, moins cruels que ce Chaïoua.

Cette bête sauvage avait réellement des instincts de tigre; le sang versé lui donnait une ivresse redoutable ; il fallait lui arracher des mains ceux qu'il frappait de son fouet; il les eût tués, et il voulait les mordre. Ses dents claquaient de férocité et tout son corps frissonnait de plaisir.

Il causait tellement de peur à tout le monde que le vide se faisait autour de lui ; il en était fier, et si quelqu'un demeurait sur son passage, il l'insultait, lui cherchait querelle et l'assommait de coups. Son poing était une massue.

Donc, un soir, je vis passer non loin de nous le Chaïoua.

Jamais on ne le voyait sans prononcer à voix basse une malédiction contre lui.

Belle-Plume se mit à sourire et dit très tranquillement :

— Tiens ! vous prononcez donc d'avance l'oraison funèbre de ce chien-là ?
— Comment l'entends-tu ?
— C'est un homme qui va mourir.
— Lui !
— Lui-même.

Et joyeux, souriant, Belle-Plume ajouta :

— Il est condamné. Hier, il a tellement abîmé trois des nôtres, qu'on les a portés à l'hôpital ; il était prévenu, il n'en a frappé que plus fort ; il sera poignardé demain.

On sait que Belle-Plume était de l'association, et celle-ci ne plaisantait pas.

— Mais, demandai-je, pourquoi parles-tu ce soir ! Ce n'est pas prudent.
— Il s'agit d'une espèce de duel. Delfaut s'est chargé de tuer l'Arabe, et il l'a provoqué devant plusieurs forçats. L'Arabe a accepté. On a choisi l'heure de la visite. Nous irons voir ça. Comme ceux qui avaient été prévenus, je me rendis à la visite. Delfaut y était. Très pâle, mais très calme, il attendait sans mot dire ; il voulait être provoqué.

L'Arabe, dès qu'il l'aperçut, parut étonné ; il ne pensait pas que ce frêle jeune homme oserait se présenter, et il regardait le défi échangé la veille comme une fanfaronnade.

Nous regardions de tous nos yeux.

L'Arabe marcha droit sur ce pauvre Delfaut et lui dit :

— Me voilà ! Qu'est-ce que tu me veux ?
— Rien ! dit Delfaut.

Alors le correcteur se mit à ricaner et, empoignant le jeune homme, il le souleva et le fit pirouetter en criant :

— Tu as peur, chien de Français ! Tu as peur, cochon de forçat, tu...

Tout à coup il se tut et chancela ; Delfaut avait pris un stylet dans sa manche et le lui avait planté en plein ventre ; l'Arabe essaya d'assommer son adversaire, mais celui-ci le cribla et fit de sa poitrine une écumoire.

Le colosse tomba.

A terre, il nous parut énorme.

Delfaut, petit devant ce géant, le regardait avec calme.

Il lui dit :

— Tu as *corrigé* hier pour la dernière fois.

Un surveillant accourut et s'écria :

— Ah les gredins ! Ils nous l'ont assassiné.

Alors, il se produisit un fait étrange, que j'affirme et que d'autres ont vu, un fait qui stupéfia le bagne.

Le Chaoüa mourant se dressa sur son coude et dit au surveillant :

— C'est toi qui es canaille ; eux m'ont tué et ils ont bien fait.

Il reprocha aux gardes-chiourme, par mots entrecoupés, de l'avoir poussé à frapper fort, et il paraissait exaspéré, lui, simple instrument, de mourir au lieu de l'un d'eux.

Delfaut fut condamné à mort ; mais sa peine fut commuée en quarante ans de travaux forcés ; il était instruit, de bonne famille et bien épaulé.

Puisse-t-il se faire libérer, car il a rendu un fameux service aux malheureux qui souffraient sous le bâton du Chaoüa.

XVIII

Un monsieur qui se fait trois millions de capital aux dépens de la France. — Le travail de huit mille hommes perdu pour le pays. — A quoi servent les forçats ? — La traite des noirs. — Un négrier en pleine rade de Nouméa.

Depuis que j'ai mis à jour les plaies vives qui rongent nos colonies et surtout celle de la Nouvelle-Calédonie, j'ai excité bien des fureurs.

Que n'ai-je un million de voix pour crier tout haut la vérité.

Si nos lecteurs le veulent, la France la saura, grâce à eux.

Qu'ils répètent hardiment ce que j'ai dit : c'est un devoir de propagande nationale.

Leur bien-être personnel y est du reste intéressé ; je vais le leur prouver.

En effet, nous payons tous des impôts fort lourds; le département de la marine gaspille outrageusement les fonds qui lui sont alloués pour les colonies; tout passe en églises ou... à rien.

Tant que les colonies dépendront de la marine, on ne fera rien.

Or, si la France tirait partie de ses colonies, comme l'Angleterre, quel essor immense de notre commerce et de notre industrie!

Quelle fortune pour toute la nation!

Les riches feraient de grandes entreprises, qui accroîtraient rapidement le capital de la France.

D'immenses débouchés s'ouvriraient devant l'activité de nos jeunes gens.

Avec la certitude de faire fortune et de réussir, on verrait nos pauvres émigrer temporairement, avec espoir de retour, rapportant d'outre-mer l'aisance et des trésors de connaissances.

Mais rien de tout cela ne se fait, rien ne se fera tant que le cléricalisme, le militarisme et le fonctionnarisme présideront aux destinées des colonies.

Comment se résigner à chercher fortune en Nouvelle-Calédonie!

Ainsi, nous avons là huit mille forçats, huit mille condamnés aux travaux forcés, huit mille esclaves blancs intelligents, dont l'obéissance est plus complète que celle des nègres.

C'est là une force immense.

Qu'en a-t-on fait?

Qu'ont-ils créé au profit de la France?

Rien.

A peine une route de quarante-cinq kilomètres!

On sait que sans routes, sans voies de communication, rien n'est possible.

Ces huit mille paires de bras devraient ouvrir des artères à travers le pays.

Elle travaillent pour de petits intérêts particuliers et inféconds.

Je m'explique. Les malheureux forçats, d'esclaves du gouvernement, deviennent esclaves de particuliers.

Chacun s'empare d'une partie de cette force et la stérilise.

Les gros bonnets se font octroyer de fortes escouades de forçats.

Les uns arrangent le jardin, élèvent des baraques, des kiosques d'agrément; les autres sont domestiques, cuisiniers, valets de chambre, palefreniers, etc.

Il y a autant de serviteurs de cette sorte dans une maison de haut fonctionnaire que de minuscules services.

Je pourrais citer un cas:

Tel personnage avait une escouade de forçats occupés uniquement à tuer les insectes dans sa propriété ; ce monsieur avait dit :

— Je ne veux pas voir ici une mouche ni une fourmi.

Le plus petit, le plus humble employé se paie jusqu'à trois forçats.

Des colons libres ont édifié une fortune sur l'emploi du forçat.

Recommandés par les maristes, bien appuyés près de l'administration, ils ont donné de si bons exemples de dévotion et de haine contre la République, qu'on leur a octroyé tout ce qu'ils ont demandé.

Cent, deux cents forçats.

Que paient-ils ?

Par tête de forçat la somme de 10 centimes par jour.

A qui ?

A l'administration, pour que ladite somme, espèce de petit sou de poche, soit remise au forçat loué.

J'ai dit que celui-ci en était frustré.

On se récriera.

On dira que de pareils abus sont impossibles, étant trop criants.

Eh bien ! il existe un marché en vertu duquel pour vingt ans, vous entendez — ou plutôt vous lisez bien : POUR VINGT ANS ! un industriel de Nouméa loue, pour 10 CENTIMES par jour, trois cents forçats à l'administration.

Marché conclu, fait et exécuté...

Or tout forçat arrivé à Nouméa représente déjà un capital de dépense de 1,285 francs en moyenne, par suite des frais faits.

Puis, il coûte à l'État, tout compris, un minimum de 1 fr. 80 c. par jour.

300 forçats à 1 fr. 80 c., cela fait.............................. 510 fr.
L'industriel verse... 30
Perte de l'administration par jour .... 510 fr.

Soit, pour 300 jours de travail effectif, un cadeau de 153,000 francs par an à cet industriel.

En vingt ans, trois millions.

S'il ne fait pas fortune, il n'aura vraiment point de chance.

Naturellement, ayant des forçats, tout ce monde se garde bien de faire appel au travail libre ; comment serait-on assez sot pour payer cher des travailleurs, des colons, des émigrants, quand cette bonne administration vous donne des forçats à si petits frais ?

Donc, point d'émigration.

Donc, point de peuplement.

Donc, naturellement, les travaux publics ne se font pas.

On devrait ouvrir des ports et des routes avec les forçats.

On ne le fait pas, puisqu'on les emploie à toute autre chose.

Et quand on parle de chemins à construire de tel endroit favorable à telle industrie ou à telle culture, jusqu'à un port quelconque qui est à créer, l'on vous répond :

— Mais c'est insensé ! Un port ici ! Il n'y a pas un chat, point de commerce. Une route là ; mais il n'y a pas un colon.

Eh ! justement.

Il n'y a pas de colon pour exploiter cette mine ou défricher cette plaine, parce qu'il serait impossible d'écouler les produits ; il n'y a pas de commerce, parce qu'il n'y a pas de produits à échanger.

Il faut faire des routes et des chemins de fer, comme les Américains, pour desservir les stations susceptibles de produire. Bien vite ces stations se peupleront si vous n'y fourrez pas des maristes partout, aux meilleurs endroits.

Mais allez donc fourrer ces vérités dans le dur cerveau d'un administrateur bouché ou qui se bouche volontairement les oreilles.

De tout ceci, il résulte qu'à Nouméa la vie est impossible.

On a le travail des forçats pour rien, mais les choses s'y paient des prix fabuleux.

Un méchant lapin, dix ou douze francs.

Un verre d'eau sucrée, cinquante centimes.

Une douzaine d'œufs, sept francs.

Un mouchoir à blanchir, cinquante centimes !

Tout cela est le résultat des absurdes procédés de l'administration.

L'administration est l'ennemie née du travail libre, le seul fécond.

Elle a horreur du colon jouissant de ses droits de citoyen.

J'ai dit comment elle organisait l'esclavage à temps pour le Canaque.

Celui-ci se loue pour un mince salaire, et il est esclave pour trois ans, parfois, souvent, pour toujours.

On protège son maître à son détriment ; on n'éclaire pas ce malheureux sur ses droits ; il y a ligue contre lui.

Puis il y a le coolie chinois ; mais celui-ci se défend intelligemment et on ne favorise pas son immigration.

Du reste, il ne se convertit jamais et il déplaît singulièrement aux maristes.

Mais tout cela ne suffit pas.

La traite, l'horrible traite, la traite des noirs est florissante à Nouméa.

A l'arrivée du *Navarin* en rade de Nouméa, en 1879, la date est rapprochée, on le voit, il y avait en rade un négrier.

Qui le dit ?

Le maître d'hôtel du *Navarin*, M. Narcisse Bonet, dans son livre si intéressant : *Nouméa, aller et retour*.

Il raconte le fait ainsi :

« On se figure généralement en France que l'esclavage est aboli. C'est une grave erreur. Il a seulement très légèrement changé de formes.

« Quand nous arrivâmes à Nouméa, un négrier, l'*Aoba*, était en rade avec son chargement de noirs. Le capitaine fait marché avec un chef qui lui livre une partie de ses sujets, hommes et femmes, moyennant du tafia, des pipes. Il amène sa cargaison en Nouvelle-Calédonie. Les colons viennent voir et tâter la marchandise. Si elle convient, elle est livrée moyennant paiement du prix du passage. Là, seulement, commence à se produire la différence avec l'esclavage proprement dit.

« La livraison du colis humain est accompagnée d'un engagement de trois ans signé d'une croix par le malheureux nègre, qui se livre moyennant une somme supplémentaire dérisoire, telle que douze francs par an.

« Au bout des trois ans, quelques-uns, plus intelligents que les autres, comprennent que leur temps est fini et s'en vont. Ils sont aussitôt repris comme étant en état de vagabondage et mis en prison jusqu'à ce qu'ils consentent à faire un nouvel engagement triennal, et ainsi de suite.

« C'est ce qui me fait bien rire quand j'entends dire de la France : Ce beau pays qui rend libre l'esclave qui y pose le pied. A la porte, Chauvin ! »

Je puis citer plus d'un fait de ce genre.

J'ai cent témoignages.

Je me demande si l'amiral Jauréguiberry oserait maintenant nous donner un démenti à la tribune.

XIX

L'infirmerie. — Ma commutation. — Encore un speech.

Je fus malade plusieurs fois, mais je ne restai que deux jours à l'infirmerie. Au bout de quarante-huit heures, j'en avais assez, j'en avais trop.

Rien de plus écœurant.

Si l'on veut savoir au juste ce qu'il y a de vraie pitié, de vraie moralité dans le cœur de messieurs de la chiourme, qui vous forcent à aller à la messe et vous commandent la dévotion à coups de bâton ; si l'on veut juger de leur hypocrisie, il suffit de voir ce qui se passe à l'infirmerie.

Immonde ! Immonde !

Je ne dirai rien de la saleté épouvantable de ce lieu infect.

Je ne dirai rien du système de tinette recevant les déjections de tous les malades.

Je ne dirai rien des médicaments avariés ou gaspillés, du vin destiné au quinquina et remplacé par de la piquette ; de l'incurie, des vols éhontés, des dilapidations qui se commettent.

Hélas ! là comme partout, dans la marine comme dans l'armée de terre, l'administration est tout, le directeur rien.

Il ne peut agir, il ne peut punir, il ne peut même pas guérir.

L'infirmier, soutenu par l'administration et par l'aumônier, brave impunément le docteur et fait ce qu'il veut.

Le pharmacien est absolument indépendant du médecin.

S'il y a des bonnes sœurs, c'est pire encore ; elles ont une médecine à elles, des remèdes à elles, une hygiène à elles ; mélange de médecine à la bonne femme et de recettes des couvents.

Elles sont toujours hostiles aux médecins, parce que ceux-ci sont des hommes de vraie science, qui ne croient ni à l'eau de Lourdes, ni aux miracles, ni aux scapulaires, ni aux mômeries.

Que font les bonnes sœurs ?

Elles déconsidèrent les médecins.

Elles disent de l'un :

— C'est un brutal ! c'est un boucher ! Il ne cherche qu'à charcuter ses malades.

De l'autre :

— C'est un âne ! Il ne sait rien ! Il donne des remèdes de cheval dont on meurt.

Et elles annulent les prescriptions des médecins et prodiguent aux malades hypocrites, qui veulent bien se confesser, des douceurs et des sucreries.

Un médecin, bon catholique, mais gallican comme le président Bonjean, un médecin de bonne foi, me disait un jour tristement :

— Quel malheur que le zèle, le dévouement, la charité de nos bonnes sœurs, au lieu de produire un bien, engendre un mal ; *elles nous gâtent nos services.*

Un autre, net, franc, carré et énergique, disait à un capitaine de vaisseau :

LE POTEAU DE SATORY

Les éclaireurs volontaires de Nouméa et le chien Trim.

— Vos admirables sœurs de charité sont de simples brutes, fanatiques, ignorantes et très harpies, qui assomment les malades et... les médecins. Le dernier infirmier rend plus de services qu'une sœur de charité.
Si l'on savait combien c'est vrai... A l'infirmerie du bagne, pas de sœurs !

J'ai tout dit, du moins tout ce que je sais sur le bagne.

Il me reste à raconter ce qui m'arriva au camp de la transportation.

Depuis quelques temps, j'espérais ma commutation de peine.

Ma mère m'avait écrit de l'espérer.

Ma femme vint m'affirmer un jour que j'étais porté sur la liste de ceux qui allaient quitter l'île Nou.

Pourtant je demeurais au bagne.

Juliette m'apporta le *Journal officiel* et me montra mon nom.

Plus de doute!

Mais alors pourquoi me retenait-on arbitrairement!

Je m'en expliquai avec les autorités compétentes, qui me dirent *militairement* :

— J'rnal'fficiel! connais pas. Ça n'me regarde pas. Connais que le règlement, moi! Quand on m'enverra l'ordre, exécuterai l'ordre. Pas reçu d'ordres pour vous.

— Mais alors si l'on nous garde au bagne, à quoi bon nous gracier?

— Pour faire taire gueulards en France; sales républicains, pas contents! Jamais contents ces b.....s-là! On leur donne des grâces de temps en temps; en demandent toujours! Réclament l'amnistie!... Jamais d'amnistie!... Pas de grâces! La liste est perdue dans les bureaux! Se perd toujours, cette liste-là.

Puis il conclut comme toujours :

— Vous, comme neveu du g'néral, situation exceptionnelle. Pas de passe-droit, mais partir tout de suite! Les autres... attendront la liste. Ne se retrouvera jamais, la liste. Allez faire votre sac, sacrebleu! Content d'être agréable au g'néral. Lui écrirez ça avec le bonjour de ma part; mes respects pour la g'nérale et tout le tremblement des politesses.

Je crus devoir élever la voix en faveur de mes camarades.

— Silence dans le rang, tonnerre de D...! Sais ce que je fais; j'exécute le règlement, mille tonnerres! Jamais d'injustice. Vous partez parce que vous êtes dans une situation exceptionnelle. L'ai déjà dit; sacré tonnerre. Le r'dirai plus. Les autres resteront parce que c'est un tas de propres à rien, vous m'entendez. Au revoir. Une poignée de main. Deux mots au g'néral. Deux mots, pas plus... Quatre si vous voulez. F....ichez-moi le camp et rompez... plus vite que ça...

Voilà comment j'ai quitté l'enfer de l'île Nou.

Je n'y ai pas souffert beaucoup, mais j'y ai vu tant souffrir que le souvenir des années que j'ai enfouies là m'est extrêmement amer.

Avant de partir, j'avertis mes camarades de ce qui se passait.

Je leur promis de leur faire envoyer le *Journal officiel*.

Ils le reçurent par l'entremise de Juliette.

Avec de l'énergie, l'appui de quelques hommes de cœur à Nouméa et la menace d'un grand scandale en France, mes amis furent assez heureux pour obtenir l'exécution du décret.

Ils furent envoyés comme moi au camp de la transportation.

Ici commence une nouvelle phase de ma vie.

DÉPORTATION

ÉVASION CÉLÈBRE

I

La transportation. — La déportation. — M'Bi. — Numbo. — Polin. — Camp.

Les graciés, ou, pour mieux dire, les commués, sont emportés de l'île Nou à leur destination nouvelle, la presqu'île Ducos, par un canot de service.

J'ai consulté plus d'une centaine d'amis sur la sensation qu'ils ont éprouvée en quittant l'île Nou; je voulais comparer la leur à la mienne.

Tous m'ont avoué qu'ils avaient éprouvé plus de joie en quittant le bagne pour la transportation que la transportation pour la France.

C'est dire ce que l'on souffre au bagne.

Moi qui, somme toute, avais vécu dans une situation spéciale, moi qui n'avais pour ainsi dire pas travaillé, il me semblait que je sortais d'une fournaise.

A mesure que je m'éloignais de l'île, que je la voyais s'abîmer dans les flots, j'éprouvais une sensation délicieuse, je revivais, espérais, et il me semblait que je me rapprochais de la France.

Je nageais dans la joie, j'étais noyé dans une douce ivresse.

Nous allions débarquer sur la presqu'île, à l'anse M'Bi.

Même incurie, même insouciance qu'à Nouméa ; cette anse, cette rade est des plus mal utilisées, des plus pauvrement outillées.

Pour quai de débarquement, un ponton en bois à faire rougir la compagnie des *Hirondelles*.

M'Bi est une ville... militaire.

C'est là que se trouvent la direction, l'état-major, le gros de la garnison de la presqu'île ; c'est là que sont les casernes, le camp des transportés, entouré de son enceinte fortifiée.

Non loin de l'anse M'Bi, se trouve l'anse de Numbo, affectée à la déportation.

Le camp où j'allais vivre, le village si l'on aime mieux, se dresse sur la plage ; c'est une succession de rues à angles droits, bordées de modestes cases.

Près de là, l'hôpital.

Dans l'hôpital, des sœurs de charité.

Quand j'arrivai, on me fit une très aimable réception.

J'étais enchanté.

Un ami, un camarade d'Antoine, que je retrouvai là, me prit chez lui et m'offrit à déjeuner.

Il me donna d'excellents conseils.

— Mon cher, me dit-il, jeune comme vous l'êtes, vous croyez à l'amitié, aux serrements de mains, à l'expansion du premier moment. Défiez-vous-en au contraire. Tout ce monde qui vous accueille si bien, vous déchirera demain.

— Moi !

— Oui... vous !

J'étais stupéfait.

Il me demanda :

— Êtes-vous collectiviste ?

— Mais... je ne sais trop. Collectiviste. Qu'est-ce que c'est exactement?
— Une des formes du communisme.
— Je ne suis pas du tout communiste.
— Grave! très grave! tous les collectivistes vont être contre vous.
Puis il me demanda encore :
— Êtes-vous communaliste fédéraliste ou communaliste autoritaire?
— Mais... je ne sais pas... Je sors du bagne... Je...
— Enfin vous pourriez être jacobin ou encore socialiste libéral ou socialiste intransigeant, ou...
— Assez! assez! Je n'y comprends plus rien. Ma tête se perd. Je suis républicain, et puis voilà tout; républicain démocrate.
— C'est trop peu; moi je suis comme vous, je ne comprends pas grand chose à toutes ces subtilités; j'ai refusé de m'enrôler dans l'un ou l'autre clan; aussi suis-je méprisé, calomnié, isolé et parfois menacé...
— Menacé de quoi?
— De mort.
— Pourquoi?
— Comme modéré, comme républicain terne, comme mouchard, comme traître... ah! mais...
J'étais stupéfait.
Mon ami reprit :
— Vous ne vous imaginez pas à quel degré les têtes sont montées ici. Vous vous rappelez sans doute les divisions des membres de la Commune entre eux, leurs luttes, les haines qui les séparaient profondément.

Le Comité central avait une horreur profonde pour les membres de la Commune qui l'exécraient en masse. Le premier Comité de salut public accuse le second, qui accuse le premier; la Délégation militaire jette des injures à la Délégation des subsistances et en reçoit des insultes; chaque personnalité marquante a ses adhérents et son système, hors duquel point d'honnêtes gens; vous savez que Rossel était un traître, Cluseret un traître, Lhuillier un traître, Michiowitz un traître, tous des traîtres. Vous entendrez dire des choses atroces sur Humbert, sur Vallès, sur Rochefort, sur tout le monde. Jamais vous n'aurez vu les hommes déchirer si cruellement et à si belles dents de tigres les réputations. C'est l'enfer de la calomnie, c'est le potin, le cancan, devenus des instruments de torture atroces.

Mon ami s'arrêta et me demanda :
— Connaissez-vous Simon Mayer?
— Oui, dis-je.

— Le connaissez-vous bien?
— Oh! très bien.
— Quel homme est-ce?
— Mais, un très brave homme.
— Allons donc!
— Je vous assure. Il est sage, modéré, très doux, inoffensif, serviable...
— Erreur! Erreur!
— Je vous assure...
— Et moi aussi. On le juge ici ce qu'il vaut. Écoutez-moi.

J'écoutais stupéfait.

— Simon Mayer a été chef de cage pendant la traversée.
— Je le sais.
— Et ça ne vous indigne pas?
— Mais du tout. Il ne voulait pas accepter, et ce sont les *politiques*, ses amis, qui l'ont supplié d'accepter, de conserver cette place, afin de ne pas être sous la coupe d'un forçat de droit commun.
— Enfin, il a été chef de cage, et savez-vous où ça l'a conduit?
— Dites, mais dites vite. Il m'est cruel d'entendre calomnier ce galant homme.
— Eh bien! il a été le bourreau du bagne et il a guillotiné ses amis.
— C'est faux! c'est archi-faux!

Mon ami se mit à rire.

— Je le sais bien! dit-il. Simon est mon ami, je le connais, c'est un des rares esprits droits, calmes, bienveillants, que l'on puisse fréquenter ici. Eh bien, cet homme, dont la vie est sans tache, a subi les plus injustes accusations. Il y a eu un Mayer bourreau, on a dit que c'était lui; comme chef de cage, il a souffert le martyre, et il a fini par être destitué parce qu'il était trop bon; on lui a reproché et son acceptation et sa destitution. Jugez, si l'on a agi ainsi pour un si bon, pour un si brave, si honnête homme, point agressif du tout, de ce que l'on fait contre les autres. Il a refusé comme moi, comme vous, de s'inféoder à un clan particulier qui l'eût défendu, tandis que tous les autres l'auraient attaqué; il vit isolé, comme moi. Nous nous fréquentons un peu entre solitaires. On nous appelle le club des *ganaches*, des *sales bourgeois*, des réactionnaires.
— Eh bien... j'en suis...
— Dès demain, les langues vont claquer.
— Je m'en fiche!

Et je disais vrai.

Seulement, un jour, un transporté ayant dit authentiquement (j'en étais bien sûr) que j'étais un jésuite, un mangeur de bon Dieu, que les maristes m'avaient fait gracier, que l'on devait se méfier de moi comme d'un mouchard, je m'arrangeai pour rencontrer ce monsieur face à face, dans un bon coin, je lui reprochai ses lâches calomnies et... je lui administrai une volée aussi loyale que mémorable.

Cela calma un peu les autres.

D'où venait que l'on se déchirait ainsi entre soi ?

De ce que des intelligences ardentes, des convictions généreuses, des activités dévorantes se trouvaient réunies là, dans un espace étroit, sans cesse en contact, s'irritant par tous les angles, se blessant par des chocs douloureux.

Dans un autre milieu, chacun de ces hommes eût été un centre d'attraction sympathique ; ici, chacun d'eux était une force répulsive pour les autres.

Ajoutez à cela les méchancetés de quelques mauvaises bêtes comme il y en a partout, des gens sans valeur et haineux de toute supériorité, ravis de mordre sur toute renommée de quelque valeur, et vous comprendrez ce que c'était que le camp au point de vue des relations sociales.

Sachant à quoi m'en tenir, je résolus de vivre seul et je m'arrangeai en conséquence.

Je n'eus jamais à m'en repentir.

Seulement, chaque fois qu'un de mes camarades venait me dire du mal d'un autre je répondrais carrément :

— Je ne vous crois pas.

Voilà pourquoi j'ai défendu Lhuillier, accusé nettement de trahison.

Une trahison payée par le bagne, c'est dur ; je n'y ajoute pas foi.

Je note ceci en passant, que Lhuillier n'est pas mon ami ; je ne lui ai parlé qu'une fois dans ma vie, sous l'empire.

II

Un déporté *blindé* et le déporté *non blindé*. — Les vivres. — Le salaire. — Le vêtement. — La nourriture. — Pas de politique. — Cet excellent M. Alleyron. — A coups de canon.

Avant de continuer mon récit, il faut que j'éclaire un point qui pourrait rester obscur dans la pensée du lecteur.

Qu'est-ce qu'un transporté ?

Qu'est-ce qu'un déporté ?
Le transporté, c'est le forçat.
La veille, à l'île Nou, j'étais un de ces malheureux.
Les déportés, eux, se divisent en plusieurs classes.
Il y a le déporté *blindé*, c'est-à-dire celui qui est confiné dans une enceinte fortifiée.

A la presqu'île Ducos, j'étais dans cette catégorie-là.

Pour s'éviter la peine de construire des enceintes fortifiées, l'administration avait établi deux camps de déportation blindée, au milieu de deux vallées, que des ceintures de rocs à pic entouraient d'une fortification naturelle.

Ces deux sites, très pittoresques, avaient été merveilleusement choisis dans la presqu'île Ducos.

L'un était le val Tendu.

L'autre, et je fus désigné pour celui-ci, était la vallée de Numbo.

Le déporté *blindé* ne peut franchir les poteaux indicateurs qui délimitent le camp ; un pas en dehors, et le déporté est condamné à six mois de prison, minimum de la peine ; heureux si, sous prétexte de tentative d'évasion, on ne le tue pas comme un chien ou comme un forçat.

Le déporté *blindé* est mineur devant la loi ; il perd tous droits civils et politiques.

Un enfant sous le joug du tuteur, telle est sa situation, et ce tuteur, c'est la chiourme.

N'est-ce pas tout dire ?

S'il était millionnaire, il ne pourrait disposer d'un centime sans l'assentiment de cette excellente chiourme.

Si l'on veut savoir jusqu'où va la persécution de l'administration, je vais en citer un exemple.

Je voulais me marier, mais civilement.

L'administration-tuteur voulait bien consentir à mon mariage, mais à la condition qu'il fût célébré par les révérends pères maristes.

De plus, elle m'imposait comme témoins des gardes-chiourme.

J'en fus tellement écœuré, que je renonçai à légitimer mon union.

On voit que tout n'est pas agréable dans la situation du déporté.

Le déporté reste *blindé* pendant cinq ans ; au bout de cette période, il quitte la presqu'île et il va s'établir sur la grande terre, comme colon ou employé de l'administration.

Le déporté *blindé* obtient facilement une concession de 800 à 1,000 mètres

de terrain ; il peut se bâtir une cabane et y vivre seul, loin des baraques où s'entassent ses compagnons. J'eus la chance, l'heureuse chance, de trouver une *paillotte* à acheter; c'était une espèce de gourbi à la mode kabyle.

J'avais de l'argent et je payai mon habitation 100 francs, rubis sur l'ongle.

Ce petit fait causa une exaspération inouïe dans le camp.

Ce fut le point de départ de l'orage qui fondit sur moi : pluie de calomnies, grêle d'accusations, méchancetés de toutes sortes...

Ma famille était relativement riche ; je disposais en propre de l'héritage de mon père, une cinquantaine de mille francs, laissés par moi à la disposition de ma mère, mais qui étaient bien à moi. Et cependant l'on s'étonnait que je pusse disposer de cent francs...

On imagina de dire que j'avais économisé sur mes appointements d'employé, en partageant avec la chiourme sur les vols commis au préjudice des forçats.

Jamais de la vie je n'eus le maniement d'un denier de l'administration.

On trouva mieux.

On eut vent de l'histoire de Juliette, et l'on prétendit que j'étais un monsieur peu scrupuleux, vivant aux crochets d'une blanchisseuse.

Or, il y avait pour moi, de mon bien, à l'administration, des sommes beaucoup plus fortes que celles dont j'eus jamais besoin.

Juliette était arrivée à Nouméa avec dix mille francs que lui avait donnés ma mère.

J'avais, je l'ai raconté, corrigé vertement un calomniateur; je n'eus pas à recommencer après une très verte explication dans une certaine case où je confondis deux des plus acharnés contre moi.

On se contenta, ne pouvant mordre à ma réputation d'honnête homme, d'attaquer mes idées politiques ; de ceci, je me souciais peu.

Lorsque j'eus organisé ma *paillotte*, j'y donnai un premier repas à quelques amis, gens qui pensaient, comme moi, qu'on n'est pas dans une enceinte fortifiée pour se dévorer.

Je fis là le premier repas heureux, tranquille, joyeux, que j'eusse pris depuis mon départ de Paris.

Je renouvelai souvent ces agapes, qui devinrent des pique-nique très agréables.

Tout d'abord on se moqua de nous, puis on nous jalousa, puis on voulut être de notre petite société d'amis.

Mais nous avions décrété que l'on ne parlerait jamais politique chez nous, et la condition était implacablement maintenue.

Si bien que, devenant plus nombreux, nous n'en fûmes jamais ni moins heureux, ni moins unis, et je crois pouvoir dire que nous avons rendu discrètement plus d'un bon service.

Le déporté *blindé* est nourri par l'administration ; il touche :

Lundi 120 grammes haricots, 120 grammes de viande.
Mardi   60   — de riz,   250 — de viande.
Mercredi 200 — de lard,   120 — haricots.
Jeudi   60   — de riz,   120 — de viande.
Vendredi 200 — de viande conservée.
Samedi 60   — de riz,   120 grammes de viande.
Dimanche 120 — haricots, 120 — de viande.

Nous touchions de plus :

Tous les jours 20 grammes de café ; 20 grammes de cassonnade, 18 millilitres de vinaigre, 2 grammes de sel et 750 grammes de pain.

Jamais de vin, à moins qu'on ne fût employé de l'administration. Dans ce cas, le déporté touche 23 centilitres de vin et 10 centilitres de tafia.

Quand le déporté est employé de l'administration, il ne peut gagner que 1 franc, 1 fr. 20 c., 1 fr. 30 c., 1 fr. 40 c. ou 1 fr. 60 c. Ce dernier prix est un maximum.

Pour le vêtir, il lui est alloué par l'État :

Deux pantalons de toile grise (durée réglementaire : 1 an) ;
Deux vareuses de toile grise (durée : un an) ;
Trois chemises de coton blanc (durée : six mois) ;
Une cravate de laine ;
Une ceinture de flanelle ;
Une casquette ou un chapeau de paille ;
Une paire de godillots ;
Un pantalon de laine ;
Une vareuse de laine.

J'ai dit quelle était la nourriture.

Il y deux appels par jour : un à 6 heures du matin, un à 6 heures du soir.

A 10 heures du soir, le canon tonne, et tous les déportés doivent rentrer chez eux.

Ici se place un incident.

J'ai dit ce qu'était M. Alleyron, l'âme damnée des maristes, le sicaire de la réaction, le gouverneur par intérim.

On se souvient du plan qui avait été imaginé à cette époque.

M. Alleyron, dans son intérim, devait mettre la colonie au pas, endosser l'impopularité et la responsabilité des plus odieuses combinaisons, et procéder sans craindre de faire de l'arbitraire.

La chose finie, il disparaissait, laissant la place au gouverneur définitif, M. Pritzbuer.

Ce que M. Alleyron avait fait pour le camp des transportés, il le fit pour celui, ou plutôt pour ceux des déportés.

Il viola la loi.

Celle-ci était formelle.

Elle réglait l'habitation, le vêtement, la nourriture et... l'indemnité ou, si mieux l'on aime, le salaire, au cas où le déporté voudrait travailler.

Que fit M. Alleyron ?

Il déclara que les déportés devaient gagner leur nourriture et leur entretien.

Donc, le travail forcé.

Donc, pas de différence avec le bagne.

Il en résulta ceci :

Les déportés refusèrent de travailler.

M. Alleyron les attendait là.

Il les prit par le ventre.

Pas de travail, très bien !

Pas de distribution de vivres !

Sur ce, tumulte, révolte et... exécution.

C'est ce que bon Alleyron voulait ; il ne se sentait pas d'aise.

Il fit braquer les pièces de canon sur les rassemblements.

Mais les déportés comprirent qu'on leur tendait un piège, et ils rentrèrent chez eux. Plus de rassemblements !

C'était bien ennuyeux.

Aussi, ce bon M. Alleyron qui voulait *une nettoyade énergique*, prit-il une décision remarquablement féroce.

Il ordonna que l'on ferait l'appel au travail et que l'on viderait les cases à cet appel des clairons.

Ceux qui ne sortiraient pas seraient mitraillés à domicile.

Par malheur pour lui, des officiers déclarèrent respectueusement que l'on ne pouvait les transformer en assassins.

Coûte que coûte, ils eussent fait tirer sur les rassemblements.

Mais violer la loi, assassiner des hommes tapis dans leurs paillottes, non ! Ils ne le pouvaient, ne le voulaient pas.

Et M. Alleyron en fut pour sa courte honte.

Ici, en France, on présenta l'affaire sous un autre jour !

On dit :

— Les déportés sont des paresseux. Ils n'ont pas voulu travailler pour améliorer leur existence.

Monsongo !

Ils avaient consenti à travailler pour dix sous par jour, au lieu de 6 francs 20 centimes.

Mais ils voulaient un salaire, pour sauvegarder le principe.

Et cependant on les calomniait dans les feuilles réactionnaires.

Le lecteur me connait.

Je pèche plutôt par excès de sincérité.

Je dis tout.

Je ne pallie rien.

Eh bien ! je déclare que ce bon M. Alleyron, avec ses canons, voulait assassiner des gens dans leur droit.

L'a-t-on puni ?

Non.

Le punira-t-on jamais ?

Jamais.

Voilà la justice telle qu'on la comprend encore dans la marine.

III

Les huit jours de prison réglementaires et le colonel Charrière. — Motifs de punition. — La prison. — Louise Michel.

Pour bien montrer la différence qui existe entre la déportation *blindée* et la déportation simple, je vais en résumer les conditions :

Le déporté blindé ne peut sortir de l'enceinte ; il est soumis à deux appels par jour, il doit rentrer chez lui au coup de canon de la retraite ; il est mineur, sans droits civils ou politiques ; il ne peut se marier sans consentement, témoigner, tester ; ses biens sont administrés par tutelle.

Le déporté simple recouvre ses droits civils ; il peut aller, venir, s'établir ; il n'est tenu à répondre qu'à un appel par mois, s'il est employé ou colon sur la *grande terre* ; s'il est à l'île des Pins, il se présente à un appel par semaine.

Inutile de dire que MM. Alleyron et Pritzbuer, si durs pour les forçats, si impitoyables pour les condamnés *blindés*, refusèrent aux déportés simples toutes les permissions.

Je reviens maintenant au déporté *blindé*.

J'ai dit qu'on le mettait en prison.

Par une disposition très sage du règlement, le commandant ne peut infliger que huit jours de prison aux déportés.

L'illustre Charrière, le fameux colonel, l'homme aux speechs, dit j'*mais de passe-droit*, avait trop de respect pour le règlement, et il n'eût voulu le violer pour rien au monde ; mais, huit jours de prison, il trouvait cela maigre.

Il alla trouver l'aumônier et les maristes, théologiens ergoteurs, savants scolastiques, habiles en l'art du croc-en-jambes à la logique et de l'interprétation des textes les plus clairs.

Il revint enchanté de sa visite, et il dit à ses gardes-chiourme :

— Vous me demandez des quinze jours, des mois de prison pour ces canailles de déportés ! J'peux pas ! Le règlement le défend ! J'suis esclave du règlement ; vous aussi ; tous esclaves ! Tonnerre de D..., c'est dur ; mais le devoir avant tout ! Seulement, vous êtes des imbéciles, des idiots, des crr'tins ! Je dis des crr'tins ! J'insiste. Tâchez de comprendre, sacrebleu ! Vous voulez envoyer un déporté à l'*ours* pour un mois, deux mois ! C'est facile ! Vous mettez au rapport, un, deux, sept, dix motifs de punition. Moi, j'applique le règlement. Autant de motifs, autant de huit jours. Voilà le nommé Cayron, par exemple, qui ne vaut pas cher. Vous inscrivez au rapport : Cayron regardé de travers avec insolence, pas baissé les yeux et affecté de me regarder en face. — Moi, je mets huit jours. — Le même Cayron a proféré contre moi et le commandant des paroles séditieuses que je n'ai pas comprises : — huit jours à Cayron. Pas difficile de trouver des motifs ; pas difficile de *bloquer* pour un mois. Si vous n'étiez pas des *crr'tins*, je répète *crr'tins*, vous auriez trouvé le moyen ! Mais, il faut que je fasse tout ici. Rompez.

Quoique traités de crétins, les surveillants rompirent enchantés.

Et le lendemain les huit jours de prison pleuvaient comme des sauterelles.

Je prie de remarquer que les punitions baroques pour *regarder de travers, en face* et *paroles séditieuses pas comprises* sont textuelles.

Ah ! si j'avais les rapports !

Le lecteur se tiendrait les côtes ; c'est plus drôle que les désopilants vaudevilles du Palais-Royal.

On peut vérifier ce que j'avance.

Grâce à l'ingénieux procédé soufflé au colonel Charrière par les maristes, on mit et l'on retint en prison des déportés pendant des mois ; l'un d'eux a fait trois mois moins un jour.

La prison de la presqu'île Ducos est divisée en deux parties.

Il y a la partie réservée aux condamnés disciplinaires.

Il y a la partie réservée aux condamnés judiciaires.

Les condamnés disciplinaires sont :

Ceux qui ont manqué à l'appel ;

Ceux qui ont été trouvés hors de leur concession après le canon de retraite ;

Ceux qui se sont mis en état d'ivresse.

Les condamnés judiciaires sont ceux qui ont passé en conseil de guerre.

On passe en conseil de guerre :

Pour tentative d'évasion ;

Pour insulte envers les surveillants ;

Pour vol ;

Et, en un mot, pour les crimes prévus par le code militaire.

Les prisonniers militaires doivent travailler pour l'administration.

On les emploie en général aux terrassements.

Ils gagnent cinq sous par jour.

Personne ne peut communiquer avec eux, et ils ne peuvent recevoir quoi que ce soit du dehors, sans la permission du commandant.

Les gardiens de la prison sont des enragés connus pour leur dédain de la vie humaine.

Qu'un prisonnier essaie de communiquer avec le camp pour recevoir des nouvelles de sa famille ou pour obtenir un secours de vin ou de café, dont ces malheureux anémiques ont tant besoin, les gardiens font feu de leurs revolvers : feu sur les prisonniers et sur ceux du dehors.

De quel droit ?

La loi, qui applique six mois de prison à une tentative d'évasion, ne condamne pas à mort ; le gardien, lui, de sa simple volonté, attente à la vie humaine ; c'est donc un assassin.

Quand cela arrivait, cet assassin recevait les compliments du digne colonel Charrière.

C'est sur les hommes punis de prison que les aumôniers essaient d'agir.

Ils ont des moyens d'action.

— Si tu te confesses, on diminuera ta peine. Si tu ne te confesses pas, tu seras prolongé. On trouvera bien le moyen de rallonger ta peine.

Et les malheureux sont ainsi assommés par un prêtre tenace, tantôt rude et menaçant, tantôt mielleux et douceâtre.

Les gardiens se transforment en apôtres, et ils exhortent les prisonniers :

— Tas de canailles, si vous n'écoutez pas l'aumônier, gare à vous ! On vous fera pourrir ici ! Il faut se confesser, nom de D...! Ceux qui ne se confesseront pas, on les soignera... avec ça !

Ils montrent leurs révolvers.

L'administration, je l'ai dit, a trouvé économique d'utiliser la nature pour suppléer à l'absence d'enceinte fortifiée.

Elle se sert des escarpements de montagnes, mais elle place des sentinelles.

Ces sentinelles ont un fusil... « turellement », dirait Boquillon.

Elles s'en servent au besoin.

Si bien que la muraille est avantageusement remplacée par les balles.

Encore, si réellement c'était économique !

Mais rien ne coûte plus cher que les soldats ; en bonne conscience, la muraille, construite par les forçats qui ne servent à rien, vaudrait infiniment mieux que la fusillade, qui ne sert à rien non plus ; témoin les évasions célèbres.

Voici le moment de parler des femmes.

Je les raconterai.

Hélas !...

Pourquoi ce soupir ?

Parce que, là-bas, en dehors de Louise Michel et de son groupe, les femmes, violemment jetées dans un triste milieu, ne présentent pas au philosophe un sujet de réflexions gaies.

Louise Michel est une sainte.

Je tiens à céder la parole à Simon Mayer, qui a reçu de cette héroïne un poème dont les vers sont très touchants, sinon sublimes.

Voici ce que dit Mayer :

« Louise Michel est un type d'héroïne véritablement extraordinaire.

« Lancée dans la guerre communaliste comme dans une épopée de chevalerie, ayant renoncé à tout pour les idées qu'elle soutient, elle court au-devant des humiliations et elle se réjouirait du martyre.

« La moindre atténuation dans la forme donnée à sa pensée lui semble une trahison.

« Elle a l'ivresse de la charité et l'extase de ce qui lui apparaît comme le vrai.

« On la trouve toujours :

Enseignant la voleuse et la prostituée.

Madame Ledoux.

« Louise Michel n'a que la beauté de la foi. Elle n'a d'ailleurs jamais songé qu'elle était femme. Ses sentiments sont drapés à la manière cornélienne. La solution sublime lui apparaît tout d'abord comme la plus simple.

« ..... Louise Michel est une *catholique retournée*; elle eût été autrefois canonisée. »

Je n'ai rien à ajouter à cette appréciation que l'expression de mon profond respect. Louise Michel est une fanatique admirable qui se sacrifie et qui ne pactisera jamais. Tant que le dernier proscrit n'aura pas quitté le sol de la Nouvelle-Calédonie, elle y demeurera, elle y mourra au besoin.

On ne peut que s'incliner devant tant de cœur et de dévouement.

Je ne sais rien de plus touchant que ce dévouement si complet, si simple, si pur de Louise Michel, moralisant, instruisant tant de malheureuses au camp des femmes.

Il faut bien le confesser, celles-ci se divisent en deux catégories bien tranchées : celles qui sont honnêtes et celles qui ne le sont pas.

Ces dernières sont abjectes.

Rien ne peut donner une idée de la dégradation où tombent les femmes, quand elles ont roulé sur une certaine pente.

Elles ne savent plus s'arrêter, passé certain degré.

Elles sont irrémédiablement perdues, et perdues pour toujours.

Je les ai vues là-bas, pareilles à des femmes sauvages, hideuses, n'ayant même plus le sentiment de la coquetterie, en guenilles, ne se souvenant plus qu'elles avaient usé du peigne et du savon.

Elles ont, je ne dirai pas du cynisme, — le cynisme est encore une force, puisque c'est une audace, — mais je dirai : elles ont l'apathie du vice ; toute dignité, tout sens moral ont disparu pour jamais.

Voilà sur quelles âmes Louise Michel exerçait son apostolat avec un zèle ardent.

Elle a dû renoncer à rien obtenir de la plupart.

Le peu qu'elle en a sauvé doit lui être compté à grand mérite.

Que de peines perdues !

Que de rechutes !

Que de prédications inutiles !

Si l'on compte sur une certaine catégorie de femmes pour peupler et coloniser la Nouvelle-Calédonie, on se fait d'étranges illusions ; presque toutes sont évidemment frappées de stérilité ; puis quelle race on obtiendrait là ! Pire que les Canaques.

Je crois qu'il faudrait s'y prendre autrement que l'on ne fait.

La vertu de la femme est faite de beaucoup de dignité, de réserve, de timidité ; elle est d'une extrême délicatesse.

Dès que vous brisez la dignité chez la femme, vous tuez sa moralité.

Or, que fait-on ?

On empile ces malheureuses comme du bétail dans les cages des navires.

Elles sont assimilées aux bêtes de la cage-étable, qui est devant la leur.

Bien pis !

Elles sont sous les yeux des sentinelles, sous les yeux des surveillants, sous les yeux des forçats des cages voisines.

Elles ne peuvent rien cacher à ces regards curieux, moqueurs et avides.

Je n'insiste pas, naturellement, sur les détails.

Telle qui est entrée là voleuse, telle qui a tué son enfant, qui a empoisonné son mari, qui était criminelle enfin ; mais encore femme, mais capable de redevenir honnête, de se marier, de faire souche de colons énergiques, sort de cette cage à l'état d'animal sauvage et abruti.

Tout ressort moral est brisé.

Plus de pudeur, plus de femme.

Qui a fait cela ?

La marine.

Qui encore ?

L'administration pénitentiaire.

Comment y remédier ?

Il serait bien facile, puisque les transports sont faits pour les transportées et non les transportées pour les transports, d'aménager les navires autrement et humainement.

Il faudrait se dire que l'on veut réellement faire de ces femmes des épouses et des mères qui deviendront les centres d'un foyer et d'une famille, qui aimeront un mari et s'en feront aimer, qui se retremperont par le travail, la maternité et l'amour.

Dès lors, tout tendrait à ce but.

Pour faire renaître chez les femmes transportées le respect d'elles-mêmes, il faudrait les respecter d'abord.

On les met dans un chenil et on leur donne la pâtée comme à des chiennes.

C'est absurde et c'est ignoble.

Qu'on les installe dans une batterie dont on ferait un dortoir-atelier ; qu'on leur donne un peu de liberté dans cette batterie ; qu'on les fasse travailler et et qu'on les prépare au rôle qu'elles devraient être appelées à jouer là-bas; qu'on ne les assomme pas d'exercices de piété, de prières fastidieuses, de lectures ennuyeuses; qu'on les mette sous la direction de vraies mères de famille, et surtout qu'on ne les livre pas aux sœurs ignorantes, fanatiques et haineuses, qui ne leur apprennent que l'hypocrisie.

Alors on obtiendra des résultats.

Alors on pourra espérer.

Mais, qu'à l'arrivée on ne parque pas ces malheureuses dans des paillottes.

Le meilleur serait de les laisser se marier avec les transportés le plus tôt possible.

— Et leur peine ? dira-t-on.

A ceci je répondrai :

— Est-ce que la société cherche à se venger, à faire souffrir le coupable ? Ou cherche-t-elle à le moraliser, à le transformer, à en faire un citoyen utile?

Si vous voulez punir, torturer, alors tout est bien.

Et encore mieux vaudrait, peut-être, la guillotine que de pareilles turpitudes.

Mais si vous songez à la moralisation, à la réhabilitation, alors prenez d'autres mesures et n'agissez plus vous-mêmes en brutes, frappant, tyrannisant, avilissant de parti pris des créatures humaines, des femmes.

Car qui de nous, après y avoir songé, oserait dire qu'une femme a la conscience de ses actes et la responsabilité au même degré que l'homme?

Je voudrais bien que quelqu'un me répondît : Oui.

Nous savons tous combien plus que l'homme la femme est faible, accessible aux entraînements, impressionnable, nerveuse, presque irresponsable.

Au nom de la vraie justice qui fait la part légitime à tous, d'après les responsabilités, je demande pitié pour les femmes.

Plus de cages infâmes à bord des navires.

Plus de réclusion et de célibat dans les paillottes.

Elles resteront déportées, ces malheureuses ! condamnées à un travail pénible, rivées à des maris cruels et de main lourde !

N'est-ce donc pas déjà bien dur et n'est-ce pas une punition suffisante?

Mais du moins elles ne seront pas dans des conditions anti-naturelles, anti-sociales, où la dépravation ne peut qu'aller en s'aggravant toujours.

Quand je songe à la stupidité de l'administration, je me demande d'où elle peut provenir.

Car, enfin, tout a une cause.

J'ai trouvé ceci :

Le système pénitentiaire a été organisé sous le régime monarchique et catholique, où l'autorité religieuse ne voyait qu'un moyen d'action sur l'humanité : la crainte de l'enfer ; où l'autorité civile, s'inspirant de l'idée catholique, imitait sur terre, dans la mesure du possible, l'enfer d'outre-tombe.

Point de pitié!

Point d'humanité!

La dure griffe de l'Inquisition est encore imprimée dans les règlements pénitentiaires.

Ajoutez à cela les traditions, la routine, l'esprit clérical du personnel, le désir secret de faire échouer toute colonisation pour laisser le champ libre aux missionnaires dans nos possessions d'outre-mer, le missionnaire exécrant le colon et voulant catéchiser et exploiter les sauvages, — pesez bien toutes ces raisons et vous comprendrez.

Je dois ajouter que, pour ce qui concerne la marine, celle-ci n'a transformé que ses navires.

Pour le reste, c'est du Colbert, du Louis XIV tout pur.

Et voilà comment on commet cette monstruosité d'entasser des femmes dans des cages à poules pour quatre mois de traversée.

Je ne saurais me rappeler sans émotion que nous avions, sous les yeux, une gigantesque figure symbolique de la femme déchue et frappée de mort.

C'est une crête de montagne dessinée par un caprice de la nature, de façon à représenter un immense piédestal soutenant un sarcophage, sur lequel est étendue une femme drapée dans sa robe et qui semble avoir été foudroyée en pleine révolte; la tête échevelée rappelle celle de la Méduse ciselée par Puget; la malheureuse femme est morte, mais sa fureur hystérique reste empreinte à jamais sur son masque effrayant.

Les Canaques y voient comme nous une femme qui a subi un châtiment terrible; mais leur légende a une ampleur et une naïveté qui rappellent les vieux mythes des premiers âges.

Ils disent que ce sarcophage est le tombeau d'une fille de chef, qu'ils appellent Hewa.

C'était la plus belle de l'île, la future reine de par la volonté du père et de par sa force, car elle ne craignait aucun guerrier.

Elle luttait avec les monstres marins; elle les tuait.

Elle avait aidé son père à soumettre toutes les tribus; elle avait satisfait tous ses désirs, et elle était parvenue à réaliser tous ses rêves de richesse, de triomphe et d'ambition.

Mais elle ne savait pas aimer, et elle méprisait les guerriers.

Alors elle s'ennuya et, pour se distraire, elle voulut accomplir des choses impossibles; elle voulut avoir le soleil sur la terre; ce fut le plus étrange de ses vœux; elle eut le soleil soumis à sa volonté; elle fit jaillir le feu du silex (légende de la découverte du feu); mais, quand elle eut obtenu ce merveilleux résultat, elle lassa la patience de *Pélée*, la déesse des volcans, sa protectrice.

Elle lui demanda la lune!

Pélée lui avait donné le feu, c'était en son pouvoir; mais la lune, dont la lumière est douce et sans chaleur, n'était pas soumise à la déesse, qui ne pouvait rien sur elle.

Alors Hewa, la guerrière, maudit la déesse, lui reprocha son impuissance, et prétendit s'emparer elle-même de la lune.

Elle entassa les rocs sur les rocs, et créa les montagnes de l'île; l'une d'elles devint si haute que la lune la touchait presque en se levant; encore un effort, et Hewa triomphait.

Alors Pélée, jalouse, la tua d'une pierre lancée par un volcan, qui fit irruption au sommet même de la montagne.

Telle est la légende des Canaques.

Hewa (Ève peut-être) y personnifie la femme insatiable et déraisonnable dans ses désirs toujours inassouvis et toujours renaissants ; la femme voulant et demandant la lune.

Pélée représente les forces terribles de la nature mettant un frein à la puissance humaine.

Tout autre était l'impression des déportés.

Ils voyaient dans cette statue titanesque la personnification de la Commune vaincue et endormie, mais devant se relever un jour, jeter son suaire et venger ses martyrs.

Pour moi, je l'ai dit déjà, cette figure me rappelait une pensée plus générale et plus rapprochée de la légende canaque : la femme révoltée contre les fatalités de son sexe, en lutte contre les lois naturelles et sociales, puis frappée de déchéance et de mort.

J'ai parlé de cette montagne, parce que nulle part, dans aucun coin du monde, il n'existe rien d'aussi complet, d'aussi parfait en ce genre.

Il serait désirable qu'un peintre fît un portrait (je dis portrait avec intention) de cette statue, et qu'un photographe en prît l'image.

Je suis tout étonné, du reste, qu'un artiste, que des artistes n'aient pas encore demandé et obtenu le passage à bord d'un navire de l'État pour aller faire des études de paysages et d'ethnographie canaques.

Pour l'art et pour la science, l'œuvre aurait de l'importance.

Un jeune peintre de talent reviendrait de là avec une mine de sujets intéressants et originaux à exploiter.

Je lui recommanderais, outre les scènes canaques, celles du bagne.

Il pourrait représenter, soit l'assassinat d'un déporté par un surveillant, soit une guillotinade pour avoir levé la main sur un garde-chiourme qui vous frappait ; soit même tout simplement le supplice du martinet sur le banc.

Outre ce que ses sujets auraient de dramatique, ils offriraient cet avantage de montrer en peinture, à nos ministres de la marine, ce qu'ils prétendent n'avoir jamais vu dans leur carrière maritime.

Ceux-ci pourraient, dès lors, parler plus exactement à la tribune.

IV

Le bourreau de l'île Nou. — Jeannette la Guillotine. — Le guillotiné par persuasion. — Le suicide du bourreau.

Hier, un de mes camarades, à propos de ce que j'ai raconté sur Simon Mayer, stupidement, ridiculement accusé d'avoir été bourreau du bagne, un de mes camarades me rappelait que Mayer avait lui-même raconté la singulière histoire du bourreau de l'île de Nou.

Comme elle est authentique et capable d'intéresser mes lecteurs, je vais la leur dire.

L'exécuteur des hautes œuvres de l'île Nou était un ancien soldat, une sorte de Billoir qui avait découpé je ne sais qui en morceaux.

Cet homme ayant du goût pour l'anatomie, on avait jugé qu'il serait un excellent bourreau, et l'on ne s'était pas trompé.

Il fit merveille.

On ne lui connaissait qu'un défaut : il buvait beaucoup.

Les gardes-chiourme fermaient les yeux sur cette légère imperfection ; d'abord ils étaient plus souvent ivres que lui, puis il était presque des leurs, en raison de ses terribles fonctions.

Le bourreau avait des qualités.

Roide, correct, bien tenu, il portait comme un uniforme d'honneur sa belle casaque rouge neuve des jours d'exécution.

On tenait à lui parce qu'il avait la majesté d'un suisse de cathédrale ; l'administration, comme le clergé, aime la pompe et l'apparat.

On disait du bourreau avec admiration et respect :

— C'est un vieux *soiffeur*, mais comme il représente bien !

Pour les autres forçats, il était doux et de bons rapports.

Les jeunes, les nouveaux, ceux qui n'étaient pas bronzés, se plaignaient d'une innocente manie du bourreau.

Il se plantait devant vous, tout droit ; son œil tombait sur votre tête et l'examinait curieusement.

Ce diable d'homme avait un regard magnétique d'une puissance irrésistible.

Après examen, il disait :

— Bonne tête pour le panier ! Tête honorable ! Tête distinguée ! Jeannette sera contente ! Elle est coquette, Jeannette ; elle adore les jolis garçons !

Et il offrait un coup de rhum.

Mais parfois, il disait :

— Vilaine tête ! Quel fichu quart d'heure pour Jeannette, quand celui-là y passera ! Pauvre fille !

Et il s'éloignait sans offrir rasade.

Pour lui, tôt ou tard, tout forçat, les politiques surtout, devaient passer par ses mains ; il avait la monomanie de la guillotinade.

Il avait pris en affection certains forçats qui lui allaient pour sa fille ; il y on avait un surtout qui avait un cou de taureau superbe, énorme, que le bourreau montrait avec orgueil.

— Quand son tour viendra, disait-il, on sera émerveillé de voir comment Jeannette vous coupera ce cou-là. Elle entrera là-dedans comme dans du beurre.

Le forçat grimaçait un peu dans les commencements; mais les gorgées de tafia offertes par le bourreau lui avaient fait prendre la chose du bon côté; il s'était habitué à la plaisanterie, et il disait avec un naïf orgueil :

— J'ai un cou de guillotiné comme on n'en a jamais vu au bagne...

Un jour nous faillimes avoir un guillotiné par persuasion.

Le bourreau avait remarqué un jeune forçat qui avait évidemment le spleen ; il devina sans peine que celui-ci avait des idées de suicide.

Il l'entreprit. (L'expression est de lui.)

— Voyons, lui dit-il, tu voudrais bien être mort, n'est-ce pas ?

— Oui, disait l'autre.

— Et tu n'oses pas te tuer ; le cœur te manque pour te suicider.

— J'ai peur de souffrir.

— Eh bien ! moi, je te donnerai une mort douce comme une jatte de lait. Tu te fies à moi ; je t'expédie en un tour de main. Pas de souffrance ! C'est mieux qu'un coup de fusil au cœur ! On ne sent même pas le fer entrer dans la peau.

— Comment le sais-tu ?

— J'en suis tellement sûr que, si je me suicide, ce sera avec ma guillotine. Je devrai bien ce plaisir et cet honneur à ma Jeannette.

Le bourreau fit tant et si bien, qu'ayant grisé le forçat, il le décida.

Ivres tous deux, ils se mirent à monter le bois de justice.

Les gardes-chiourme s'en aperçurent à temps et empêchèrent l'exécution.

Le bourreau, questionné sur le motif bizarre qui le poussait à guillotiner les gens par persuasion, répondit :

— Ça, c'était une affaire de cœur pour ma Jeannette; au moins, pour celui-là, l'on n'aurait pas dit qu'il était contraint et forcé...

Sa Jeannette, il l'aimait à la folie; jamais soldat n'a soigné son fusil comme il soignait sa machine ; elle était astiquée, pomponnée, bichonnée, avec un soin inouï.

Il en était fou.

Il la croyait vivante et il lui avait donné une sainte patronne; elle avait sa fête, l'anniversaire de sa naissance; l'anniversaire de son baptême de sang

Charles Lamy, ex-volontaire de Nouméa, aujourd'hui chasseur de bisons au Texas.
(D'après une photographie.)

(le jour de la première exécution), l'anniversaire de sa première communion (en souvenir d'un ancien curé guillotiné au bagne).

Quand c'était fête, le bourreau mettait des rubans à sa Jeannette, et il donnait un banquet.

On buvait à la santé de Jeannette.

Un jour, une nouvelle officielle fut communiquée au bourreau.

Ordre de changer sa guillotine (vieux système), pour une nouvelle.

Il pria, supplia, mais en vain.

Un matin, on le trouva pendu...

On trouva sur lui un billet contenant ces mots :

— Pas d'infidélité à Jeannette! Je meurs pour elle!

Il avait confié à un ami que, s'il avait pu monter le bois de justice, il se serait guillotiné lui-même.

V

Une lettre de défi. — Ma réponse. — Liste de punitions. — Qu'en pense mon correspondant ? — Est-il de bonne foi ?

Je reçois de nombreuses lettres d'adhésion et de félicitations; on m'encourage. De ces lettres, je n'ai jamais parlé.

Je remercie toutefois les citoyens qui me les écrivent.

Grâce à eux, j'ai pu mener à bien ici la tâche que je me suis imposée.

Mais je reçois aussi des lettres d'injures, de menaces et de récriminations.

Peu m'importe!

Les ennemis sont les ennemis.

Plus ils crient, plus ils protestent, mieux on a touché la plaie vive, l'endroit sensible.

Cependant je fais parfois exception pour certaines lettres qui semblent empreintes de bonne foi.

A celles-là, je réponds.

On a pu voir que je savais rectifier loyalement un fait, reconnaître une erreur; je ne crois pas à mon infaillibilité, doutant même de celle du pape.

Quand une lettre m'arrive, contenant une protestation faite de bonne foi, je l'insère et je réponds.

En voici une qui a ce caractère :

« A l'auteur de MES SEPT ANS DE BAGNE

« Monsieur,

« J'ai servi sous l'amiral Jauréguiberry, non comme matelot, mais comme soldat. J'étais à Coulmiers. L'amiral s'y est couvert de gloire; c'est un héros, monsieur, et vous l'insultez, le traitant presque de menteur ou d'imbécile, parce qu'il a nié le supplice du fouet ou du martinet, comme vous voudrez.

« Si vous ne donnez point une preuve authentique de vos affirmations, si vous n'avez que votre témoignage, je dois vous le dire, je croirai plutôt un bravo et vaillant amiral que vous; car je ne vous connais pas et j'ai vu ce vaillant homme de guerre au feu. »

Voilà une lettre qui est d'un homme franc et sincère.
Je réponds en publiant la liste des punitions qui suit.
C'est une liste nominative et numérique; elle est explicite.
Ce sont les punitions infligées en huit mois.
Après avoir lu cette liste, mon correspondant attendra huit jours, quinze jours même.
Si aucun démenti ne se produit, si on ne démontre pas que la liste est fausse et s'il est honnête homme, il répondra et il me dira ce qu'il pense de mes affirmations.

1ᵉʳ avril 1876, n° 4160, Pelmier, 25 coups pour insultes envers un surveillant.

21 avril 1876, n° 4888, Cloux, 25 coups pour évasion.

21 avril 1876, n° 6025, Foffer, 25 coups pour vol.

21 avril 1876, n° 3590, Denobili, 25 coups pour complicité de vol.

30 avril 1876, n° 7899, Beauvé, 25 coups pour évasion.

30 avril 1876, n° 7881, Aumont, 25 coups pour évasion.

30 avril 1876, n° 7679, Baconnet, 25 coups pour évasion.

13 mai 1876, n° 4336, Genlieu, 25 coups pour insultes envers la gendarmerie et bris de menottes.

13 mai 1876, n° 7070, Dormois, 25 coups pour insultes envers la gendarmerie et bris de menottes.

3 juin 1876, n° 6513, Sivel, 25 coups pour évasion.

3 juin 1876, n° 6300, Pebellier, 25 coups pour évasion.

3 juin 1876, n° 2716, Schirra, 25 coups pour tentative d'évasion (*la punition est de 50 coups*).

10 juin 1876, n° 7086, Carle, 25 coups pour évasion.

18 juin 1876, n° 8628, Escache, 25 coups pour insultes envers un surveillant.

30 juin 1876, n° 2931, Labouchérie, 25 coups pour évasion (*la punition est de 50 coups*).

8 juillet 1876, n° 3370, Mansotte, 25 coups pour vol.

8 juillet 1876, n° 6915, Desessard, 25 coups pour vol.

16 juillet 1876, n° 6031, Lemoine, 25 coups pour évasion (*la punition est de 50 coups*).

22 juillet 1876, n° 4362, Aubry, 25 coups pour évasion (*la punition est de 50 coups*).

22 juillet 1876, n° 2746, Schirra, 25 coups pour tentative d'évasion (2ᵉ séance).
2 août 1876, n° 1682, Villemot, 25 coups pour complicité de vol (*la peine est de 50 coups*).
5 août 1876, n° 4362, Aubry, 25 coups pour évasion (2ᵉ séance).
12 août 1876, n° 6506, Carteron, 25 coups pour évasion (*la punition est de 50 coups*).
19 août 1876, n° 2331, Laboucherie, 25 coups pour évasion (2ᵉ séance).
19 août 1876, n° 5690, Caricaburu, 20 coups pour refus d'obéissance (*la peine est de 50 coups*).
19 août 1876, n° 6706, Méjeassolle, 25 coups pour vol (*la peine est de 50 coups*).
22 août 1876, n° 1682, Villemot, 25 coups pour complicité de vol (2ᵉ séance).
22 août 1876, n° 6506, Carteron, 25 coups pour évasion (2ᵉ séance).
27 août 1876, n° 5690, Caricaburu, 20 coups pour refus d'obéissance (2ᵉ séance).
27 août 1876, n° 6706, Méjeassolle, 25 coups pour vol (2ᵉ séance).
30 août 1876, n° 8108, Alban, 25 coups pour tentatives d'évasion.
2 septembre 1876, n° 5789, Dubois, 25 coups pour tentative d'évasion (*la peine est de 50 coups*).
11 septembre 1876, n° 6795, Hérot, 25 coups pour insulte à un surveillant.
16 septembre 1876, n° 5789, Dubois, 25 coups pour évasion (2ᵉ séance).
23 septembre 1876, n° 4361, Millet, 25 coups pour vol de mats.
30 septembre 1876, n° 6861, Labbé, 25 coups pour tentative d'évasion.
30 septembre 1876, n° 6907, Larigue, 25 coups pour bris de chaînes.
30 septembre 1876, n° 4169, Pelnier, 25 coups pour complicité d'évasion.
12 octobre 1876, n° 7543, Daucel, 25 coups pour vol (après son jugement).
14 octobre 1876, n° 7259, Touden, 25 coups pour tentative de vol.
28 octobre 1876, n° 3004, Guillon, 25 coups pour évasion (*la peine est de 50 coups*).
28 octobre 1876, n° 7131, Lagarrigue, 25 coups pour évasion (*la peine est de 50 coups*).
28 octobre 1876, n° 7881, Boivin, 25 coups pour évasion (*la peine est de 50 coups*).

28 octobre 1876, n° 7021, Rault, 25 coups pour évasion (*la peine est de 50 coups*).

12 novembre 1876, n° 7021, Rault, 25 coups pour évasion (2ᵉ séance).

12 novembre 1876, n° 3064, Guillon, 25 coups pour évasion (2ᵉ séance).

18 novembre 1876, n° 4526, Maynard, 25 coups pour évasion (*la peine est de 50 coups*).

2 décembre 1876, n° 6951, Dubos, 25 coups pour paresse au travail.

9 décembre 1876, n° 6861, Labbé, 25 coups pour insultes à un surveillant.

9 décembre 1876, n° 3962, Rolland, 25 coups, pour délations mensongères.

16 décembre 1876, n° 4526, Maynard, 20 coups pour évasion (2ᵉ séance).

N'oublions pas que les motifs de ces punitions sont libellés par les surveillants, des ivrognes fieffés, stylés par ce cher colonel Charrière.

Mais ce n'est pas tout.

En dehors de cette liste, Simon Mayer l'a attesté, cent autres l'affirment et personne ne le démentira, il y a la condamnation de Boyon.

Celui-ci, âgé de 23 ans, joli garçon, a excité la haine d'un fonctionnaire pour un motif que je ne puis dire, mais qui est honteux pour ce fonctionnaire.

Persécuté, il a voulu fuir.

Mis en cellule et persécuté de nouveau, il a voulu fuir encore.

Il a été repris et toujours condamné.

Il a eu deux cents coups de fouet à recevoir par vingt-cinq coups, et toujours il est remis au cachot après chaque exécution.

On attend qu'il soit guéri pour lui infliger vingt-cinq autres coups de fouet à guérir au cachot.

Qu'en pense mon correspondant?

VI

Une autre lettre. — Ma réponse. — Le peloton des pierres. — Curieux détails sur Simon Mayer. — Pourquoi la chiourme voulait sa peau. — La gangrène.

J'ai répondu hier à une réclamation; je réponds aujourd'hui même à une autre.

Comme la première, celle-ci exprime un doute qui est peut-être partagé par quelques lecteurs ; il est bon de ne pas le laisser subsister, d'autant plus que cela me donne l'occasion de raconter une intéressante anecdote.

Voici, en somme, ce que mon correspondant m'écrit ; je le résume.

J'ai raconté comment, sous MM. Alleyron et Pritzbuer, l'administration, inspirée par eux, s'était montrée animée d'une rage de persécution contre nous ; j'ai expliqué pourquoi.

Ce qu'elle a toujours redouté, c'est l'amnistie ou la grâce en masse, ramenant en France des hommes qui raconteraient leur martyre, des hommes qui, ardents républicains, combattraient toujours contre le cléricalisme et la monarchie.

Ce que l'on voulait surtout, c'était décimer ce que j'appellerai l'état-major de la déportation.

On est arrivé à en faire mourir un grand nombre d'anémie ; on s'est acharné sur quelques-uns plus particulièrement.

Voilà ce que j'ai dit.

Mon correspondant s'indigne et me demande comment une administration française pourrait avoir de pareilles idées ; comment on pourrait supporter qu'elle les appliquât.

Il termine en s'écriant : Impossible ! Impossible !

— J'aime mieux croire, dit-il, que vous exagérez pour vous venger d'avoir souffert.

Un mot d'abord.

Je n'ai pas souffert.

J'ai vécu fort tranquille en somme, travaillant pour les bureaux, ménagé par tous et disposant d'assez d'argent pour me procurer tout le confortable que je désirais.

Donc, personnellement, je n'ai pas de sujet de rancune.

Si j'éprouve de l'indignation, c'est non parce que j'ai été torturé, mais parce que j'ai vu les souffrances des autres.

Ceci posé, je prierai mon correspondant et le public de se rappeler les faits récents qui se sont passés dans les maisons d'aliénés ; M. Manier a dévoilé des dilapidations, des vols, des faux en écritures, des supplices infligés aux malades et des assassinats...

Et cela s'est passé, et cela se passe sous les yeux de l'administration...

Mon correspondant semble avoir une sorte de respect religieux pour l'administration ; il la croit honnête, impeccable, pure, sans tache.

Voyons un peu.

M. Manier nous a révélé ce que vaut l'administration dans les maisons d'aliénés.

Le suicide de M. Fournier nous a montré ce qui peut se passer dans les bureaux de la guerre.

L'affaire du ministère de l'agriculture en dit long ; on a vu condamner un des hauts fonctionnaires de cette administration.

L'affaire de Sèvres, à laquelle on ne sait trop pourquoi, il n'est donné aucune suite jusqu'ici, prouve que l'on pille les objets d'art.

Enfin, voici du neuf.

L'asile même de l'honneur, la Légion d'honneur, était si bien gérée que l'honnête et énergique général Faidherbe a demandé une enquête et des vérifications.

Voilà ce qui se passe sous nos yeux, en France, à Paris, au sein de l'administration, cette administration que mon correspondant me reproche d'incriminer.

Mais, naïf correspondant, si tout cela se passe en France, que ne doit-il point se passer à des milliers de lieues d'ici, alors que la presse n'existe pas ou est muselée ?

Cependant, comme l'énormité des faits paraît les rendre impossibles, voici que je vais évoquer des témoignages indiscutables.

Pourquoi indiscutables ?

Parce que ces témoignages se sont affirmés publiquement dans la presse ; qu'ils ont porté des accusations nettes, précises, avec noms et preuves.

Il y a de cela des mois.

D'articles de journaux, ces accusations sont devenues des livres.

Ils se vendent !

Aucun des accusés ne se défend.

Donc les plus entêtés, s'ils sont sincères, doivent tenir ces témoignages pour vrais.

Maintenant je tire des récits de Simon Mayer, de Narcisse Bonet et d'autres, quelques anecdotes très caractéristiques.

On voulait se débarrasser d'un certain nombre de politiques dangereux. On en forma une brigade et on les envoya travailler à une carrière, sous la surveillance d'un certain Pellet.

On eut soin de placer au milieu d'eux des forçats de droit commun.

Cette carrière était située en haut d'une colline ; on en déchaussait les blocs et on les faisait rouler le long des pentes.

Les uns allaient jusqu'au bas, les autres s'arrêtaient en chemin.

On avait donné des masses aux politiques et on leur faisait casser les blocs pour les réduire en cailloux, afin de ferrer une route.

Or, quand des blocs se détachaient d'en haut et roulaient avec fracas, chacun fuyait pour s'en garer.

Mais le contre-maître Pellet, sous la menace de vingt-cinq coups de martinet, forçait les malheureux transportés à rester à leur poste.

Et quand on lui objectait qu'on serait écrasé, il répondait avec un sourire significatif :

— Vous êtes là pour ça.

C'était assez clair...

On réclama à l'administration, qui défendit de réclamer, sous peine de *passer au banc*.

On se résigna à être écrasé ; c'était moins douloureux que le martinet et plus vite fait.

Parmi les victimes de cette odieuse machination, je citerai M. Parnin, condamné pour participation au soulèvement de Narbonne ; il eut la mâchoire fracassée et l'œil enlevé par l'angle d'un bloc.

Par bonheur, un officier généreux de l'infanterie de marine menaça si haut d'écrire en France, si ces horreurs continuaient, qu'on permit enfin aux forçats de se garer des pierres.

Autre fait.

On tenait essentiellement à faire mourir Simon Mayer.

Je le savais d'autant mieux que, devant moi, à différentes reprises, des surveillants, et notamment Sorton, avaient dit :

— Celui-là y passera ! Il est recommandé ! Il faut qu'il y passe !

Pourquoi cet acharnement contre un homme qui, en somme, n'irritait en rien la chiourme par son attitude ?

C'était par esprit de vengeance bonapartiste.

Simon Mayer avait eu le malheur de faire, dans son procès, une réponse qui avait eu un grand retentissement.

On lui demandait pourquoi il avait enlevé le drapeau tricolore qui flottait sur la colonne Vendôme.

— J'ai respecté et aimé le drapeau tricolore, avait-il répondu, tant qu'il a été celui de l'honneur ; mais, après Sedan, il ne représentait plus que notre honte...

On ne pouvait lui pardonner ce mot-là !

Puis il était condamné pour avoir, disait-on, assassiné Clément Thomas et Lecomte.

Or, c'était de la plus insigne fausseté, on savait que le capitaine Simon Mayer et le lieutenant Meyer avaient tous deux fait des efforts héroïques pour sauver les deux généraux.

Le lieutenant Meyer avait même été décoré pour cela.

On n'en avait pas moins, quoique la vérité fût connue, incriminé dans ces deux meurtres Simon Mayer, qui avait été condamné à mort, peine commuée en celle du bagne.

On avait arraché cette grâce à M. Thiers, en lui montrant combien l'accusation était mensongère.

Or, à Nouméa, l'on savait que beaucoup de personnages influents s'occupaient de faire la lumière sur cette affaire, et l'on pensait que la grâce de Simon Mayer arriverait au moindre vent de liberté qui soufflerait.

La chiourme, qui tenait à ne pas lâcher sa proie, s'acharnait sur elle.

Simon Mayer fut du peloton des pierres ; il fut de ceux que l'on envoyait faire des six lieues, avec brouettes et outils, dans les mers de boue, sous la pluie ; de ceux dont on servait la soupe sous l'averse, en plein air et une heure d'avance, pour qu'ils mourussent de faim.

Bref, il eut une bronchite, dont il faillit mourir, une fièvre biliaire qui dura de longs mois ; il fut torturé de toutes façons.

Mais voici le pire.

Un jour il s'écrasa trois doigts du pied sous la roue d'une voiture.

Que fit le surveillant Sorlon ?

Il le mit, la barre de justice au pied, dans une paillotte humide, sans lit, sans paille, sur la terre nue.

Et quand la noirceur de la plaie lui fit croire que la gangrène s'y était mise, il envoya enfin le malade à l'hôpital.

— Cette fois, dit-il, nous aurons sa peau.

Est-ce assez infâme !

Voulait-on, oui ou non, froidement, cruellement, la mort de cet homme-là ?

Si ces exemples ne suffisent pas, je renonce à convaincre.

VII

Les quatre millions de l'hôpital. — Un ingénieur improvisé. — Le Barbe-Bleue. — Le trésor caché. — Évasion hardie.

Celui qui voudrait et qui pourrait diriger une enquête à fond sur l'emploi des deniers de l'État en Nouvelle-Calédonie découvrirait des choses étonnantes.

Croirait-on que, dans un pays où l'on a le bois, la pierre et le travail des forçats, on en arrive à faire payer à l'État, pour un hôpital de quatre salles, la somme de quatre millions de francs au moins...

Je parle de l'hôpital du Marais.

A ce sujet, je dirai que j'ai vu pratiquer un joli trafic.

Je suppose qu'il s'agisse d'une entreprise quelconque.

On s'entendait avec un entrepreneur, et on lui disait de faire telles offres, en apparence assez basses ; on ajoutait :

— Ce prix n'est pas très rémunérateur en apparence, mais il est cependant considérable. Nous vous donnerons *gratis* matériaux et forçats ; vous aurez un bénéfice énorme et nous partagerons ensemble.

Et le tour était joué.

Si un autre entrepreneur se présentait en concurrence, il était dans l'impossibilité de lutter au rabais, car non seulement il n'aurait eu ni forçats, ni matériaux, mais encore on lui aurait rendu la vie très dure.

Du reste, il se passe en Nouvelle-Calédonie des choses stupéfiantes.

Croirait-on que l'on y improvise ingénieur le premier imbécile venu ?

Celui qui était chargé des ponts et chaussées à Saint-Louis se nommait Chikowski ; inutile de dire qu'il était Polonais.

Ce personnage important était un garde-chiourme, un simple et fort ignorant garde-chiourme que, pour des raisons diverses, on avait fait ingénieur.

J'imagine qu'il fallait là un aveugle.

Ce Polonais avait un mérite, il faisait travailler les politiques à coups de cravache.

Il avait pour domestique et pour aide un Arabe que nous avions appelé le Barbe-Bleue, parce que l'on avait reconnu que, sur onze femmes épousées par lui, il en avait égorgé huit.

Voilà quels étaient les monstrueux personnages auxquels l'administration donnait le droit de nous surveiller et de nous battre.

Celui-ci était une bête féroce, dont la rage avait augmenté depuis le jour où les forçats se vengèrent de lui.

Barbe-Bleue avait un magot qui s'élevait, paraît-il, à onze mille francs !

Si le domestique avait amassé cette somme, que penser du maître ?

Mais Chikowski, garde-chiourme, pouvait déposer ses fonds où bon lui semblait ; Barbe-Bleue, tout sous-ingénieur qu'il fût, était forçat.

Il ne pouvait pas avouer son trésor.

En Arabe qu'il était, il le cacha ; il avait la manie du silo.

Mais creuser un trou et venir chaque jour y déposer ses économies, c'était dangereux.

Barbe-Bleue avait fait choix d'un vieux tronc d'arbre pourri qui ne pouvait tenter la hache du bûcheron.

Il y avait arrangé sa cachette.

Par malheur pour lui, *l'association* le surveillait; elle lui détacha un jeune forçat qui prit sur Barbe-Bleue beaucoup d'empire et qui surprit son secret.

On conçoit que l'Arabe procédait d'une certaine façon pour déposer ses économies dans le tronc d'arbre.

Il se hâtait.

La crainte d'être surpris ne lui permettait pas de compter ses pièces de monnaie; il ajoutait au tas, le recouvrait de terre pourrie et de mousse, puis il s'enfuyait bien vite.

Les forçats de l'association vidèrent le trou; mais à la place de la monnaie ils mirent des cailloux jusqu'à une certaine hauteur; puis, sur ces cailloux, les pièces mêmes qui formaient le dessus du trésor, lequel parut être resté intact une fois recouvert.

Si bien que Barbe-Bleue y fut trompé et continua d'entasser.

De temps à autre, l'association augmentait le nombre des cailloux et diminuait le nombre des pièces.

L'Arabe s'aperçut du tour...

Que dire?

Se plaindre, c'était avouer ses vols, ses trafics, compromettre son maître.

Ils se turent, mais ce qu'il plut de coups sur les forçats est incalculable.

Je crois que l'argent de Barbe-Bleue fut emporté par un évadé.

Cette évasion est restée célèbre.

Elle fut exécutée par un Nantais avec une rare audace.

Ce Nantais était un marin consommé qui avait été condamné au bagne pour avoir dilapidé des fonds, je ne sais trop à quel titre ni comment.

On prétendait qu'il était tout simplement l'homme de paille d'un supérieur dont il avait sauvé la situation en se laissant punir seul.

Toujours est-il qu'au bagne il était bien traité par la chiourme.

Ce garçon inspirait de la sympathie à tout le monde.

Avait-il réellement volé?

N'était-il qu'un instrument et une victime? Je ne saurais le dire.

La conviction de beaucoup, c'est que, s'il n'était pas tout à fait innocent, du moins il méritait des circonstances très atténuantes.

Il vint souvent me trouver pour me consulter sur les cadrans solaires, et il me raconta qu'il avait fait une invention nouvelle et merveilleuse, qu'il la réaliserait s'il avait seulement une plume ou une baguette de fer aimantée.

— Écoutez, lui dis-je, je ne suis pas un sot! Je sais ce que vous voulez.

— Moi! fit-il, je veux...

— Vous voulez une boussole pour vous évader en canot.

Il me regarda bien en face et finit par me répondre nettement :

— Oui ! Et c'est Antoine, votre beau-frère, qui m'a conseillé de m'adresser à vous.

— Dans huit jours vous aurez la boussole, dis-je à ce garçon ; mais à une condition, c'est que vous essayerez de faire évader un *politique*.

— Lequel ? me demanda-t-il.

Selon moi, le plus menacé, le plus torturé, c'était Simon Mayer ; d'autre part, je n'ignorais point que celui-ci, un jour, avait voulu se jeter dans un canot et fuir à tout risque.

— Tâchez d'emmener Mayer, dis-je.

Le Nantais fut loyal ; il fit la proposition à Simon Mayer, qui raconte ainsi cet incident dans ses mémoires :

« Quand mon pied écrasé fut à peu près guéri, c'est-à-dire au mois d'octobre 1873, je retournai à Saint-Louis.

« Le chef canotier était un Breton, ancien matelot, condamné pour avoir *mangé la grenouille*.

« Il avait, avec moi et dans ma cage, fait le voyage de Toulon à Nouméa sur la frégate *la Virginie*.

« Je me trouvais assis près de lui dans le canot qui me conduisait de l'île Nou à Nouméa.

« Il me dit tout bas :

— Vous ne vous sauvez pas, vous ?

— Où cela ? lui dis-je.

— En Australie...

— Ce n'est pas facile.

— Moi, je me sauverai...

— Taisez-vous, murmurai-je... Évadez-vous si vous pouvez, mais ne parlez pas de votre projet.

— C'est une affaire réglée, me dit-il. »

Cet homme, on le voit, avait tenu sa parole avec fidélité.

Il eut même l'imprudence de faire une semblable proposition à d'autres politiques, qui n'acceptèrent pas, tant l'entreprise était périlleuse.

Il s'agissait de faire, dans un canot, la traversée immense de la Nouvelle-Calédonie à Sydney en Australie.

Le Nantais et trois forçats de droit commun l'osèrent et réussirent.

Comme chef canotier, aidé de trois forçats-matelots, le Nantais conduisait le canot aux vivres, accompagné et surveillé par un garde-chiourme.

Au jour fixé, le canot bien rempli de provisions, il s'arrangea pour être en retard pendant la traversée ; le garde-chiourme était pressé d'arriver.

— Allez devant ! lui dit le Nantais. Nous allons décharger les vivres et vous rejoindre.

Ici, j'ouvre une parenthèse.

On a prétendu que le Nantais emportait le trésor de Barbe-Bleue pour négocier trois évasions avec des capitaines anglais, évasions qui eurent lieu en effet ; mais on affirmait aussi que le garde-chiourme si en retard et si pressé avait été acheté.

J'ignore la vérité sur ce point.

Toujours est-il que le Nantais se montra marin consommé.

Assailli par une tempête, il lutta jour et nuit contre les lames ; jeté hors de sa route, il la retrouva ; affamé, n'ayant plus d'eau, il résista et il finit par arriver à Sydney avec ses compagnons ; ils étaient si exténués qu'on dut les transporter à l'hôpital.

VIII

Mariage entre libérés. — Les rosières du bagne. — Le flirtage à la messe. — Comment l'amour vient aux libérés. — Des goûts et des couleurs !... — Une anecdote : la Belle-aux-Bandeaux.

Les cléricaux me feront toujours rire ou... pleurer ; avec eux, pas de milieu.

Sait-on comment les mariages se font entre libérés et libérées dans la Nouvelle-Calédonie ?

Voici comment cela se pratique :

Il y a dans un couvent, sous l'œil des bonnes sœurs et des bons pères, un certain nombre de filles que l'on juge bonnes à marier.

Ces filles sont des condamnées.

Elles sont venues en cage.

Ces filles ont tué, empoisonné, volé, jeté leur enfant étranglé dans la fosse d'aisances ; elles ont été complices dans des crimes de fausse monnaie, ou comparses incriminées dans certains drames qui sont venus se dénouer en cour d'assises.

Elles sont transportées.

Elles ont subi toutes les angoisses, tous les outrages, toutes les hontes.

Elles ont été pendant quatre mois dans les cages, sous l'œil des forçats, leurs voisins de traversée; des surveillants, leurs tyrans; des soldats, leurs gardiens.

On les a dépravées plus qu'elles ne l'étaient par la brutale inquisition de l'homme administratif, par une posée formidable sur ce qui est l'essence même de la femme, la pudeur, à l'aide de laquelle on pourrait reconstituer la vertu, mais que l'on a brisée comme à plaisir.

Que fait alors cette administration brutale et bête, qui a mis cette femme en cage?

Elle la met au couvent.

A une prison à claire-voie, elle substitue la prison murée.

Connaît-on un plus brusque revirement, un plus ridicule non-sens?

On a livré cette malheureuse, bête fauve en cage, aux regards railleurs et lubriques de cinq ou six cents hommes pendant la traversée et maintenant, à l'arrivée, on la livre aux bonnes sœurs qui la séquestrent.

Alors, on soumet ces malheureuses au régime abrutissant des jeûnes, pénitences, prières et sermons forcés; il faut qu'avec ou sans foi elles écoutent un prédicateur assommant comme le Père Vigouroux, dont j'ai encore les sermons dans l'oreille; il faut qu'elles se plient à toutes les volontés, à tous les caprices de la gent cléricale.

On arrive ainsi non pas à leur inculquer la religion, mais l'hypocrisie.

Quand elles se sont confessées aux bons petits pères maristes, quand ceux-ci se sont assurés qu'elles étaient redevenues chastes et pures, et que la religion leur avait refait une virginité, quand on les a admises à la Sainte-Table et qu'*elles ont mangé du bon Dieu* (c'est le terme consacré), on les juge aptes au mariage.

Alors on prépare l'entrevue.

Ici, c'est drôle.

Les libérés qui ont déclaré vouloir se marier sont admis à faire leur choix.

Il y a rendez-vous.

Où?

A l'église.

Voyez-vous d'ici ces femmes échappées de la cage, prenant des airs béats, levant les yeux au ciel, se faisant une tête de circonstance et glissant des regards vers les libérés pour voir si elles allument la passion dans les cœurs.

Et, en face, voyez-vous ces masques de forçats suivant du regard ce manège des femmes et se demandant laquelle leur plaira le mieux.

Et le bon mariste qui est à l'autel, disant sa messe, lance ses oraisons et trouble ce flirtage en même temps qu'il le bénit.
— *Dominus vobiscum!*
— *Et cum spiritu tuo.*
— *Amen!* répondent les forçats.
Et l'un pense :
— C'est la brunette qui me conviendrait.
Et l'autre :
— Je vois là-bas une petite blonde qui m'irait joliment.
Puis le mariste fait un prône de circonstance.

Non, cette idée du premier rendez-vous d'amour à la messe est vraiment la chose la plus cocasse, la plus hardie, la plus désopilante qui ait germé dans le cerveau d'un clérical.

Bons pères!
Chastes sœurs!
Mais quel drôle de monde, et quelles singulières idées!

J'en manifestais mon étonnement à un de ces excellents maristes qui avait entrepris ma conversion et auquel je faisais déguster du tafia excellent.

— Mais, me dit-il scandalisé, ne savez-vous pas que la religion sanctifie tout?

Et je pensai :
— Oui... tout... À votre santé, mon père! Vous avez raison.

Lorsque les libérés ont fait leur choix, ils désignent la femme qui en a été l'objet; alors on leur accorde une entrevue, à la suite de laquelle le mariage se fait ou ne se fait pas.

Il paraît que ce dont s'inquiètent le plus les futurs, c'est de savoir le passé l'un de l'autre.

Les femmes, chose singulière, n'ont aucune répugnance pour les assassins.

— Qu'avez-vous fait?
— J'ai tué.
— Pourquoi?
— Pour voler.
— Quoi encore?
— Rien.

Généralement cet aveu ne fait pas reculer la libérée.

Elle a au contraire une vive répugnance pour ceux qui ont commis des attentats aux mœurs ou des faux.

Chose non moins bizarre, l'homme a une répulsion très vive pour les femmes assassins.

J'ai questionné les unes et les autres, et j'ai obtenu des réponses que je puis résumer ainsi :

— Pourquoi n'avez-vous pas craint d'épouser un meurtrier?

— Dam! vous savez! pour tuer il faut être crâne.

Et à l'homme :

— On m'a dit que vous autres, vous n'aimiez pas à épouser une libérée qui a commis un infanticide ou un autre meurtre.

— Ça se comprend! Voyez-vous, une femme qui tue, ce n'est pas une femme!

Un parricide qui, ayant obtenu les circonstances atténuantes, avait été libéré pour sa bonne conduite pendant la révolte des Canaques, et qui s'était conduit en héros, devint la coqueluche des *rosières libérées;* on appelait ainsi les aspirantes au mariage.

Il reçut même une déclaration brûlante d'une très jolie fille qui avait les cheveux d'un rouge Titien splendide.

Les autres femmes l'appelaient méchamment Poil-de-Carotte; mais les libérés lui donnaient le nom plus pittoresque de la Belle-aux-Bandeaux, en raison de sa coiffure à la vierge.

Elle n'avait voulu d'aucun libéré, jusqu'au moment où elle s'éprit d'un parricide auquel je posai la question :

— Pourquoi diable n'avez-vous pas voulu de la Belle-aux-Bandeaux?

— Elle a tué son enfant pour pouvoir se marier avec un garçon qu'elle aimait! Vous concevez que, si je mourais, elle se débarrasserait de mes petits pour épouser un autre libéré.

O bizarrerie!

Ce parricide avait la bosse de la paternité.

Quand les libérés sont mariés, il ne faudrait pas croire qu'ils sont libres. L'administration ne lâche pas son monde comme ça.

Elle a une manie, c'est de tenir les gens sous sa férule, elle a gardé les forçats sous le martinet, sous prétexte de les châtier; elle les libère, mais les garde encore, sous prétexte de les protéger et de les former.

Elle crée des fermes-modèles, espèces de casernes rustiques, où les forçats planteurs vivent côte à côte, ce qui est une véritable géhenne.

Le libéré voudrait jouir de sa liberté, être maître de ses mouvements, s'enfoncer avec sa femme dans la brousse, ne plus voir personne.

Il voudrait une terre, les moyens de la défricher, d'y semer et d'attendre.

Surtout il ne voudrait plus de joug; il a horreur de ses camarades, de la chiourme, des règlements, de tout ce qui lui rappelle le bagne et le passé.

L'administration l'entasse, lui et son ménage, dans la ferme-caserne; elle l'entrave encore et toujours, elle lui met la camisole du règlement et le martyrise en croyant l'aider.

Le libéré a un champ, mais il faut qu'il y plante ce que l'administration veut; ici des cannes à sucre, là du tabac.

Tel libéré se sent apte à telle culture, sur tel mode, d'après telle méthode.

On le contrarie dans ses goûts, dans ses aptitudes.

Celui-ci a rêvé l'élève du bétail, on lui impose la culture.

Je me suis demandé pourquoi les fermes-modèles s'acharnaient à faire planter la canne à sucre, qui ne rendait pas assez et causait en somme des déficits.

Réponse :

On avait établi une raffinerie et il fallait des cannes à cette raffinerie.

Mais cela finira par coûter des sommes folles à la France; mieux vaudrait transformer la raffinerie, lui donner une autre destination.

Allez donc faire comprendre cela à une administration qui se croit infaillible et qui ne veut jamais avoir tort.

J'ai eu le courage de représenter un jour à un homme intelligent et haut placé que l'on avait tort de ne pas tenir compte de la soif du libéré pour la solitude.

— Je sais, me dit-il, j'ai observé la chose; on dirait que ce désir est devenu comme un instinct invincible, tant il est puissant ! Le libéré voudrait fuir avec sa femme, s'ensevelir au fond de la brousse, oublier les autres, s'oublier lui-même, se refaire par le travail et le silence.

— Eh bien ! alors?

L'administrateur sourit, et, me montrant l'église à côté de la ferme-caserne.

— Voilà ma réponse ! fit-il. Les maristes et les sœurs veulent peupler leur église le dimanche; il leur faut des fidèles.

Et il ajouta :

— Un jour, je fis un rapport à M. Pritzbuer, le gouverneur, tendant à la création de fermes isolées.

Il me fit venir, et me lança très vertement.

— Comment ! s'écria-t-il, vous mettez les intérêts du corps avant ceux de l'âme. Mais, malheureux, ni les fermiers, ni leurs femmes, ni leurs petits, ne célébreraient jamais le saint jour du dimanche...

Et voilà comment l'influence cléricale stérilise tout.

En somme, savez-vous ce qui pousse le mieux en Nouvelle-Calédonie? Des églises.

IX

Encore des incrédules. — Un document curieux. — Évasion, reprise, supplices, crapaudine; le rapport est signé, contresigné. — Qui niera maintenant.

Je crois, par instants, que, pour convaincre certains lecteurs, il faudrait leur mettre sous les yeux un forçat *politique*, le malheureux Trinquet, par exemple, recevant les coups de martinet pour tentative d'évasion.

J'ai cité des témoignages non discutables; j'ai mis sous les yeux du lecteur des faits contre lesquels pas un des fonctionnaires accusés n'a osé protester.

Cela ne suffit pas.

Et bien, voici un document officiel. C'est un rapport.

Qu'on le lise ! Qu'on juge, et que les plus modérés comprennent, enfin, que je ne mens pas.

« Pam, le 20 janvier 1879.

« *A Monsieur le directeur du service de la transportation,*
                                            à Nouméa.

« Monsieur,

« J'ai l'honneur de vous adresser toutes les pièces au sujet du condamné Gassier Prosper, n° 1731, qui longtemps a soutenu s'appeler Martin Creper, n° 1606, libéré en rupture de ban.

« Amené à Pam, le 16 décembre, par les indigènes de la tribu de Ballade, ce condamné y est resté aux fers et menottes aux mains, jusqu'au samedi 22, jour où il a trompé la surveillance du Canaque de faction, et, au moyen d'un clou qu'il s'est procuré, il a levé la goupille de la fermeture du cadenas et s'est enfui à 4 heure, ayant les menottes en mains.

« Comme il avait été fouillé avec soin, le 19 décembre, jour de mon retour à Pam, je puis vous certifier qu'il n'avait rien sur lui pouvant servir à son existence.

« A partir du 22 décembre, à 4 heure, le feu fut mis dans toutes les brousses environnantes et une surveillance par tout le personnel du port et les indigènes des tribus environnantes fut exercée et surveillée par moi, car il était sûr que Gassier traqué ne pouvait se rendre loin et devait voler pour vivre.

« Le dimanche 30 décembre, à 8 heures 45 minutes du matin, l'éveil fut donné au port par les cris répétés : Tayo forçat ! Tayo forçat ! Tout le personnel sur pied se dirige du côté du magasin des vivres, vers un volet tenu fermé en dehors par deux indigènes de service ; on ouvre le magasin, on se porte avec des lumières dans les divers coins, et de suite je m'aperçois que sur l'aile opposée dudit magasin une autre croisée est ouverte.

« Gassier est un roué ; il n'était pas entré dans le magasin en escaladant le mur, sans s'assurer de suite de la situation du local, et avait immédiatement ouvert deux fenêtres, une à l'est, l'autre au sud, et c'est pendant que les Canaques de service tenaient bien fermé le volet de l'est, que le coquin filait par celui du sud sans rien emporter.

« Il venait de disparaître, il ne pouvait donc être loin ; MORT OU VIF, il fallait le traquer, une battue générale est organisée.

« A cinq heures un quart, aux cris : Forçat ! forçat ! tout le monde de nouveau se rapproche du lieu d'où partent ces appels. On voit, courant sur la montagne, l'homme poursuivi par trois indigènes du service du port et bientôt attrapé, terrassé et mis sous les pieds d'un chasseur canaque. Sans mon intervention, il eût été assommé par les douze indigènes qui, arrivés sur le lieu de l'arrestation, *faisant autour de lui un pilou-pilou monstre, lui administraient sur tout le corps, à tour de rôle, des coups de casse-tête, bâton,* etc.

« Il n'y avait plus à prendre avec ce coquin aucune considération, ni ménagement. *Le mot humain doit être rayé du dictionnaire,* quand on a affaire à des êtres de l'espèce de Gassier. Je le fis mettre nu *à la crapaudine, la barre de justice passée dans un arbre, les menottes derrière le dos, au carcan,* et *un factionnaire armé, avec ordre de le tuer au premier mouvement.*

« Je fis raser la barbe, couper les cheveux en échelle, et il me fut alors facile de reconnaître au signalement que c'était bien Gassier n° 1731 qui était là.

« Malgré mes demandes, il mit tellement d'énergie, d'acharnement, qu'il me soutient encore se nommer Martin Creper ; alors je fus obligé d'employer *la suppression de tous vivres, de boisson, et la strangulation par les bras* (sic).

« Enfin, dans la nuit du 2 au 3 janvier, *se trouvant complètement épuisé, rompu, esquinté par le manque de nourriture et le manque de sommeil, étant dévoré par les moustiques et un peu trop serré par la crapaudine,* il a fini par avouer qu'il se nommait Gassier (Prosper), n° 1731, condamné évadé du camp de Canala, en octobre, et vivant, depuis, de vol, vagabondage, etc., et que tout ce que j'avais saisi sur lui le 10 était bien à lui, les lettres de sa femme et l'argent, le fruit de ses économies depuis sa rentrée au bagne.

« Depuis son aveu, tout en gardant une surveillance énergique sur Gassier, je lui ai fait donner des vivres frais, changer de linge, prendre tous les deux jours des bains d'eau douce, rincer la bouche au vinaigre et soigner ses nombreuses plaies.

« Aujourd'hui, voilà vingt-huit jours que ce condamné est à Pam. Il a beaucoup maigri et il n'a plus d'énergie, ni la volonté qui faisait de lui une bête fauve.

« *Le petit régime que je lui ai fait prendre* lui a chaque jour enlevé des forces morales et physiques. Il va embarquer sur *le Havilah* en assez bon état. Je désire qu'il ne s'évade pas, afin qu'il puisse être envoyé à la 4ᵉ classe, où il racontera à ses amis de chaîne combien on traite bien les évadés à Pam, ce qui me fait supposer qu'ils ne viendront pas s'exposer à goûter de la crapaudine de Pam.

« J'ai versé, le matin même de l'arrestation du 30 décembre, 25 francs aux Canaques du port qui, je puis vous l'assurer, *ont bien mérité cette petite gratification*. Depuis qu'ils ont à faire la faction constamment sur Gassier, le service leur a été bien plus pénible.

« J'espère, monsieur le directeur, que vous voudriez bien faire établir en mon nom le mandat pour droit de capture revenant aux hommes de mon service.

« Je vous demande également de me faire restituer la paire de menottes que Gassier déclare avoir cassées et jetées dans une rivière deux jours après son évasion de Pam, les menottes étant ma propriété.

« Je suis avec un profond respect, monsieur le directeur, votre très obéissant serviteur.

« Le lieutenant du port chef d'arrondissement au Diahot,

« Signé : PONCIN. »

A-t-on fait pire au moyen âge?
Ce M. Poncin n'a-t-il pas rétabli la torture?
Et il a signé. Car c'est signé !

X

Le raz de marée. — Le cyclone. — Les sauterelles.

Ma vie, comme déporté, fut relativement très heureuse.
Je voyais souvent et facilement ma femme, qui m'apporta un jour la nou-

velle certaine que son frère Antoine était arrivé sain et sauf à Sydney, avec sa femme et son fils.

L'idée d'être l'oncle d'un petit Canaque, ou du moins d'un demi-Canaque, me parut assez baroque.

J'ai vu depuis, en Italie, où Antoine s'est réfugié, mon neveu qui a trois ans ; je souhaite à tous mes lecteurs d'avoir des enfants aussi vigoureux, aussi bien conformés que l'est celui-là.

Je fis des plantations.

Malgré tout le mal que je me donnai, je n'aboutis pas à grand'chose.

La canne, je ne l'entrepris même pas, ayant vu trop de mauvais résultats et de trop près pour tenter cette culture.

Le café ! il ne vaut rien.

Le tabac ! il est infect.

Je me contentai de faire pousser ce que je pus de légumes.

J'obtins de pauvres résultats.

Enfin, cela m'occupait.

Ce qui pourtant me découragea au point que, de trois mois, je ne touchai à la terre, ce fut un cyclone épouvantable, par lequel tout fut bouleversé de fond en comble.

Il serait difficile de donner une idée exacte de la violence épouvantable de cet ouragan ; c'est inimaginable.

Ce cyclone fut annoncé par un raz de marée effrayant.

Le raz de marée est produit par une tempête qui sévit au loin et qui déplace d'énormes quantités d'eau, rompant l'équilibre.

Le raz de marée est tout à fait indépendant des marées, il arrive d'un coup et surprend navires, ports, rades, matelots et riverains.

La mer, soulevée par un bouleversement lointain, dont on ignore l'existence, roule en vastes courants d'une impétuosité irrésistible et d'une grande profondeur ; qu'un obstacle, île ou grande terre, se présente, elle se gonfle brusquement, se soulève et submerge les plages, les falaises, les villes du littoral avec une force invincible.

Nous étions fort tranquilles, quand, tout à coup, une lame monstrueuse, qui s'étendait à perte de vue, se forma en moins de dix secondes, et monta plus haut, certes, que les tours Notre-Dame ; elle arriva, déferlante, sur le rivage, avec une rapidité foudroyante, et balaya tout devant elle, engloutissant, brisant, anéantissant, semant la mort et l'épouvante.

Ceux qui ont vu le mascaret à l'entrée d'un fleuve, en grossissant quelque mille fois l'ampleur et la hauteur de la *barre*, peuvent se faire quelque idée de ce que nous vîmes.

La mer, après avoir envahi la presqu'île et causé des ruines irréparables, se retira à une grande distance, pour revenir encore plus formidable.

Ainsi trois fois.

Nous étions tous dans une terreur profonde et justifiée.

Nous savions que ces terribles raz de marée ont fait disparaître des îles, des promontoires, des bancs de falaises.

L'histoire de leurs dévastations est sinistre; nous la savions tous.

Mais ce que nous savions aussi, c'est que le cyclone n'était pas loin.

Il tomba sur nous.

Supposez un soufflet de forge bouleversant des cendres et des scories !

Sous l'effort géant de la tempête, les blocs de pierre, les arbres cassés, les outils abandonnés volaient de même dans un tourbillon aveuglant et meurtrier.

Jamais je n'ai senti de la sorte la puissance du vent.

Surpris, couché à terre d'un seul coup, essayant de me relever, je sentais sur moi un poids énorme.

Je ne me rendais pas compte de ce que c'était ; je me croyais enseveli sous le sable, ou maintenu par quelque charge dont je ne m'expliquais pas la forme et la nature.

C'était le vent.

C'était la bourrasque.

Impossible de se tenir debout ou de se relever tant qu'une rafale durait.

Les uns couraient se réfugier dans leurs paillottes; les autres dans leurs baraques.

Mais le vent écrasait tout.

Alors on voyait fuir ceux qui s'étaient abrités.

Moi, j'eus une chance incroyable.

Une charpente énorme passa comme une flèche, me jeta à terre et s'enfonça à trois mètres dans le sol où elle resta fichée.

Un pouce de plus à droite, j'étais mort.

Parmi les blessés, il y eut ce pauvre Simon Mayer qui fut dans une situation horrible pendant plusieurs heures.

Sa paillote s'écroula sur lui, et une charpente armée d'un clou très long lui fixa la jambe au sol, traversant les chairs de part en part; le pauvre Mayer resta des heures ainsi cloué.

On faillit lui couper la jambe.

LE POTEAU DE SATORY 281

On conçoit que tempête et raz de marée me dégoûtèrent de la culture ; bientôt après survinrent les sauterelles, qui dévorèrent tout.

J'en eus assez du métier de maraîcher, et je maudis cette terre infestée de fléaux.

Et maintenant, j'ai dit sur la nouvelle-Calédonie et sur mes sept ans de bagne tout ce que je voulais en dire ici, mais non tout ce que je sais.

Le lecteur est édifié.

Grâce à un puissant courant d'opinion publique, une pression formidable a obligé le gouvernement à céder en partie sur la question d'amnistie; je suis de ceux que l'on a favorisés.

Je fus désigné pour rentrer en France.

Mais, je l'avoue, je suis bien surpris de voir tant de mes camarades rester, qui ne sont ni des repris de justice, ni des hommes exagérés, indignes de pitié.

C'est pour eux, c'est pour obtenir l'amnistie plénière que j'ai écrit ces lignes.

C'est aussi pour que des réformes profondes soient accomplies dans le régime des bagnes.

Et maintenant, je vais raconter le retour.

XI

Retour. — La traversée. — Encore la cage. — Trop de cage. — Première victoire. — Les marins. — Deuxième victoire. — Les passagers. — Influence du théâtre à bord. — Le bon gendarme.

Nous étions amnistiés. L'amnistie annihile la peine et son souvenir; l'amnistie vous rend tous vos droits.

Nous étions des citoyens libres. Nous étions des passagers comme les autres à bord du navire qui nous emportait.

C'était logique.

La marine, cette bonne, cette excellente, cette loyale, cette chevaleresque marine, ne l'entendait pas ainsi; elle nous avait amenés forçats, elle voulut nous ramener forçats.

Nous fûmes stupéfaits en voyant que l'on nous enfermait dans ces mêmes cages qui nous avaient amenés, ces cages à barreaux de fer, ces cages à bêtes féroces, ces cages immondes où nous avions tant souffert.

On nous dit, pour nous y faire entrer, que l'on n'avait pas eu le temps d'aménager les navires, que c'était pour nous ramener plus vite.

Une fois dedans, on nous boucla. C'était un bon tour.

Décidément, l'esprit jésuite règne et domine dans les escadres; décidément, on y est habilement tyrannique et impitoyablement déloyal, quand il s'agit de victimes politiques.

Ceci ne faisait pas notre affaire; nous étions trop sûrs de notre droit.

Nous eûmes beaucoup de courage, et nous décidâmes que nous nous ferions plutôt mitrailler que d'obéir et de plier.

Le commandant se trouva en face de ce dilemme embarrassant :

Faire feu !

Ou faire justice.

Le commandant se fit envoyer des délégués pour discuter.

Il n'osait nous mitrailler.

A l'aller, oui.

Au retour, non.

Il y aurait eu des comptes terribles à rendre à l'opinion surexcitée.

Donc il faisait un premier pas de retraite; il consentait à pourparler.

Nos délégués arrivèrent devant le commandant, et l'un d'eux prit la parole.

Le commandant, je dois le dire, croyait avoir affaire à des gens de la plus triste éducation; il fut surtout décontenancé par la politesse froide et par la fermeté sobre de paroles et de gestes des délégués.

Ceux-ci firent l'exposition lucide et irréfutable de leurs droits.

Ils ajoutèrent qu'on leur avait même rogné l'espace réglementaire.

Ils réclamaient la liberté absolue.

Le commandant leur répondit :

— Vous ne serez amnistiés que sur le sol de France; le *Journal officiel de Nouméa*, n'a pas publié le décret d'amnistie. Donc...

Ce que disait là le commandant était vrai comme fait.

On avait imaginé cette escobarderie de ne pas insérer le décret pour arguer qu'il n'avait pas force de loi.

Mais le commandant avait affaire à forte partie; un légiste lui prouva que toutes les perfidies cléricales et les manœuvres administratives ne pouvaient faire que l'amnistie n'eût été votée, publiée au *Journal officiel* français, et que lui commandant, sur son navire, parti de France, n'en eût eu connaissance.

Sa mission elle-même reposait tout entière sur ce décret.

Bref, le commandant fut battu sur tous les points et il ne put insister.

Alors il argua d'instructions ministérielles.

Un des délégués dit à haute voix aux autres délégués :

— S'il est vrai que le ministre ait donné de pareilles instructions, exécutables à la lettre, il sera furieux qu'on les ait exécutées en présence de ce qui se passera, dans le cas où elles seraient maintenues. La France entière se soulèverait indignée.

On invita le commandant à trouver un moyen de concilier les instructions, vraies ou fausses, absolues ou non, avec le droit des déportés.

Une heure après, les portes des cages étaient démontées, et l'on pouvait monter sur le pont, aller et venir à l'aise; seulement, à chaque porte, il y avait une sentinelle pour la forme...

La sentinelle ne nous gênant point, on la laissa se promener de long en large.

Telle fut notre première victoire.

Je ne crains pas de dire qu'elle étonna prodigieusement l'équipage et les autres passagers.

Jamais rien de pareil ne s'était vu dans la marine.

Je vis du jour au lendemain les manières des marins changer.

Ils nous saluaient, nous serraient la main, causaient avec nous volontiers et s'étonnaient de nous voir patriotes.

On leur avait fait de nous des monstres; ils nous croyaient des gredins, des énergumènes, des bandits, des vauriens.

Pour leur prouver le contraire, nous résolûmes de leur rendre service.

Chacun de nous offrit de se faire professeur pour les hommes de bonne volonté.

A ceux qui ne savaient pas lire, on apprit l'alphabet.

A ceux qui ne savaient pas signer, on enseigna l'écriture.

Il y eut des cours d'orthographe et de géographie.

Il y eut surtout des cours de mathématiques pour ceux qui se destinaient aux examens pour le cabotage ou pour le long cours.

Les officiers et les passagers nous examinaient du coin de l'œil.

Un jour, il prit fantaisie à l'un d'eux de questionner nos élèves; il nous rendit justice et déclara au commandant que nous avions obtenu des résultats étonnants.

Aussi les marins étaient-ils et sont-ils encore nos amis.

Un de mes élèves a obtenu de très brillants succès et m'en a écrit avec reconnaissance; je sais que les autres professeurs ont presque tous reçu des lettres de remercîment.

Quant aux passagers, ils furent plus difficiles à gagner.

C'étaient des fonctionnaires, des gendarmes, des gardes-chiourme ayant fini leur temps.

Ceux-là restaient farouches.

Tout d'abord, ils nous en voulurent beaucoup pour une réclamation juste.

Le commandant avait imaginé de nous faire pomper l'eau nécessaire à la cuisine de tout le monde; le lecteur se souvient sans doute que l'on fait cette cuisine au bain-marie, système absurde; il faut une incroyable quantité d'eau par jour.

Nous avions tant d'anémiques, tant de malades que ce service éreintant était insupportable.

Nous étions passagers tout comme les autres; pourquoi pomper pour eux? Nous avions le droit, la logique, le bon sens; nous finîmes par triompher.

Pour cette affaire, le débat eut lieu entre le second, chargé des détails, et les délégués.

Le second était un homme violent emporté et apoplectique.

L'un des délégués se chargea de l'amener à la raison par la fatigue.

Il se présenta devant lui, flanqué des autres délégués, et lui dit :

— Monsieur, nous avons une réclamation à vous adresser.

Le second s'emballa comme un cheval fougueux, du premier coup.

— Une réclamation! Encore une réclamation! Toujours! toujours ces sacrées réclamations! C'est insupportable, à la fin.

Le délégué, froidement :

— Monsieur, vous êtes là pour ça. C'est votre service. Faites-le s'il vous plaît.

Sur ce, le second se lança dans une fureur de première classe.

Les délégués le laissèrent crier, s'épuiser; puis, à la fin, avec ensemble, saluèrent et se retirèrent en silence, majestueusement.

Un seul resta et dit :

— Monsieur, quand vous serez calme comme nous, maître de vous comme nous, nous reviendrons.

Nouvelle fureur, fort inutile.

Le lendemain, même jeu.

Le surlendemain, même jeu.

Le quatrième jour, le second envoya dire aux délégués qu'il avait organisé pour eux cuisine et pompes à part.

C'était la victoire.

Les passagers nous en tinrent rancune.

Alors, on les gagna par les femmes et les enfants : on organisa un théâtre.

Tout le monde y vint chaque dimanche, et l'on vit bientôt la glace fondre, mais fondre au point qu'un gendarme me donna une poignée de main.

J'en profitai pour le convertir à la République, et j'y réussis.

Un jour, nous discutions, et il me dit que la foule était généralement hostile à la gendarmerie.

— Parce que, dis-je, on fait faire de la politique aux gendarmes. Mais, croyez-vous qu'il ne vaudrait pas mieux pour vous n'avoir à vous occuper que des malfaiteurs? Alors, on vous prêterait bravement main-forte partout, comme j'ai fait une fois près de Gentilly, où j'ai sauvé la vie à un gendarme que trois charretiers ivres avaient terrassé.

— Vous avez fait cela?

— Oui! Et tout bon républicain en fera autant chaque fois qu'il ne s'agira pas de politique.

Mon gendarme, ému, fut conquis.

Depuis, il m'a écrit souvent, et avec un si grand bon sens, que je lui ai toujours répondu :

— Brigadier, vous avez raison.

Car, grâce au g'néral, il a la sardine blanche!

XII

Un étonnement. — Un vieux loup de mer qui compte *ses chemises*. — Encore une filouterie. — Rien dans les magasins. — Les pieds gelés.

Peu après le départ, nous eûmes un coup de vent assez raide.

J'avais assez l'habitude de la mer, parce que, dans les derniers temps, j'avais obtenu la faveur d'aller pêcher avec une équipe de matelots condamnés.

On nous avait donné un canot, un surveillant et des engins.

Nous étions tous des *politiques*.

Les marins venaient de la fameuse flottille de la Commune.

On ne redoutait pas de nous une tentative d'évasion pour deux motifs.

Voici le premier :

A chaque partie de pêche, nous donnions notre parole d'honneur de revenir.

Voici le second :

Tous, nous pouvions nous attendre à une grâce très prochaine.

En conséquence, il eût été absurde de tenter de fuir, puisque nous n'aurions pu rentrer en France.

Je supportai le coup de vent de sortie avec la fermeté de cœur d'un homme fait au tangage le plus dur.

Il n'en fut pas de même de mes camarades; je vis d'autre part gendarmes et passagers pâlir et se pencher souvent par-dessus les bastingages; mais ce qui me parut navrant, ce fut l'état des dames : le mal de mer les réduit à une prostration complète.

En ma qualité d'ex-infirmier, je me multipliai de mon mieux; mais en réalité, il n'y a rien à faire qu'à prodiguer des consolations et à rassurer des gens fermement convaincus qu'ils mourront, tant ils se croient malades.

J'eus un étonnement profond.

Un vieux maître donna devant moi des preuves de son profond respect à l'Océan en courroux, en lui payant son tribut.

Comme j'en manifestais ma surprise à un matelot, celui-ci m'assura que beaucoup de marins avaient le mal de mer, chaque fois qu'ils embarquaient après séjour à terre.

Il me cita l'exemple de son père, vieux capitaine au cabotage, qui *comptait ses chemises* à chaque nouvelle traversée.

Je dois rendre justice à tout le monde; le commandant se montra humain; il fit distribuer des citrons.

La limonade est un soulagement, en pareil cas, pour les gens atteints.

Le coup de vent passé, on refit une toilette au navire et l'on reprit le train-train ordinaire de la vie de bord.

Un mot de la route que nous allions faire pour revenir.

A l'aller, nous avions longé les côtes d'Afrique, pour doubler le cap de Bonne-Espérance.

Au retour, nous allions passer au sud de l'Amérique et doubler le cap Horn.

Motifs?

Les vents régnants.

J'ai expliqué ce que sont les moussons; j'ai dit que, dans le Grand-Océan, il règne, selon les saisons, des vents fixes durant de longs mois. Or, le mousson qui, à l'aller, vous pousse vers le but, vous serait naturellement contraire au retour. Alors, on file vers l'Amérique au lieu de revenir par le même chemin.

De cette façon, l'on fait réellement le tour du monde.

Pour ce que l'on en voit, vrai ce n'est pas la peine.

La mer, toujours la mer!

A peine accoste-t-on la terre cinq ou six fois, et encore ne descend-on pas.

Une drôle d'idée de M. le ministre de la marine, cet excellent M. Jauréguiberry.

Nous devions, au sud du cap Horn, avoir des froids terribles : neige, glace, bourrasques venues du pôle chargées de *pointes d'aiguilles*.

Nous le savions et nous savions que l'administration nous devait des vêtements chauds.

Nous avions tant souffert à l'aller!

Nous nous étions adressés à cette digne, à cette honnête, à cette suave administration coloniale, avant de monter à bord.

Elle avait répondu :

— Embarquez-vous, mes enfants. Vous serez vêtus à bord comme des princes. Le bâtiment a reçu ce qui vous était destiné.

A bord, nous avons d'abord procédé à notre installation, sans songer aux vêtements, car il faisait chaud et ce n'était pas le plus pressé; nous avions occupé nos premières heures à une dispute assez vive.

On voulait nous mettre au hasard par plats de dix ; nous voulions former ces escouades de dix à notre idée, selon nos sympathies.

Nous y étions arrivés.

Mais, à mesure que nous descendîmes vers le pôle, nous sentîmes le vent du sud car, là-bas, c'est du sud que vient le froid.

L'âpre souffle du pôle nous pinçait les mollets.

Car l'administration, sagement économe, nous avait toujours donné des pantalons trop courts et des vareuses trop étroites; nos poignets étaient coupés par la brise.

Pour l'édification du lecteur, je dirai que l'on avait volé le drap pour le remplacer par une vulgaire étoffe de bourre de laine, et que nos souliers n'étaient que des savates.

Ce qui justifiait dans une certaine mesure le mot de notre commandant à notre aspect pauvre et déguenillé :

— Sont-ils mal f...ichus!

Hélas oui!

Mais ce n'était pas notre faute.

Donc, ayant froid, nous présentâmes au commandant notre réclamation d'effets.

Il parut très étonné.

Il nous prouva qu'il ne nous devait absolument rien, n'ayant rien reçu.

Mais l'administration?

Eh bien, elle nous avait volé comme toujours.

Cela ne vous surprend plus, je suppose.

Plaintes en règle, écrites, justifiées, prouvées ont été faites.

Léon Lefranc, volontaire de Nouméa.

Croyez-vous qu'on ait sévi contre cette bande de pillards administratifs?

Point.

Sévira-t-on?

J'en doute...

N'ayant pas de vêtements, nous priâmes le commandant de nous en donner sur les magasins du navire.

Il nous répondit que c'était impossible; qu'il n'en avait pas...

Nous n'en crûmes pas un mot; mais j'étais bien avec un fourrier du bord, qui m'apprit que les marins ne pouvaient rien obtenir, et qu'ils avaient ordre, notamment, de ménager leurs souliers.

Voilà donc un navire de guerre qui part pour faire le tour du monde et qui n'a pas de linge, chaussures et vêtements de rechange.

Mais nous en verrons bien d'autres...

Toujours est-il qu'il fallut nous résigner à être très transis.

Quand je dis nous, j'ai tort, car moi j'étais chaudement couvert.

J'avais pris mes précautions.

J'avais bien recommandé à ma femme de se procurer, pour elle et moi, des vêtements bien fourrés, et elle en avait fait fabriquer qui étaient doublés de peau de mouton.

Mais j'avais honte de les porter, tant les autres étaient dépourvus de tout; cependant, comme après tout mon rhume n'aurait pas guéri celui des autres, je me décidai à m'emmitoufler.

Il fit si froid que plusieurs de nous eurent les pieds gelés; il fallut les traiter.

N'est-ce pas pitoyable!

Ai-je dit que nous avions des moutards à bord du navire?

Non, je crois.

Ils égayèrent la traversée.

Je ne sais rien de plus agréable à voir que des bambins se jouant sur le pont, au milieu des cordages.

Les petites filles, assises sur des câbles, faisaient des toilettes splendides avec du papier et des bouts de chiffons aux poupées que leur taillaient des matelots.

Tout ce petit monde était chéri à bord et on s'ingéniait à les amuser.

Au sud du cap, grand ennui pour ces pauvres petits.

La vie n'était pas gaie.

J'eus l'idée, comme le pont était couvert de neige, de proposer une bataille entre moutards.

On accepta avec enthousiasme, mais bientôt il y eut bataille générale.

Cette récréation eut du succès, et tous les jours on recommença.

Le croirait-on? Cette petite affaire me fit faire un pas immense dans l'amitié des passagers, qui me prirent sous leur protection et écoutèrent mes plaidoiries en faveur de mes amis.

Tant et si bien que, le théâtre aidant, il n'y eut pas une femme qui ne fût bienveillante pour les amnistiés.

On jugera peut-être ces détails un peu puérils; mais il nous était dur de voir les passagères nous regarder avec mépris, nous toiser de loin et s'éloigner de nous.

A la fin de la traversée, elles avaient fini par comprendre que le bagne ne fait pas plus le forçat que la guenille ne fait le malhonnête homme.

Je sais une de ces dames qui devenue veuve, vient d'offrir sa fortune et son cœur à un amnistié qu'elle avait fini par apprécier pendant la traversée.

XIII

Une pluie de procès. — M. Charpiat, surveillant-chef, en police correctionnelle.

Enfin, nous allons avoir un procès public qui fera certainement grand bruit.

Nous avons signalé le sieur Charpiat, surveillant-chef, comme un des plus violents, des plus brutaux parmi les hommes de la chiourme.

Ce M. Charpiat, après tant de méfaits et malgré la plus paternelle administration de M. Olry, le gouverneur, est resté en fonctions.

Pourquoi?

Parce qu'il ne dépend malheureusement pas du gouverneur de le révoquer.

Parce que les pénitenciers relèvent du ministre de l'intérieur.

Parce que M. Lepère, ex-élève des jésuites, ne veut sérieusement ni réformes, ni épurations.

Parce que M. Lepère, loin d'être dans l'esprit républicain, donne des places à des personnes absolument cléricales et réactionnaires.

Parce que toucher à M. Charpiat, qui force les transportés à écouter les sermons du père Vigouroux, sous la menace de la trique, toucher à ce zélé clérical, serait déplaire aux maristes, dont cependant la congrégation n'est pas autorisée.

Quand on songe que, dans un journal absolument ministériel, Simon Mayer a publié sur ce Charpiat et tant d'autres des révélations écrasantes, qu'il y a de cela un an, que Charpiat et les autres sont toujours en fonctions et assomment les transportés, on se demande si nous sommes en République.

On se demande surtout si M. Lepère est bien résolu à protéger quand même cette pépinière de jésuites de robe courte qui peuple l'administration des bagnes et des prisons.

Enfin, le jour va se faire en France, et un procès va révéler les sanglantes infamies de l'île Nou.

Je sais qu'il s'agit de police correctionnelle, et je le regrette pour les plaignants.

Je sais que les présidents de chambre ont une façon habile de diriger les débats.

Je sais que l'on va chercher à pallier l'affaire, à l'étouffer.

Mais j'espère qu'il se trouva un avocat énergique défendant le plaignant partie civile, et que cet avocat trouvera des accents indignés pour venger les martyrs de l'île Nou.

Voici le document qui annonce le procès, et celui-là sera suivi de plusieurs autres, jusqu'à ce que M. Lepère lassé fasse une réforme et une épuration, ou cède la place à un républicain qui ne pactisera point avec les jésuites et les maristes.

L'an mil huit cent soixante-dix-neuf, le seize octobre,

A la requête de M. Jean Allemane, typographe, résidant à la presqu'île Ducos, ex-transporté de la Commune, banni par décret du dix juin dernier,

Élisant domicile en mon étude :

J'ai, Adrien Salomon, huissier près les tribunaux de Nouméa, y demeurant, soussigné,

Notifié et dénoncé :

1° A. M. le procureur de la République près le tribunal civil de Nouméa, en son parquet où étant et parlant à M. Vaudelet, son substitut, requérant visa qu'il m'a octroyé ;

2° A. M. Legros, directeur de l'administration pénitentiaire, en ses bureaux à Nouméa, où étant et parlant à sa personne, requérant visa qu'il m'a refusé d'une façon insolente ;

La plainte suivante contre le surveillant-chef Charpiat, demeurant actuellement à l'île Nou, pour les faits suivants :

Le trois novembre mil huit cent soixante-seize, vers quatre heures du soir, le surveillant Charpiat s'est rendu coupable envers Allemane de blessures, coups, violences, voies de faits qui ont entraîné pour Allemane un traitement de cinquante-deux jours dans la cellule n° 9, du bâtiment n° 3, des prisons de l'île Nou.

Le médecin Dulescouët, actuellement en France, a visité Allemane, le 4 novembre, à 9 heures du matin, a constaté les coups et blessures, et prescrit des frictions à l'huile camphrée.

MM. Arthur Chevalier, ex-transporté gracié; Henri Viard, ex-transporté banni; Henri Ducourro et François Debolfo (ces derniers encore transportés), résidant tous quatre à la presqu'île Ducos, peuvent témoigner dans l'affaire.

Une enquête sérieuse avait été ordonnée par M. Fourichon, ministre de la marine et des colonies, mais à six mille lieues de distance, on a trompé ce ministre, et il n'est rien ressorti de l'enquête, ou mieux, rien n'a été fait.

Libre aujourd'hui, Allemane reprend l'affaire et espère que le directeur de l'administration pénitentiaire et M. le procureur de la République voudront bien traduire le surveillant Charpiat en police correctionnelle pour lui voir faire application des articles 114, 309 et suivants du code pénal. Allemane se réservant de se porter partie civile à l'audience.

Déclarant, le requérant que, devant partir par le transport *la Creuse*, si, avant le départ de ce navire, aucune suite n'était donnée à la présente plainte, il se réserve de poursuivre directement devant toutes autorités et tribunaux compétents non seulement le surveillant Charpiat, mais aussi tous complices, à quelque classe qu'ils appartiennent.

Déclarant encore qu'en cas de non poursuites, notification des présentes sera faite à MM. les ministres de la justice, de la marine et des colonies.

Dont acte et afin que M. le procureur de la République et M. le directeur de l'administration pénitentiaire n'en ignorent, je leur ai à chacun séparément, étant et parlant comme dessus, laissé copie du présent, que mon requérant a signé, ainsi que chacune de ses copies.

Le tout net de douze francs trente.

J. ALLEMANE.

AD. SALOMON.

Enregistré à Nouméa, le 18 octobre 1879. Fr. 14, case 19. Reçu trois francs.

Vu et reçu copie au parquet :

Pour le procureur de la République,

Nouméa, le   octobre 1879.

A. VAUDELET.

Vu et reçu copie :

Pour le directeur de la transportation,

Nouméa, le   octobre 1879.

Un journal des plus modérés, un journal ministériel, *le Temps*, insère cette pièce, et annonce les procès.

Les partisans du ministère eux-mêmes s'indignent, se lassent et commencent à protester.

Enfin !

Et cette affaire en fera naître d'autres ; beaucoup qui se taisaient vont parler, car un comité s'organise pour faciliter les poursuites.

Nous allons lui envoyer notre modeste offrande.

D'autres feront comme nous.

La lumière jaillira éclatante.

Les martyrs de l'île Nou vont surgir du tombeau et parler comme Lazare le ressuscité.

Quelque bruit que l'on fasse, rien n'empêchera leurs voix d'être entendues d'un bout de la France à l'autre.

Il ne s'agit point ici de réhabilitation de la Commune, mais d'une immense réforme à accomplir.

On n'assassinera plus impunément les transportés et les déportés.

Il y aura une justice, même au bagne.

XIV

Encore infirmier. — Un docteur en partie double. — L'aumônier à prévenir. — La mort d'un phtisique. — L'enterrement civil. — La *glissade* du matelot.

Dès les premiers jours de la traversée, je repris, en volontaire, mes fonctions d'infirmier.

Le docteur me dit :

— J'ai bien peur que nous n'amenions point tous vos camarades en France ; il y en a qui mourront pendant la traversée.

— Après la vie qu'on nous a fait mener, c'est inévitable.

— Je compte sur vous pour prévenir à temps l'aumônier, n'est-ce pas ?

— L'aumônier...

— Oui, pour l'extrême-onction.

— Mais, docteur, pas un, vous entendez, pas un de nous ne consentira à se confesser ; l'aumônier est inutile.

— Comment... si athées ?

— Pas athées ! beaucoup de nous croient à un principe supérieur ; mais tous, nous sommes anti-cléricaux, anti-catholiques, depuis que le catholicisme est l'ennemi du progrès et de la République.

Le docteur me regarda bien en face, puis il me dit en souriant :

— Mon cher, j'ai trop disséqué sans trouver l'âme, j'ai trop peu besoin de l'hypothèse d'un Dieu pour expliquer l'homme et la nature; j'ai trop étudié la machine humaine pour croire à une divinité quelconque; je mets toutes les religions dans le même panier; je suis matérialiste.

— Oh! dis-je, vous allez plus loin que moi; je crois à l'âme et à une Providence.

— Bon! bon! Ça vous regarde. Mais si je nie Dieu de toutes mes forces comme médecin, comme chirurgien de marine je dois agir contrairement à ma croyance; le règlement me trace un devoir, et je l'accomplis. Je dois faire prévenir l'aumônier, et je m'arrangerai pour qu'il soit prévenu.

Il ajouta :

— Seulement...

— Achevez, docteur.

— Je voulais dire qu'en l'état actuel des choses il eût mieux valu que vous fussiez intermédiaire, car il y aura des chocs.

— Des chocs?

— Eh oui! le commandant enverra l'aumônier, et le moribond verra la robe noire se dresser près de lui, au milieu des angoisses de l'agonie. C'est une apparition terrible, quand elle est inattendue.

— Hélas, oui!

— Donc, vous pourriez préparer vos amis malades à cette visite. Je vais plus loin. Vous devriez vous y prendre plus tôt que plus tard, car ces pauvres gens ayant encore leur connaissance et leur volonté, formuleraient nettement leur répugnance pour la confession et les saintes huiles.

Le docteur ajouta :

— Vous savez que vous n'aurez pas d'enterrement civil à bord.

— Vous dites?...

— Je dis que le commandant n'en veut pas et que, maître après Dieu sur son navire, il fera tout ce qu'il voudra.

— Nous allons voir ça!

Et j'allai prévenir les délégués.

Ceux-ci commencèrent immédiatement les hostilités.

Imperturbablement froids, corrects, polis et tenaces, ils représentèrent au commandant :

1° Que la liberté de conscience était établie en France, de par la loi.

2° Que forçats ou déportés, malgré les maristes, malgré les menaces du fouet et des fusillades, malgré la guillotine, malgré tout, avaient réussi à faire enterrer civilement leurs camarades et que la mauvaise volonté des gouverneurs, s'appelassent-ils Alleyron ou Pritzbuer, n'y avait rien fait.

Pendant ces pourparlers, la nouvelle se répandit qu'un des nôtres agonisait.

L'aumônier était accouru.

Ce fut une lutte atroce.

D'une part, le mourant crachant son dernier souffle de poitrinaire, repoussait le prêtre; d'autre part, l'aumônier s'acharnant à parler mort, enfer, feu terrible, peines éternelles.

Tout à coup, le mourant se dressa, cria dans un râle : Non! Non! puis il vomit des flots de sang et mourut après cet effort.

L'aumônier s'enfuit épouvanté!...

Cette histoire, connue bientôt de tout l'équipage et de tous les passagers, produisit une impression profonde, mais très différente chez les uns et les autres.

Toutefois, chacun comprit que les amnistiés tenaient énergiquement à affirmer, devant la mort même, leur foi civile.

L'heure de l'immersion du corps arrivée, on envoya la bière.

Notre pauvre ami y fut enseveli dans du sable, et on cloua le couvercle du cercueil que l'escouade du défunt porta sur le pont.

Là, point de prêtres.

Nous triomphions.

Un délégué vint seulement nous prier de ne pas faire de discours.

Le droit strict du commandant était d'interdire la parole aux passagers; on respecta ce droit.

Tout le monde assemblé, debout et tête découverte, se tenait sur le pont.

Les marins semblaient profondément émus et troublés.

Quoi, pas de prière!

Quoi pas de prêtre!

Et, pour qu'il en fût ainsi, les amnistiés avaient bravé les menaces, et ils avaient menacé de se révolter, dussent-ils être mitraillés!

Mais alors, ils étaient donc convaincus jusqu'aux moelles?

Au coup de sifflet, le cercueil fut lancé à la mer.

C'était fini.

Une existence d'homme était terminée, une page du livre de la vie était close.

Mais pour nous quelle tristesse!

Celui qui s'en allait était père de famille; on l'attendait en France.

Qu'allions-nous dire aux siens en arrivant?

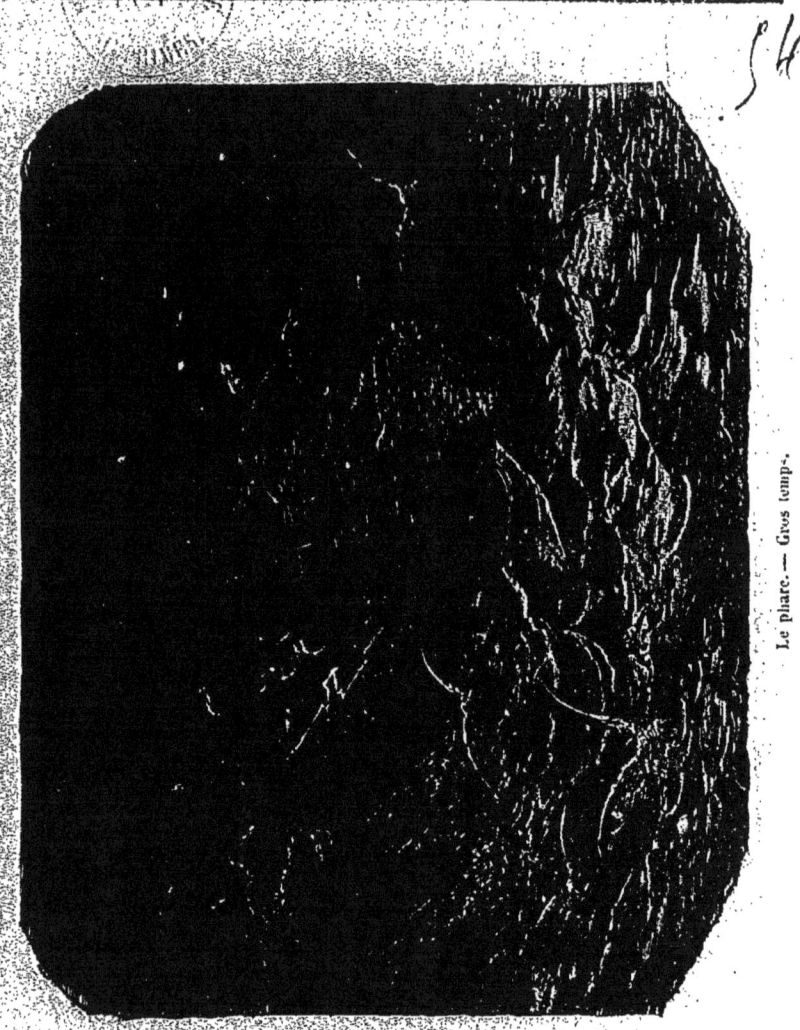

Le phare. — Gros temps.

Savoir un mari, un père, un fils amnistié, libre, et venir le recevoir, ouvrir ses bras, et apprendre qu'il est mort.

Mort d'anémie, parce que M. Charpiat volait notre vin et notre pain.

Mort d'une phtisie galopante, parce que l'anémique n'offre aucune résistance aux intempéries et que MM. les fonctionnaires de Nouméa avaient volé les vêtements qui nous étaient destinés.

Ah ! le commandant avait ses raisons pour ne pas permettre de parler devant ce cercueil ; on aurait dit tout cela !

C'est surtout aux oreilles de MM. les fonctionnaires que le silence est d'or.

Enfin, nous parlons aujourd'hui !

Plus tard, il mourut des marins.

On accusait les déportés d'être fanatiques et, l'enterrement du matelot étant religieux, on supposait que nous n'y assisterions pas.

Tout au contraire.

Nous montâmes sur le pont, nous nous mîmes en rangs et nous saluâmes la dépouille mortelle du pauvre garçon que sa mère ne devait jamais revoir.

Ce jour-là, un vieux requin de quartier-maître, un Polotais de Dieppe, catholique enragé, me serra la main et me dit :

— Je ne croyais pas que vous viendriez voir *glisser* le camarade à la mer ! Vous avez plus d'humanité que je ne pensais ! Vous êtes des braves gens tout de même.

Pauvre matelot !

Il nous croyait fanatiques... comme lui !

XV

Les moutons malades. — Plus de pain. — Plus de vin. — Une scène tragique. — Plus d'aumôniers.

J'ai expliqué que nos animaux, entassés dans les cages-écuries, pendant la première traversée, mouraient faute d'air, et surtout par suite des coups que le roulis et le tangage leur occasionnaient.

Au retour, ce fut bien pis.

Les moutons de la Nouvelle-Calédonie ont une toison très épaisse ; d'autre part, il croît, dans la brousse, une espèce d'épine, hérissée d'épinettes ; cette épine se fourre au passage dans la laine ; les épinettes sont placées de la même façon que les barbes des épis d'orge.

On connaît le jeu des gamins qui consiste à glisser un de ces épis dans la manche de sa veste, la queue en l'air ; le mouvement du bras fait toujours monter l'épi vers l'épaule.

De même, l'épine à mouton, une fois dans la toison, va toujours à la chair ; elle entame la peau, elle pénètre dans les muscles, atteint les poumons, le cœur ou les intestins.

Le mouton crève en pleine purulence.

Tout le monde sait cela.

La marine ne sait jamais rien ou a l'air de ne rien savoir.

Il serait facile d'abord de n'acheter que des moutons tondus.

A tout prendre, on pourrait les tondre.

Mais, en ce cas, plus de pots-de-vin, de trafic secret.

Car on conçoit bien que ce n'est pas le hasard qui fait que les moutons embarqués par la marine soient tous atteints par les épines ; il y a une bonne raison pour que cela soit.

Les éleveurs amènent à Nouméa celles de leurs bêtes qu'ils reconnaissent malades et qui ont des épines en chair.

Moyennant un *graissement de patte*, — cela s'appelle ainsi, — les moutons sont payés et embarqués comme sains.

Ce trafic est connu, il a été signalé, il subsiste toujours.

D'autre part, si les moutons crèvent pourris et sont mangés tout de même, comme viande fraîche, d'une fraîcheur plus que douteuse, les bœufs se tuent contre les barreaux de la cage.

On pourrait les amarrer avec des sangles.

La marine ne s'en donne pas la peine.

Aussi le scorbut fait-il tant de ravages que des gendarmes amenés de France, des fonctionnaires, des soldats débarquent à Nouméa scorbutiques, se guérissent et retournent en convalescence en France par voie rapide de Suez.

Coût pour l'État : un minimum de 1,500 francs par homme.

Ce que cette marine trop vantée coûte d'argent au pays est incroyable.

Tout s'y résume ainsi :

Routine, cléricalisme, brutalités et gaspillage.

Pour nos vivres, nous fûmes tenaces et nous fîmes cesser les vols.

Nous envoyions nos délégués recevoir les vivres et l'on ne cédait ni un gramme, ni un centilitre, on ne saurait se figurer la fureur des commis aux vivres.

Ils avaient un tas de trucs.

La mesure au vin était bossuée, toujours en dedans ; ils ne la tenaient pas droit, ils y mettaient le pouce ; ils versaient vite sans laisser égoutter.

On leur tint tête avec tant de persistance que, pour la première fois peut-être, les distributions se firent honnêtement en mer.

Pour donner idée des rapines dont les matelots sont victimes, je dirai qu'on leur distribue de la viande conservée, qui, froide, est fade et finit par écœurer.

Chauffée, elle est infiniment préférable.

Eh bien, l'équipage, pour avoir son compte, préfère la manger froide.

Défiance, défiance, sainte défiance !

Je ne comprends rien à l'incurie qui préside à tout dans la marine.

On peut dire que, presque sans exception, les navires conduisant ou ramenant les transportés ont été en retard ; que les traversées se sont prolongées au delà des prévisions ; que rien n'était préparé pour ces cas de retard ; que tous les équipages et les passagers ont souffert de cet état de choses.

Qu'on lise les descriptions d'arrivée.

Vêtements usés, étriqués, insuffisants !

L'anémie sur tous les visages !

Des bronchites dans tous les poumons !

Beaucoup de scorbutiques.

Quelques précautions eussent cependant suffi pour éviter tant de misères à des marins forcés de servir l'État, à de malheureuses victimes de la politique que la France n'amnistiait point pour qu'on leur fît souffrir tant de privations pendant quatre mois de traversée.

Croirait-on que notre navire finit par manquer de tout, même de vin !

Et ce ne fut point le seul.

Je l'ai dit, je le répète, les commandants, pour la plupart, se croient obligés de suivre une routine absurde.

Un commandant pourrait et devrait, s'il a subi des retards, se ravitailler quand c'est possible ; et rien n'eût été plus facile pour nous.

On ne le fit pas.

Qui empêchait, au retour, de toucher un port d'Amérique, d'y acheter farine, vin, viande fraîche à très bon compte, tout ce qui faisait défaut ?

La routine, l'insouciance !

Si l'on veut trouver l'intelligence et l'initiative, il ne faut pas les chercher dans les cerveaux des cléricaux qui occupent les cadres supérieurs de la marine.

Pendant ces grands froids que nous eûmes à subir, nous comptions sur le vin chaud supplémentaire et réglementaire qui est octroyé à l'équipage et aux passagers.

Loin de là.

On nous donna du vin tourné qui était mis de côté pour faire du vinaigre.

Il n'y avait plus de vin à bord...

Il n'y avait plus de pain !

On donna du biscuit.

Du biscuit à des scorbutiques qui ont les gencives bleues et les dents branlantes, c'était une dérision.

Enfin, nous quittons peu à peu les régions froides et nous faisons voile vers Sainte-Hélène.

J'ai déjà expliqué que rien ne justifiait cette relâche au retour.

A Sainte-Hélène, île anglaise, on va enrichir bêtement, par nos achats, une population de commerçants qui forcent les prix d'une façon éhontée.

L'île ne produit presque rien.

Tout y est apporté.

On paie le bœuf 4 francs le kilo, la douzaine d'œufs est à 3 francs, la pomme de terre à 50 centimes la livre.

Sur la côte d'Amérique, on aurait le bœuf à 25 centimes et tout à l'avenant.

Quand j'en fais l'observation aux autorités maritimes, elles me répondent :

— Monsieur, c'est la règle.

— Absurde, la règle.

— Monsieur, vous n'y connaissez rien.

— Possible ! mais tous les marins du monde, excepté vous, marins d'État français, croient que cette relâche est ridicule.

— Et moi je la tiens pour excellente.

Pas d'autres raisons, jusqu'à certaine soirée à laquelle j'assistais ces temps derniers.

Là, j'eus la chance de rencontrer un jeune officier de marine intelligent, ouvert, franc et bon républicain.

Je lui posai la question de la relâche.

— Mais, me dit-il, vous avez raison, cent fois raison ! Seulement vous ne parviendrez jamais peut-être à faire triompher votre idée.

— Pourquoi ?

— Parce que les bonapartistes du ministère s'y opposeront toujours. On veut que nos équipages passent à Sainte-Hélène, saluent le tombeau du grand empereur et y retrempent leur admiration pour le grand homme.

J'avais compris...

Moi, je l'avoue, je n'ai retrempé à Sainte-Hélène que ma haine pour ce despote dont malheureusement Béranger et Victor Hugo ont trop admiré et chanté la fausse gloire militaire.

A Sainte-Hélène, on put se ravitailler en tabac, mais on le paya cher.

J'avais fait une provision énorme à Nouméa, mais elle s'était épuisée, car j'avais distribué bien des pipes à des camarades.

Il arriva qu'à mon tour je fus sans tabac, et je restai huit jours sans fumer.

C'est plus dur que l'on ne pense...

J'éprouvai une sensation de plaisir incroyable en allumant ma première cigarette.

Je m'expliquai pourquoi tant de marins ne chiquent et ne fument pas.

Il y a au moins deux cinquièmes des matelots français qui ont renoncé au tabac.

Il manque si souvent dans les longues traversées, et la privation en est si pénible dans la première quinzaine, qu'une fois déshabitué, on y renonce volontiers pour toujours.

J'avoue aussi que je mangeai de la viande fraîche avec satisfaction.

J'en avais assez des moutons pourris et des bœufs contusionnés de Nouméa; assez aussi, trop de la conserve.

Nous reprimes notre voyage.

En route, on convoqua les marins, quartiers-maîtres et maîtres pour les propositions d'avancement.

Chacun de ceux qui vont avoir fini leur temps au retour, et qui sont bons marins, passent devant le capitaine à tour de rôle.

Celui-ci propose de coucher l'homme sur le tableau d'avancement, s'il consent à prendre un rengagement.

L'homme, sauf de bien rares exceptions, répond invariablement :

— Non.

Sans le respect du grade et la crainte des fers, il s'écrierait :

— Jamais de la vie ! J'ai horreur du service, des coups, des fers, de votre brutalité, de votre morgue, des retranchements de nourriture et de la vie de chien qu'on mène à bord.

Pauvre marine française !

Tout y est arriéré !

Pauvres matelots !

Braves gens !

Gens de cœur, de courage, de bonne volonté et d'initiative.

Mais quelle direction déplorable !

Tant qu'il y aura de l'eau bénite mêlée à l'eau salée, ce sera ainsi.

Ce qui gâte tout à bord, c'est l'aumônier.

On me dit :

— Comment voulez-vous qu'un homme s'expose à mourir courageusement, si le prêtre n'est pas là pour l'absoudre?

Je réponds :

— Où est l'aumônier à bord des navires marchands?

Je demande :

— Y est-on moins brave, moins homme de cœur, moins hardi dans la tempête, que dans la marine militaire?

Au fond, c'est l'esprit clérical qui impose l'aumônier et lui donne toute influence à bord.

Tous ceux qui se sont battus en Italie, à l'époque où les Trochu et autres cléricaux n'avaient pas soufflé l'esprit de déroute dans nos armées, tout ceux qui ont vu les faits de cette campagne où les soldats furent si grands et les généraux si petits, peuvent dire si l'on avait besoin des aumôniers pour mourir.

Où donc étaient-ils les aumôniers, quand le 45° de ligne et le 2° zouaves écrasèrent une division autrichienne par une charge à fond où furent pris deux drapeaux, tués ou blessés deux mille hommes, capturés deux régiments entiers?

Où voyait-on des soutanes?

Qui s'inquiétait des robes noires?

Qui pensait aux fadaises religieuses, à la confession, aux bénédictions, au pape, à l'enfer, au gril de Satan?

Qui se préoccupait de mourir dans la bonne religion, dans l'unique, dans la vraie, dans celle qui damne éternellement ceux qui ont le malheur d'avoir une autre foi?

Ah! vraiment, il n'était pas besoin d'avoir le cœur rempli de balivernes et de billevesées, de rêveries célestes; il n'était pas besoin de chapelets aux mains et de scapulaires au cou, pour bien mourir!

Pour bien mourir, on pensait à la patrie et cela suffisait.

Et les meilleurs régiments étaient ceux où le mâle dédain des mômeries s'accusait le plus énergiquement.

Voilà pourquoi je trouve les aumôniers plus qu'inutiles dans la marine.

Ils sont nuisibles.

Qu'on les supprime.

XVI

L'histoire du *Navarin*. — La lettre d'un père. — Réponse.

On s'imaginerait peut-être que je suis un personnage grincheux et difficile à contenter; que j'exagère l'ennui de notre traversée.

Eh bien, on se tromperait.

Ni moi, ni les déportés, ne sommes si difficiles que le prétendent MM. les officiers de marine ; la preuve c'est que, parmi eux, pas un ne s'est plaint des capitaines qui ont agi consciencieusement.

En veut-on une preuve?

Le commandant Rivière, qui avait apprécié la loyauté, l'honneur et le courage des déportés en marchant à leur tête contre les Canaques, lorsque fut formé le corps des volontaires de Nouméa, le commandant Rivière, qui en a ramené un grand nombre, se montra envers eux juste, poli et confiant.

Il les engagea à faire eux-mêmes leur police, il veilla à ce qu'ils ne fussent point pillés, il leur donna leur dû et les traita en passagers.

Ils se conduisirent admirablement et ils firent une ovation au commandant en quittant le navire; de son côté, M. Rivière constata officiellement l'excellente tenue des déportés.

Donc ceux-ci savent se comporter convenablement et ne se plaignent qu'à bon escient.

Mais que voulez-vous!

L'amnistie est comme *l'animal du fameux proverbe... très méchant; quand on l'attaque, il se défend.*

Il faut avouer que nos capitaines n'ont été ni heureux, ni habiles, ni impartiaux dans ces voyages, aller ou retour, sauf quelques-uns.

Les uns ont échoué et se sont trouvés même en péril.

D'autres ont eu des avaries fâcheuses dont quelques-unes sont du fait des commissions d'examen ; témoin l'affaire du *Navarin*.

Ce navire est armé à Brest.

Il doit embarquer des forçats.

On le visite, on l'inspecte, on doit apporter à l'examen une attention d'autant plus minutieuse que le *Navarin*, bon marcheur du reste, est une vieille barquasse qui date de 1827.

LE POTEAU DE SATORY

Forçat vulc et Canaque creusant un piège.

Le navire quitte Brest, va relâcher à Rochefort et y embarque 350 forçats pour Nouméa; parmi les forçats, Danval, le pharmacien accusé d'avoir empoisonné sa femme.

Un jour je raconterai, quelque part, où je pourrai, le fond de cette affaire Danval, et l'on sera peut-être bien étonné.

A peine le navire a-t-il quitté Rochefort qu'une tempête se déclare.

Ici une explication.

On appelle haubans les cordes (j'évite les mots techniques) qui descendent sous forme d'échelles du haut des mâts pour se fixer sur chaque bord.

Ce sont les haubans qui assurent la solidité des mâts; sans ce renfort de cordes qui les consolident, les mâts ne porteraient pas leurs voiles.

Un coup de vent les casserait net.

De plus, c'est par les échelles des haubans que les matelots montent dans les hunes.

Or, aux premières rafales de la tempête, les bordages furent enlevés...

En plein gros temps, il fallut carguer la misaine et chouquer le mât.

Puis on tira le canon d'heure en heure pour appeler un pilote.

Il en vint un fort heureusement et le navire rentra dans le port de Rochefort.

Là, on fit les réparations.

Un pareil accident aurait dû servir d'avertissement sérieux.

C'est chose grave qu'un navire soit tellement pourri, qu'il arrive pareille avarie.

D'autre part, on savait que le bois de la cale était tellement moisi, qu'il s'effritait sous le doigt.

On aurait dû visiter cette vieille carcasse de bateau à fond.

Pas du tout. Elle repartit de nouveau.

Une fois dans le golfe de Gascogne, par un temps affreux, nouvelle avarie.

Voilà que l'on s'aperçoit que le grand mât descend lentement, s'enfonce dans la cale; une voie d'eau se déclare.

Si l'on ne rentre pas dans un port, le mât descendra toujours, crèvera la carène du navire, y ouvrira un trou énorme, et *le Navarin* coulera avec équipage et passagers, forçats compris.

On mit tout le monde disponible aux pompes, et l'on fila sur Brest.

Le navire n'y entra que par un coup d'audace du commandant qui se hasarda, faute de pilote, à entrer dans le goulet avec l'aide d'un homme de son équipage, qui connaissait bien l'entrée de la rade.

Le Navarin fut encore réparé et reprit la mer...

Quand celui-là coulera, on saura à qui la faute.

Autre histoire de traversée.

Il s'agit de celle des malades passant par l'isthme de Suez.

Avec qui traite la marine pour le transport de ces amnistiés malades?

Avec la compagnie Valery, dont les équipages sont Corses, dont les capitaines sont Turcs, dont tous les employés sont bonapartistes.

Et pendant la traversée, on fait souffrir toutes sortes de privations aux amnistiés ; on les insulte, on les rudoie, on les maltraite, on les vole.

Le chirurgien qui a été chargé de représenter le gouvernement ne fait pas son devoir et laisse rogner les portions, donner des vivres avariés, du vin aigre, etc.

Et les passagers sont cependant des malades qu'il faudrait ménager.

On se souvient des scandales de cette affaire.

On sait que l'avant-dernière traversée de retour a été des plus longues, des plus déplorables, des plus tristes.

Enfin je le répète, la marine a déplorablement rempli sa tâche.

Et j'ajoute que, rendant justice au commandant Rivière, il n'y a pas de raison pour que l'on soit injuste, de parti pris, pour les autres ; on s'en louerait, s'ils étaient louables.

Ils n'ont eu que de la haine pour nous et des procédés odieux.

Du reste, on peut lire le livre intéressant de M. Narcisse Barret, employé à bord du *Navarin*.

Il n'était pas déporté, il était plutôt disposé en faveur de la marine.

Eh bien, il fait sur elle les plus tristes révélations.

Quant à moi, suis-je aigri ?

Non.

Je n'ai pas souffert.

J'ai eu tout le vin que j'ai voulu, tout le confortable que j'ai désiré.

J'avais de l'argent, et avec de l'argent, on se procure bien des choses auprès de MM. les maîtres d'hôtel du bord.

Je n'ai donc pas la colère et les rancunes de ceux qui ont pâti.

J'ai l'indignation de qui a vu souffrir les autres.

L'heure approche où je vais déposer ma plume et cesser d'écrire mes souvenirs.

Non que j'aie tout dit.

Je sais des choses graves que je veux révéler, mais non pas ici.

Voici pourquoi.

Je veux engager une lutte à fond, une lutte où je pousserai jusqu'au bout.

Je sais qu'il y aura procès, amende, prison, dommages-intérêts.

Étant donné l'esprit de la magistrature actuelle, je serai condamné.

Je ne veux pas entraîner l'éditeur qui m'a soutenu si vaillamment dans un désastre qui me paraît inévitable...

Je veux être seul pour être bien libre et ne rien ménager.

Mais si personnellement je succombe, du moins l'affaire aura fait tant de bruit et les scandales seront si bien prouvés, il y aura un tel mouvement d'indignation, que les abus seront déracinés du coup et que les coupables seront punis peu de temps après, que j'aurai payé mon audace par une condamnation.

Sur le point de terminer ici mon œuvre, je ne veux laisser dans l'esprit de mes lecteurs aucun doute sur ce que j'ai avancé.

Chaque fois que je me suis trompé, j'ai rectifié; mais je n'ai pas commis beaucoup d'erreurs. Hélas! les tristes révélations que j'ai faites ne sont que trop vraies.

Or, je reçois une lettre où l'on me dit que je retarde de trente ou quarante ans ! qu'on ne frappe plus dans la marine ! que non seulement les punitions corporelles y sont absolument abolies depuis 1818, mais que l'article du Code pénal militaire qui prononce une peine contre le supérieur frappant un inférieur y est en vigueur. En conséquence, pour faire un tableau très noir de la marine, j'ai imaginé des histoires de voies de fait et de coups.

Mon correspondant termine en me disant :

« J'ai un fils ; il se destinait à la marine ; c'était mon rêve de le voir dans cette carrière-là ; mais il lit votre publication, et le voilà dégoûté. »

Je réponds :

— Si votre fils voyait la marine en rose, au point de vue pittoresque, il est bien heureux pour lui et pour vous que sa vocation peu solide n'ait pas tenu devant la description de la vérité. Que serait-il devenu une fois embarqué ? La nostalgie l'aurait saisi et l'aurait tué.

Quant aux coups, j'affirme que j'en ai vu donner, et dur et souvent.

Mais je m'efface pour citer un témoignage, celui d'un employé *civil* à bord du *Navarin*, M. Narcisse Barret, dont décidément mes lecteurs feront bien d'acheter et de lire le livre : *Nouméa, aller et retour*.

Voici ce que raconte M. Barret :

« Aujourd'hui paraît au rapport une punition de trente jours de prison avec privation de solde pour un pauvre gabier. Ce n'est pas là chose bien rare ni bien étonnante, mais nous tenons à faire connaître les détails du fait ; nos lecteurs pourront constater l'existence d'un des abus les plus criants qui existent dans la marine. Nous affirmons la justesse de tous les détails. Nous avons vu.

« Ce matelot se trouvait donc de lavage sur le pont. Nous avons décrit cette manœuvre. On sait que les hommes de corvée sont en rang. Un garçon du pourvoyeur, un petit tonneau rempli d'eau sur l'épaule, se présente pour passer ; notre matelot se dérange, survient un second maître :

« Allons donc, failli chien, fainéant, veux-tu travailler tout de suite.

« — Pas plus fainéant que vous », riposte le matelot.

« Sur cette simple réponse, le maître se précipite sur le matelot, terrasse le malheureux qui, par respect pour les galons, ne se défend pas, puis finalement le prend à la gorge.

« Notre héros, se sentant étranglé, repousse son adversaire des deux mains. La chose n'aurait pas été plus loin sans doute, si le maître de manœuvres n'était pas survenu. Tous les jours, on voit des maîtres et même des officiers frapper leurs inférieurs. A notre époque, le marin ne riposte pas encore, mais sa conscience d'homme commence à se réveiller. Avant peu, si une circulaire ministérielle sérieuse ne vient pas mettre ordre à cet état de choses, plus déshonorant encore pour les supérieurs que pour les subordonnés, il est certain que des faits regrettables se produiront.

« Le maître de manœuvres fait donc son rapport au commandant, qui fait appeler le second maître.

« Qui sait tout comprendre sait tout pardonner, a dit Mme de Staël. Le second maître était un vieux matelot, connaissant à fond sa manœuvre et ne sachant pas lire. S'il avouait avoir frappé l'homme, il perdait ses galons, fruit de trente ans de loyaux services, et sans espoir de les retrouver. Car si les capitaines supportent que les marins soient frappés, aucun règlement n'autorise cette ignominie. Le loup de mer sacrifia à sa position et se tira d'affaire en disant qu'il avait été attaqué.

« Comme on le pense bien, le commandant ne fut pas dupe. Il sait, par expérience personnelle, que les matelots, bien loin d'attaquer, reçoivent sans les rendre les coups dont les gratifient leurs supérieurs. Cependant il punit le gabier d'un mois de fers. Ce dernier réclama par lettre, on ne tint aucun compte de sa réclamation. Il voulut produire des témoins, on ne voulut pas les entendre. Il disait cependant avec juste raison que, s'il avait frappé, ce n'était pas quelques jours de prison qu'il méritait, mais le conseil de guerre. Rien n'y fit, il dut subir sa punition.

« Frapper les matelots, les souffleter même, ce n'est pas un droit, expliquait devant moi une autorité, ce n'est pas un droit, c'est une coutume. Or, de cette coutume, des hommes courageux arriveront à faire passer le goût à leurs officiers. Ils seront fusillés. Mais quel est l'abus dont la suppression n'est pas arrosée du sang de ceux qui, après l'avoir subi, en veulent la destruction ? »

XVII

Un avancement scandaleux.

Le lecteur se rappelle sans doute l'histoire de ce malheureux Prosper Gassier, évadé et repris par les Canaques.

On se souvient que le surveillant Poncin avait adressé à ce sujet un rapport à l'administration et que, dans ce rapport, il racontait les traitements atroces infligés par lui, Poncin, à ce malheureux évadé.

Je cite les passages significatifs de ce rapport :

« Sans mon intervention, il eût été assommé par les douze indigènes qui arrivés sur le lieu de l'arrestation, *faisant autour de lui un pilou-pilou monstre, lui administraient sur tout le corps, à tour de rôle, des coups de casse-tête, bâton, etc.*

« Il n'y avait plus à prendre avec ce coquin aucune considération, ni ménagement. *Le mot humain doit être rayé du dictionnaire*, quand l'on a affaire à des êtres de l'espèce de Gassier. *Je le fis mettre nu à la crapaudine, la barre de justice passée dans un arbre, les menottes derrière le dos, au carcan, et un factionnaire armé, avec ordre de tuer au premier mouvement.*

« Je fus obligé d'employer *la suppression de tous vivres*, de *boisson et la strangulation par les bras* (sic).

« Enfin, dans la nuit du 2 au 3 janvier, se *trouvant complètement épuisé, rompu, esquinté par le manque de nourriture, le manque de sommeil, étant dévoré par les moustiques et un peu trop serré par la crapaudine, etc.* »

J'ai déjà fait remarquer que ce rapport, signé Poncin, était un véritable soufflet sur la joue du ministre de la marine, de l'amiral qui, du haut de la tribune, a menti en niant la crapaudine, les poucettes, et autres supplices.

Certes, ce M. Poncin, qui a rayé le mot humain du dictionnaire, est tout simplement une bête féroce dont vous, lecteurs, et moi, avons horreur.

Eh bien, savez-vous ce que vient de faire l'administration ?

Elle a donné un avancement scandaleux au surveillant Poncin.

Elle a récompensé son zèle sanguinaire.

Elle l'a donné en exemple aux autres surveillants.

Elle l'a nommé inspecteur.

N'est-ce pas un défi à l'opinion publique ?

Ne vous sentez-vous pas indignés ?

Je ne comprends pas, pour mon compte, qu'un député, un des nôtres, ne monte point à la tribune avec un dossier écrasant, pour demander à la Chambre la fin de ces barbaries, qui finiraient par déshonorer la France.

XVIII

La curieuse affaire de Berezowski.

Sorti de l'île Nou, déporté à la presqu'île Ducos, je m'étais laissé raconter que Berezowski était libéré et qu'il avait préféré vivre comme planteur en Nouvelle-Calédonie que rentrer en France.

Simon Mayer, comme moi, a cru à ce mensonge.

Il était habilement colporté parmi nous par les mouchards de l'administration et par les surveillants.

Nous ignorions que ce malheureux, victime des rancunes de l'administration acharnée contre lui, était maintenu au bagne et accablé de mauvais traitements.

Nous ignorions que l'on avait épuisé les rigueurs contre lui.

Je ne discute pas son plus ou moins de culpabilité.

Je ne discute pas la sentence prononcée contre lui.

Ce que je sais, c'est qu'il a été amnistié comme Tibaldi, comme Ledru-Rollin, à la même époque qu'eux et tant d'autres.

Et l'administration, contre le droit et la loi, le retient au bagne.

Voici la dépêche formelle reçue par M. Gaultier de la Richerie en octobre 1870, alors qu'il gouvernait à Nouméa.

« Paris, le 13 septembre 1870.

« Monsieur le gouverneur,

« Le gouvernement de la Défense nationale, par décret inséré au *Journal officiel* de la République française du 5 septembre 1870, n° 241, a accordé amnistie pleine et entière à tous les condamnés pour crimes et délits politiques et délits de presse depuis le 3 décembre 1852 jusqu'au 3 septembre 1870.

« Tous les condamnés encore détenus en vertu de jugement rendus, soit par les tribunaux correctionnels, soit par les cours d'assises, soit par les conseils de guerre, doivent être mis immédiatement en liberté.

« Je vous prie, monsieur le gouverneur, de veiller à ce que ce décret d'amnistie reçoive son exécution immédiate dans la colonie.

« Vous me rendrez compte des mesures que vous aurez adoptées à cet effet.

« Recevez, etc.

<blockquote>
« Les membres de la Défense nationale :

« Trochu, E. Picard, E. Pelletan, Garnier-Pagès, Dorian, Jules Favre, L. Gambetta, J. Simon, Glais-Bizoin, A. Crémieux, J. Ferry. »
</blockquote>

Cet ordre visait d'autant mieux Berezowski, que M. Jules Favre, dans le conseil, avait voulu faire excepter Mégy et Berezowski de l'amnistie.

Rochefort déclara qu'il donnerait immédiatement sa démission motivée, si Mégy et Berezowski n'étaient pas amnistiés.

Il veilla à ce que la dépêche de mise en liberté partît pour Nouméa.

M. Gaultier de la Richerie regarda la dépêche comme non avenue, et depuis, Berezowski resta au bagne.

Est-ce légal?

N'est-il pas prouvé, une fois de plus, que cette administration coloniale, pourrie jusqu'aux moelles, se met au-dessus des lois et regarde comme vaine parole toute mesure libérale prescrite par la mère-patrie?

XIX

La fête du retour. — Refus! — Colère du commandant. — Le rationnement. — Les provisions particulières. — La responsabilité.

Il y a des gens qui se rendent justice eux-mêmes; il en fut ainsi du commandant de notre bord. Il constata de lui-même combien il avait été dur pour tous, et notamment pour son équipage.

Le navire qui arrive à son port d'attache, très attendu par les familles, est accueilli avec des transports de joie.

L'équipage verse chaque mois, pendant la traversée, une petite somme destinée à subvenir aux frais d'un banquet suivi d'un bal.

Les officiers assistent à cette joyeuse cérémonie en grand uniforme.

Ils font danser les filles et les femmes des marins.

Retour des proscrits.

C'est un usage patriarcal qui fait oublier les rigueurs de la discipline, et qui tend à former de l'état-major et de l'équipage une même famille.

Mais il arrive souvent que les matelots, n'osant pas protester contre les retenues faites en vue d'une fête, au cours de la traversée, laissent préparer celle-ci à l'arrivée.

Puis, quand tout est *paré*, comme ils disent, ils restent chez eux avec leurs familles, et MM. les officiers sont cruellement mortifiés.

C'est un affront terrible.

Pour l'éviter, quelques jours avant l'arrivée, le commandant qui suppose son équipage mécontent lui fait proposer d'abandonner l'argent de la fête aux familles des marins morts pendant le voyage.

Si l'équipage y consent, cela signifie qu'il ne veut pas de fête.

Le refus est caché sous couleur de bienfaisance.

Mais si l'équipage insiste pour la fête, le commandant, enchanté d'être moins impopulaire qu'il ne le supposait, fait faire une collecte pour les parents des morts.

Nous qui savions à quoi nous en tenir sur la haine bien justifiée de l'équipage pour son commandant, nous attendions la *proposition* (cela s'appelle ainsi) qui ne pouvait manquer d'être faite au sujet de l'argent de la fête.

Le commandant, en effet, se jugeant peu sympathique à ses matelots, leur fit offrir le versement à la caisse de secours.

A l'unanimité, ils acceptèrent.

Mais ils firent plus !

Ils firent ce qui était un acte de courageuse protestation.

A une très grande majorité, ils déclarèrent que, *si la fête avait eu lieu, ils se seraient abstenus d'y paraître*.

C'était souligner leur mécontentement.

Le commandant fut de fort mauvaise humeur, et il ne manqua point d'attribuer aux mauvais exemples donnés par les amnistiés cette impertinence de son équipage.

J'avoue que notre attitude énergique et la défense de nos droits fermement maintenue, les concessions que nous avions imposées avec tant de calme et de persistance, tout enfin avait contribué à inspirer aux matelots le sentiment de leur dignité.

Je dois constater que MM. les passagers de première classe et de deuxième, qui avaient toujours fait chorus contre nous, étaient de fort mauvaise humeur...

Ces messieurs subissaient, comme nous, les conséquences du long retard.

J'ai dit combien nous avions souffert avant d'arriver à Sainte-Hélène.

Là, le scorbut avait été combattu à force de citrons, de légumes et de viandes fraîches ; nous supposions que le commandant avait pris ses mesures ; qu'éclairé par l'expérience, il avait fait acheter vivres et vin en quantité suffisante à Sainte-Hélène.

Nous avions quitté depuis peu l'île, que le commandant faisait appeler les délégués, et leur disait :

— Messieurs, la traversée s'est prolongée outre mesure ; nous risquons fort d'avoir un retard de quarante jours, à mon estimation. Il faut vous attendre à un rationnement.

On voit d'ici la tête que firent les délégués.

— Messieurs, reprit le commandant, quand un rationnement est imposé à bord, tout le monde y est soumis. Moi-même, je ne toucherai que la même ration de pain que vous.

Si nos délégués n'avaient pas été si polis, ils auraient ri au nez du commandant, ils se contentèrent de sourire.

Le commandant peut embarquer à bord autant de vins fins, de liqueurs, de conserves, de pain biscuité et autres vivres que bon lui semblé ; son cuisinier n'a garde de le laisser manquer de rien.

Le commandant ne reçoit du bord, il est vrai, que la ration fixée, mais il remplace ce qui fait faute par ses provisions particulières.

C'est donc une dérision de venir prétendre qu'il est la première victime du rationnement.

Ce rationnement, terreur de l'équipage et des passagers, commence invariablement ainsi :

Le biscuit remplace le pain, et l'eau-de-vie le vin, une fois par jour.

— Puis, très rapidement, on en arrive à n'avoir plus de pain que tous les deux jours, puis plus du tout.

Or, le biscuit, qui est déjà une nourriture si peu saine pour les troupes en campagne, à terre, est encore plus malsain en mer.

L'eau-de-vie ne saurait en aucune façon remplacer le vin.

Dans de pareilles conditions, le scorbut et l'anémie font des ravages qui suivent d'une façon effrayante la progression du rationnement.

Ainsi de nous.

Mais je reviens toujours au principal coupable, au ministère, au ministre qui n'a pris aucune mesure de prévoyance pour assurer la santé de douze cents passagers, tous plus ou moins atteints par la maladie et devant rester quatre mois en mer.

Certes le commandant fut coupable de ne pas acheter de farine à Sainte-Hélène.

Certes, il aurait dû au moins s'y procurer des remèdes.

Mais le ministre qui donnait le signal de l'incurie et de l'imprévoyance, le ministre est responsable au premier chef.

Moi, je ne saurais trop le répéter, je n'ai pas souffert.

Je me défiais.

Aussi, coûte que coûte, avais-je procuré à la famille de passagers avec laquelle ma femme revenait une quantité de provisions très suffisante.

Un correspondant intelligent, un Suédois, qui a fait partie d'une expédition récente et célèbre, un étranger qui lit cette œuvre, m'écrit une lettre sympathique dont je fais le résumé, laissant de côté les compliments :

« Vous avez constaté, me dit mon correspondant, que l'on épuisait les hommes à pomper l'eau pour la cuisson des aliments au bain-marie, à bord des navires de guerre. Vous auriez pu aussi constater, monsieur, que l'on fait pomper les équipages pour vider la cale.

« Vous avez raison de protester contre ces fatigues énervantes, mais je ne vois pas que vous ayez donné le remède.

« Il y a un moyen bien simple de soulager les matelots, c'est d'établir ou un moulin à vent comme à bord de nos navires norvégiens, ou une petite machine à vapeur, ou les deux à la fois, en vue des calmes ou des tempêtes.

« Tout le monde a pu voir, dans les ports français, ces moulins à vent norvégiens faire fonctionner les pompes et épuiser les cales.

« En cas de voies d'eau graves, ce sont des auxiliaires puissants.

« Cet établissement est peu coûteux et bon surtout pour la marine marchande, où l'on vise à l'économie.

« Mais à bord des navires de l'État, transports à voiles, je conseillerais plutôt une petite machine à vapeur qui permettrait, en même temps, de distiller de l'eau de mer.

« Ami de la France, admirateur de son génie, je déplore que sa marine soit si routinière et si arriérée.

« Je fais des vœux pour que vous soyez sur mer les égaux des autres nations, et je vous engage, Monsieur, tout inconnu que vous voulez rester, à continuer votre œuvre patriotique, etc., etc. »

Ainsi, voilà un étranger qui est frappé de la justesse de nos critiques et de nos observations.

Le ministre de la marine y reste absolument indifférent.

Si encore nous étions seuls à avoir constaté les inconvénients de la pompe à bras, qui met les équipages sur les dents.

Mais M. Narcisse Barret, M. Simon Mayer et vingt autres, dont M. Louis Noir, il y a vingt ans au moins, ont demandé une réforme qui n'a jamais été faite.

Et cependant, sur *tous* les navires à voiles, dont aucun n'est muni d'appareils, les malheureux transportés ont eu à subir des fatigues inouïes.

Mais puisque je signale l'imbécillité routinière de cette administration maritime qu'aucune puissance ne nous envie et que le plus enragé routinier des amiraux ministres, M. Jauréguiberry, défend à outrance, prouvons une fois de plus combien on y résiste à toute innovation.

Dans le *Rappel* d'abord, puis dans son livre, *Nouméa*, M. Narcisse Barret indiquait le moyen de lessiver facilement le linge.

Je le cite :

« Agenouillés dans l'eau de savon, les pauvres mathurins frottent avec ardeur leur linge qui ramasse toutes les ordures du pont. Frotte, frotte, tu auras beau faire, l'eau de mer ne lave pas, les chemises et les pantalons que tu payes sur les maigres appointements ne résisteront pas longtemps à tes efforts. Croirait-on que les marins, qui ne peuvent subvenir aux frais de leur entretien, ont inventé les chemisettes bien avant les faquins besoigneux des grandes villes ?

« Avec une simple manche, ils font un devant, y ajustent un col, et l'apparence est complète. Le tricot de coton à raies bleues cache ce qui manque. Les officiers qui connaissent la position pécuniaire de leurs hommes tolèrent cette substitution. Mais la santé en souffre, il faut y avoir passé pour savoir ce que c'est que de manquer de linge tant dans les pays tropicaux que sous les climats très froids.

« Et dire qu'il suffirait, pour obvier à cette série d'inconvénients, d'organiser la lessive en commun comme elle l'est pour l'armée de terre. Rien ne serait plus facile. Les cuisines distillatoires fournissent plus d'eau douce qu'il n'est nécessaire. Cette eau est gâchée en grande partie dans des emplois particuliers. Il y aurait une grande économie de savon.

« Grâce aux procédés perfectionnés de l'industrie moderne, il suffirait d'embarquer un faible stock d'ammoniaque, d'essence de térébenthine et de cristaux de soude. Après cette lessive, il n'y aurait plus qu'à passer simplement le linge à l'eau de mer qui entraînerait les impuretés saponifiées. Les effets des matelots seraient épargnés, le pont ne serait plus deux fois par semaine encombré et dégoûtant, et les frais de blanchissage en commun seraient moindres, grâce à l'économie faite sur le savon.

« Cette série d'avantages irréfutables sera probablement cause que cette nouvelle manière de procéder ne sera employée par notre marine militaire qu'alors que tous les navires de commerce et toutes les nations étrangères l'auront adoptée. »

Pourquoi n'a-t-on pas pris en considération ce conseil excellent ?

Parce que M. l'amiral-ministre Jauréguiberry est hostile à toute innovation.

Et on l'a cru homme de progrès !

O illusion !

Puisque j'ai cité M. Narcisse Barret, témoin impartial, employé civil à bord du *Navarin*, placé pour voir juste, eh bien ! je tiens à donner son jugement sur l'avenir de la marine en France.

« ..... Notre marine se perd. Malgré les promesses d'avancement, bien peu de jeunes gens rengagent. Ils font leur congé et tout est dit. Les uns se mettent à la pêche, les autres sur des navires marchands. Beaucoup, entièrement dégoûtés, prennent des métiers terrestres.

« C'est que le métier de marin est rude et ingrat. Beaucoup de fatigue et peu de salaire. La nourriture est de mauvaise qualité, insuffisante, et de plus considérablement réduite par les déprédations des commis aux vivres. Mais tout cela n'est rien, l'homme s'attache à des professions remplies de danger, pénibles et mal rétribuées ; ce qui leur devient insupportable, s'il a du cœur, ce sont les atteintes portées à sa dignité.

« Or, se commettent vis-à-vis du pauvre matelot des actes que l'on ne se permettrait pas vis-à-vis d'un soldat.

« Des maîtres, des officiers se dégradent jusqu'à frapper leurs inférieurs, jusqu'à les souffleter. C'est lâche et c'est bête. C'est lâche, parce que, si la victime répondait, elle serait immédiatement mise aux fers et passerait en cour de justice ; c'est inique, mais c'est comme cela. C'est bête, parce que notre époque n'étant plus l'ère de l'esclavage où les hommes, comme des chiens, léchaient la main qui les frappait, le matelot méprise l'officier qui abuse sans danger de son autorité, et il quitte le service dès son temps fini. Plus de vieux matelots, plus de marine. La marine n'est pas une profession qui s'apprend en un jour. Le corps de la maistrance devient d'un recrutement de plus en plus difficile.

« Ce n'est pas tout. Les marins, non seulement, sont maltraités, mais insultés à tout bout de champ. On a un préjugé dans les villes qui semble bien étrange à ceux qui ont voyagé. Les officiers de marine sont regardés comme étant d'une politesse exquise, de vrais gentlemen, quoi ! Eh bien ! il ne faut pas les entendre à leur bord, parlant à leurs matelots, pour conserver d'eux cette opinion. Le répertoire du catéchisme poissard n'est que de la Saint-Jean auprès de certaines expressions que j'ai entendues. J'allais faire des citations, mais un romancier naturaliste serait arrêté, à plus forte raison, moi, qui ne suis qu'un modeste conteur.

« Or, qu'arrive-t-il ? Le peuple s'instruit de jour en jour. Les façons Régence de ces messieurs ne sont plus de saison. Ils ne s'aperçoivent pas que cette vile canaille d'hier pense et raisonne aujourd'hui. Les matelots méprisent les officiers qui ne les respectent pas, et la discipline s'en ressent.

« La marine militaire est morte jusqu'au jour où on se résoudra à traiter les marins en hommes et à les payer en ouvriers. »

On sait avec quelle audace M. Le Royer, ministre de la justice, avait osé affirmer qu'il se trouvait 38 *condamnés de droit commun sur* 100 *déportés ;*

Or, à peine y en avait-il 9 pour 100 en moyenne, et, comme le constate

M. Narcisse Barret, en racontant l'arrivée du *Navarin* à Brest, il n'y en avait que 2 pour 100 à bord de ce navire.

« Tout le monde est heureux, dit M. Narcisse Barret, une fois en rade, les déportés seuls sentent bien leur joie mêlée d'inquiétude. Un rapport officiel a constaté que parmi eux se trouvaient 38 au 100 de repris de justice. Quelle honte quand va venir la police !

« Comme ils savent pertinemment que le choix des graciés a été fait au hasard de la fourchette, que ceux qui restent là-bas sont absolument de même catégorie que ceux qui reviennent, il va falloir assister à la séparation de 150 d'entre eux qui vont être emmenés par la gendarmerie, puis entraînés dans des villes choisies, avec vingt ans de surveillance. Car on sait que les repris de justice ne bénéficient pas de l'amnistie.

« Ces messieurs de la haute police arrivent donc. Ils ont la physionomie de l'emploi : regard louche, moustaches cirées, portant la mouche au menton.

On se croirait encore sous le bas empire. Le sous-préfet accompagne ces individus.

« Des tables sont installées à bâbord et à tribord.

« Chacun s'empare d'un état alphabétique, les déportés sont appelés et on leur fait signer des pièces. Il y a d'abord un passeport d'*indigent* qui doit leur servir pour effectuer sans encombre leur passage de Brest à Paris. Puis une pièce très drôle que notre devoir est de signaler. C'est un blanc-seing constatant qu'ils ont reçu une somme qui n'est pas indiquée sur le papier. Cette somme mystérieuse représente les frais de route alloués aux voyageurs indigents. Faire signer par des prisonniers et administrativement un blanc-seing, c'est un peu raide. Quelques-uns ont dans la police juste la confiance qu'on pourrait avoir envers tous les autres habitué de préfecture. C'est le propre des honnêtes gens de craindre tout autant les mouchards que les voleurs. Quelques murmures se produisent, et c'est mon ami l'ingénieur qui se charge de demander à parler au commandant du bord.

« Le second arrive.

« — Pardon, monsieur, interpelle mon camarade, nous vous prions de constater que la police nous fait signer un blanc-seing pour une somme indéterminée que nous sommes censés avoir reçue. »

« L'officier supérieur demanda la preuve des faits, on la lui fournit.

« — Effectivement, dit-il, ce procédé ne me semble pas très régulier, je vais interroger M. le sous-préfet sur ce point.

« Il revint quelques minutes après. On faisait donner aux ex-déportés leur signature d'avance afin d'éviter des retards. On donnerait une indemnité de route, non encore fixée, mais alors on représenterait le papier et la somme serait indiquée dessus, etc., etc.

« Bref, il fallait signer et se fier à l'honnêteté des agents de la préfecture.

« Deux heures se passent dans ces préliminaires. Tout est terminé, mais huit déportés sont mis à part et on leur délivre des feuilles de route particulières. Ce sont ceux qui ont des antécédents de droit commun, par conséquent ils ne bénéficient pas de la loi d'amnistie. Les 38 pour 100 de la note officielle se réduisent à 2 pour 100.

« On conçoit que le gouvernement, qui craint les amnistiés, ne veuille pas leur donner leur casier judiciaire. Si ce sont des honnêtes gens, ce ne sont plus que des victimes. Mais avouez-le donc ! La raison d'État est là pour légitimer vos proscriptions. Pourquoi vouloir déshonorer des vaincus politiques. C'est de la lâcheté ! »

Nos lecteurs se rappellent sans doute que j'ai raconté comment un surveillant chef avait horriblement maltraité un malheureux transporté, et comment il avait écrit et signé un rapport dont j'ai donné copie.

M. Alphonse Javel, un des amnistiés, tout en donnant les plus curieux détails sur l'enquête officielle qui fournit plus de révélations que n'en voudrait M. Jauréguiberry, M. Javel, dis-je, annonce que l'original du fameux rapport est retrouvé.

Malgré le peu d'ardeur qu'ils mettent à faire la lumière, les deux commissaires enquêteurs ont dû constater l'évidence.

Voici ce que dit M. Alphonse Javel :

« J'ai promis de jeter un regard indiscret sur les procès-verbaux de MM. Augier et Artaud, chargés à la requête du ministre, par le gouvernement néo-calédonien, de diriger l'enquête sur le régime des pénitenciers, enquête qu'ont rendue nécessaire les retentissantes révélations dont s'est si légitimement émue l'opinion publique.

« Je n'ai pas manqué à cet engagement. L'enquête, au départ du dernier courrier, se continuait. Mais déjà je suis en mesure d'affirmer qu'en dépit des mauvaises volontés et des résistances qu'il fallait prévoir, elle marche de découvertes en découvertes.

« J'ai sous les yeux la première partie d'un travail très complet où sont reproduites les déclarations des témoins entendus. Ce travail sera continué sur place, à mesure que des révélations nouvelles viendront grossir le dossier de MM. Charrière et Legros, ainsi que celui des pondeurs en sous-ordre qui ont « travaillé » sous leur direction. Je me réserve d'y puiser en temps op-

LE POTEAU DE SATORY

La mère du proscrit.

portun, afin d'encourager par une utile publicité M. le ministre, au cas où il hésiterait à faire connaître à la Chambre le résultat des recherches officielles. Je me borne pour aujourd'hui à quelques indications sommaires.

« A la date des dernières nouvelles qui nous parviennent, plusieurs fonctionnaires, notamment les médecins du service pénitentiaire, quelques prêtres maristes ayant occupé les fonctions d'aumônier, etc., avaient été entendus. Leurs dépositions me sont connues, et j'y reviendrai. Si M. Jauréguiberry les connaît aussi bien que moi, il doit savoir qu'elles ne sont pas sans intérêt.

« Quant aux interrogatoires des condamnés politiques, M. le substitut Artaud les commençait seulement. La première déposition reçue a été telle que la preuve des faits dénoncés est dès maintenant amplement faite. Mais on est sur la piste de toute une série d'atrocités sur lesquelles les premiers témoignages recueillis étaient restés muets. M. le ministre peut être assuré que nous les enregistrons avec un soin scrupuleux.

« Je veux seulement citer un incident particulier.

« Un condamné de la baie Tendu avait été conduit à Nouméa pour y être interrogé. Après avoir entendu lecture de la déposition d'Alphonse Humbert, invité à dire ce qu'il savait des faits qui s'y trouvent consignés, il avait déclaré qu'ils étaient tous à sa connaissance personnelle, il avait comblé quelques lacunes et précisé certaines indications; enfin il venait d'aborder le récit de cette affaire Gassier (crapaudine, bastonnade, carcan, strangulation, etc.), sur laquelle nos lecteurs sont déjà édifiés, quand M. Artaud l'interrompit, ne pouvant croire, disait-il, que de pareilles barbaries eussent été commises.

« Le condamné répondit qu'il était absolument certain des faits qu'il avait dénoncés, et il ajouta que, bien que différentes copies de ce rapport eussent été détruites, l'original en devait encore exister.

« Pressé d'éclaircir ses doutes, M. Artaud se fit, séance tenante, apporter le dossier du condamné Prosper Gassier, n° 1734. Le rapport signé: V. Ponsin, s'y trouvait. M. Artaud s'est avoué convaincu et a reconnu que toute dénégation était, cette fois, impossible.

« J'ai, de ce que je viens d'avancer, de telles preuves, que JE NE CRAINS PAS DE METTRE M. LE MINISTRE DE LA MARINE AU DÉFI DE LE CONTESTER . »

Nous sommes arrivé à la fin de cette œuvre ; nous n'y avons pas tout dit ; nous avons dit tout ce que nous pouvions prouver.

Mais chaque jour change la situation, chaque jour l'améliore.

Nous avons retrouvé, en arrivant en France, nos amis les plus chers; mais, comme tant d'autres, nous avons eu à pleurer des morts!

Après un suprême effort pour obtenir ma grâce, ma mère, plus forte contre la douleur que contre la joie trop vive, s'alita après avoir reçu le baiser du retour et mourut, elle, catholique, maudissant les prêtres; elle, royaliste, maudissant les prétendants et les rois.

Nous l'avons modestement, pieusement, civilement enterrée.

On a eu le courage de dire brutalement d'elle :

« Encore une communarde qui a voulu le scandale d'un enfouissement civil ! »

Eh bien, il n'y a pas eu, il ne pouvait y avoir de scandale.

J'ai voulu qu'il n'y eût, à ces humbles funérailles, ni discours, ni foule, ni ostentation.

Nous étions une cinquantaine d'amis au plus et des amis qui ne pensaient qu'à pleurer la morte.

Mais ceux qui haïssent savent outrager et calomnier.

On a dit aussi que j'avais profité de mon retour et de la maladie de ma mère pour lui faire révoquer la donation de ses biens à des œuvres pieuses et charitables.

Que penser d'abord des gens qui entourent les femmes, les circonviennent et obtiennent d'elles des donations suspectes entre vifs, au détriment de leurs enfants !

Mais je n'ai rien eu à faire révoquer, aucun procès à intenter.

Ma mère savait combien certaines influences pouvaient peser en ma faveur, et me faire obtenir plus rapidement ma grâce.

La supérieure d'une communauté voulut bien s'intéresser à moi... en payant...

Ma mère avait promis une somme considérable si j'étais compris parmi les amnistiés.

Comme les prêtres peuvent tout, et mieux que jamais, quoi que l'on en pense et dise, je fus amnistié.

Ma mère me pria, à son lit de mort, de tenir la parole donnée.

Je l'ai tenue.

C'était un marché dont j'exécutais les clauses.

Mais je n'ai pas voulu que mon nom fût attaché à une fondation contraire à mes idées.

Elle porte le nom d'un général, mon parent.

Voilà la vérité.

Tranquille désormais, ma tâche remplie, je vais en Italie, avec ma femme, rejoindre Antoine, mon beau-frère, et m'installer comme précepteur auprès de mes petits neveux canaques, dont Antoine fera des hommes, et moi des citoyens instruits.

Si jamais ceux-là sont maristes, je m'engage à l'aller dire à Rome.

Et maintenant, lecteur, merci et adieu.

FIN.

TABLE

LE POTEAU DE SATORY.

I

Arrestation d'Antoine. — La fosse aux lions. — Le pain sanglant. — La corvée. — En route pour Versailles. 3

II

Les docks de Versailles. — Le chemin de fer. — Brest. — Les marins. — Les pontons. 7

III

Imprudent, mais innocent. — Protection. — Les dossiers. — Un danger. — Une résolution héroïque. 15

IV

Les conseils de guerre. — Réquisitoires. — Juges et partie. — Ma condamnation à mort. — A mort. 19

V

Antoine condamné à mort. — Ce que disaient les capitaines rapporteurs aux prisonniers. — Sedan! Sedan! — Le cachot. — Un geôlier aimable. — Au mur. — Sous l'œil. . . . 24

VI

Souffrances intimes. — Angoisses. — Le coup de trois heures. — L'héroïsme. — Le baquet. — La vermine. — La civilisation en l'an de grâce 1871. 29

VII

L'avis. — Le Bagne. — Un dévouement. — Le mouchard. — Division entre fédérés. — Accusation réciproques. — Tristes soupçons. 34

VIII

Les mouchards et les incendies. — Le voyage de Paris à Toulon. — Le lieutenant et le capitaine. — Vols et filouteries. — L'entrée au bagne. — Mon numéro. — Le complot du bagne. — Une infamie. 40

IX

Endormi. — Le réveil. — Un coup fameux. — La brute domptée. — Le roi du bagne. 52

X

Les politiques. — M. Simon Mayer. — Qui était le forgeron du bagne? — A propos de l'association. — Calomnie. — Sodome à Toulon. — Taisons-nous! 57

XI

L'exécution. — Le garde-chiourme. — Le premier régiment de France. — Ce qu'il faut en penser. — L'argot du bagne et le jargon des rondiers. — Comment les forçats se vengent. — Curieuses évasions. — Les six coups de corde. — Stoïcisme. 63

XII

Un parfait jésuite. — Belle-Plume me conseille la méfiance. — Ce que c'était que l'association. — Les moutons changés en vaches au bagne. 72

XIII

Les dénonciations de l'Union. — Les bons aumôniers. — On nous persécute. — La mise en cage. — Abus stupide. 77

LE TOUR DU MONDE EN CAGE.

I

L'embarquement. — Les cages. — Les dispositions de la marine. — Tyrannie à bord. — Toujours le coup de mitraille. — La double ration. — L'aumônier. 81

II

La prière à bord et les aumôniers. — Une anecdote sur le Vauban. — Superstitions. — Le départ. — La patrie perdue. — Déchirements. — Le cynisme d'un surveillant. — Pas de patrie pour les communards. — Sincérité 85

III

Questionnaire du commandant. — Légitimistes et fédérés. — Drapeau blanc et drapeau rouge. — Les dilapidations dans la marine. — Ma femme. 90

IV

Comment Juliette était à bord. — Les amours du bagne. — Correspondances. — Les trucs des forçats. — Bataille de dames. . . . 91

V

La traversée. — Ténériffe. — Le Cap. — Sainte-Hélène. — De l'influence de la *gratte* sur les traversées. — La nourriture. — L'avilissement de la marine. 93

VI

Une traversée désagréable. — Les calmes. — Les tropiques. — La soif. — Une scène atroce. 103

VII
Le docteur. — Drôles de malades. — Le bon réglisse. — La bonne jujube. — Un boucher. — Le cyclone. 107

VIII
Une lettre. — Rectifications. — Les punitions. — Pas de vin. — Les hunes. — Les fers. — Le trou aux rats. 111

IX
Un conseil de guerre. — Le pain et l'eau. — Le froid. — Comment on soigne les bronchites à bord. — L'aumônier. 116

X
Menus détails de traversée avant l'arrivée à Nouméa. — La ration. — L'écurie. — Les bêtes crevées. — La lessive. — Comment l'eau de mer décrasse. — Le linge noir. 120

XI
Le forçat gentilhomme. — Il faut se raser soi-même…, quand on peut. — La scène de la barbe. — Si je te coupais le cou. — Le perruquier à bord. 124

XII
Un vol impossible. — Le fil de Mal-Pavel. — La visite de la gale. — Allongez vos pattes. — Bien! 130

XIII
Les gratifications du commandant. — Un coup de revolver. — La fausse révolte. — Triomphe de la chiourme. — Pêche et chasse . . 133

L'ILE NOU.

I
Après quatre mois de traversée. 142

II
L'Ile Nou. — A l'eau les bibelots! — Sous le bâton des Arabes. — Cet escogriffe de colonel Charrière. — Son premier speech. — A la guillotine. 144

III
Comment nous étions dirigés. — Un interrogatoire intelligent. — Second speech du commandant. — Le classement. — Sauvé, mon Dieu! 147

IV
Le contre-maître arabe Ali. — Mouffock dit Abdallah. — Chiens de chrétiens. — Neveu du général. — Changement à vue. — Encore un speech! 151

V
Une occupation. — Le cadran solaire. — Bons conseils. 156

VI
La musique. — Les musiciens. — Le martinet. — Le piment. — Assez. 158

VII
Les maristes. — Les influences cléricales. — La messe forcée. — De la pitié! nom de D…. — Les serments au bagne. 162

VIII
Où passe notre argent dans les colonies. — Détails sur Nouméa. — Les pépinées. — L'amour à Nouméa. — J'aime les militaires. — Une esquisse de la population. — Pauvres colons. 171

IX
Les fourmis. — Comment les médecins obtiennent de beaux squelettes. — L'Anglais ivre et ce qu'on en retrouva. — Les araignées. — Le nickel. — Drôle d'idée d'un officier. 175

X
L'absinthe et le sang. — Complot et férocité. — La mort sous les balles. — Drôle de galoupette. — Le chevalier du manteau rouge. 180

XI
Mourir à petit feu, ou, pour mieux dire, à grande pluie. — Les marches au café. — La soupe lavée. — Cinq lieues de brouette. — La mer de boue. — Le lit de camp. — Au travail. — Juliette. — Évasion d'Antoine. 183

XII
La haine d'un surveillant. — Les poucettes. — La crapaudine. — Le meilleur levier, c'est l'argent. — Antoine s'évade. — L'herbe de fer-lampier. — Le ressort-scie. — Antoine Canaque. — L'évasion réussit 188

XIII
Antoine chez le grand chef Attaï. — Portrait à la plume de ce Canaque. — La politique. — Mariage d'Antoine. — Un pacte. — Pourquoi le chef Attaï devait mourir. — Attaï et certains généraux français. 194

XIV
Comment on dresse une meute à manger du blanc. — Les griffes des Canaques. — La révolte. 198

TABLE

XV

La révolte. — L'affaire de Poué-Bo. — Massacre d'une escouade. — Une belle défense par une poignée d'hommes. — L'affaire Chêne. — Les gendarmes du poste de Foa. — L'organisation des bandes. — L'affaire de Bouloupari. — Assassinat de la famille Lera au camp de la transportation. — L'affaire Galli-Passeboc. — Les morts. 203

XVI

Les gouverneurs. — Ce bon monsieur Alleyron. Le bourreau des fleurs. — La complainte du canard manchot. — Cet excellent Pritzbuer. — Un gouverneur à confesse et à la sainte table. — Son sermon aux politiques. — Morts ou vifs. 16

XVII

Encore le meurtre d'un forçat. — Condamnation à mort. — Meurtre d'un correcteur arabe. 222

XVIII

Un monsieur qui se fait trois millions de capital aux dépens de la France. — Le travail de huit mille hommes perdu pour le pays. — A quoi servent les forçats. — La traite des noirs. — Un négrier en pleine rade de Nouméa. 227

XIX

L'infirmerie. — Ma commutation. — Encore un speech 131

DÉPORTATION.

I

La transportation. — La déportation. — M' Bi-Ncumbo. — Potins au camp. 233

II

Un déporté blindé et le déporté non blindé. — Les vivres. — Le salaire. — Le vêtement. — La nourriture. — Pas de politique. — Cet excellent monsieur Alleyron. — A coups de canon. 239

III

Les huit jours de prison réglementaires et le colonel Charrière. — Motifs de punition. — La prison. — Louise Michel 243

IV

Le bourreau de l'île Nou. — Jeannette la guillotine. — Le guillotiné par persuasion. — Le suicide du bourreau. 251

V

Une lettre de défi. — Ma réponse. — Liste de punitions. — Qu'en pense mon correspondant ? — Est-il de bonne foi ? 258

VI

Une autre lettre. — Ma réponse. — Le peloton des pierres. — Curieux détails sur Simon Mayer. — Pourquoi la chiourme voulait sa peau. — La gangrène. 261

VII

Les quatre millions de l'hôpital. — Un ingénieur improvisé. — La Barbe-Bleue. — Le trésor caché. — Évasion hardie. . . . 266

VIII

Mariage entre libérés. — Les rosières du bagne. — Le flirtage à la messe. — Comment l'amour vient aux libérés. — Des goûts et des couleurs !... — Une anecdote : *La belle aux bandeaux* 270

IX

Encore des incrédules. — Un document curieux. — Évasion, reprise, supplices, crapaudine ; le rapport est signé, contresigné. — Qui niera maintenant ? 276

X

Le raz de marée. — Le cyclone et les sauterelles. 278

XI

Retour. — La traversée. — Encore la cage. — Trop de cage. — Première victoire. — Les marins. — Deuxième victoire. — Les passagers. — Influence du théâtre à bord. — Le bon gendarme. 283

XII

Un étonnement. — Un vieux loup de mer qui compte ses chemises. — Encore une filouterie. Rien dans les magasins. — Les pieds gelés. 286

XIII

Une pluie de procès. — Monsieur Charpiat, surveillant-chef en police correctionnelle. 291

XIV.

Encore infirmier. — Un docteur en partie double. — L'aumônier à prévenir. — La mort d'un phtisique. — L'enterrement civil. — La glissade d'un matelot. 291

XV

Les moutons malades. — Plus de pain. — Plus de vin. — Une scène tragique. — Plus d'aumôniers. 298

XVI

L'histoire du *Navarin*. — La lettre d'un père. — Réponse. 301

XVII

Un avancement scandaleux. 310

XVIII

La curieuse affaire de Berezowski. . . . 311

XIX

La fête du retour. — Refus ! — Colère du commandant. — Le rationnement. — Les provisions particulières. — La responsabilité. . 312

Paris. — Société d'imprimerie PAUL DUPONT, rue J.-J. Rousseau, 41.

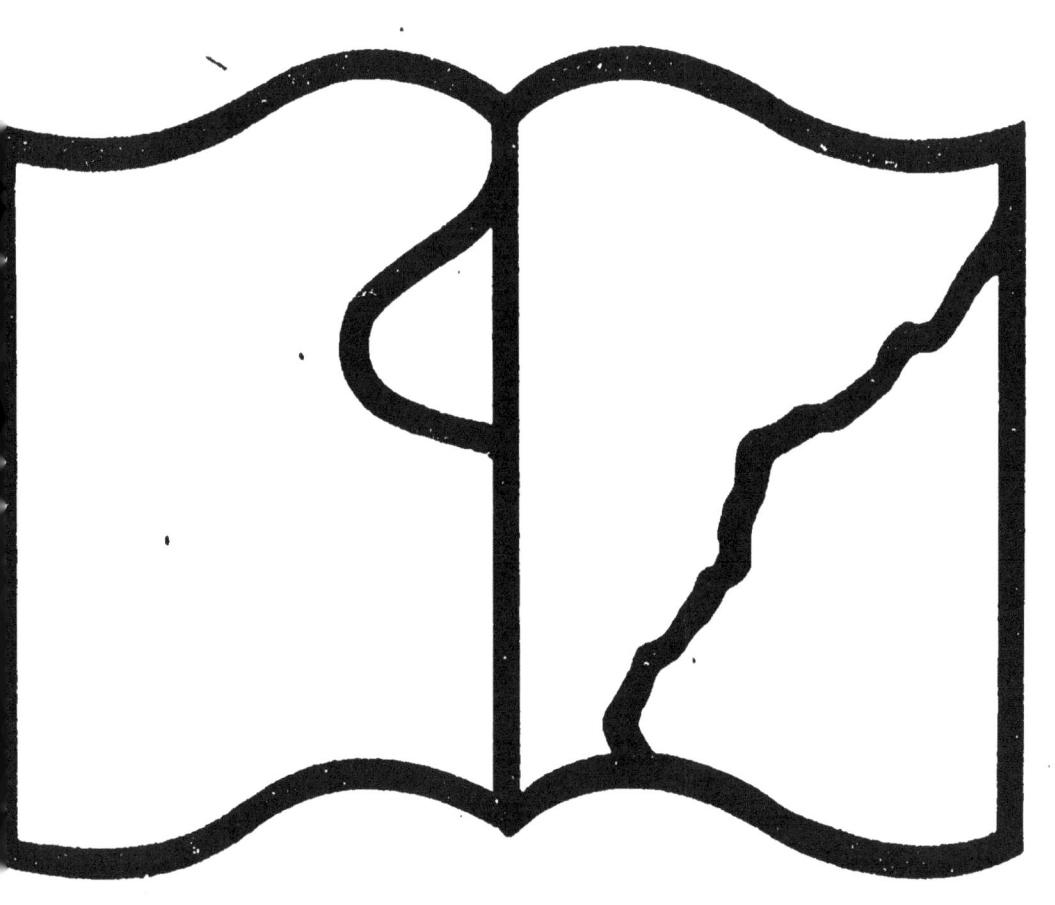

Texte détérioré — reliure défectueuse

NF Z 43-120-11

www.ingramcontent.com/pod-product-compliance
Lightning Source LLC
Chambersburg PA
CBHW060356170426
43199CB00013B/1893